Kerstin Simoné

THOTH

DAS
KRISTALL-CHAKRA

DIE KOSMISCHE TORÖFFNUNG
DER HÖCHSTEN ENERGIE IN DIR

Besuchen Sie uns im Internet:
www.AmraVerlag.de

Ihre 80-Minuten-Gratis-CD erwartet Sie.
Unser Geschenk an Sie ... einfach anfordern!

Eine Originalausgabe im AMRA Verlag
Auf der Reitbahn 8, D-63452 Hanau
Hotline: + 49 (0) 61 81 – 18 93 92
Service: Info@AmraVerlag.de

Herausgeber & Lektor	Michael Nagula
Einbandgestaltung	Murat Karaçay
Layout & Satz	Birgit Letsch
Coveridee	Kerstin Simoné
Druck	CPI books GmbH

ISBN 978-3-95447-008-2 (Buch)
ISBN 978-3-95447-058-7 (eBook)
ISBN 978-3-95447-027-3 (Übungs-CD)
ISBN 978-3-95447-047-1 (Mousepad)

Inhalt

Ich danke all jenen, die mich
bis heute in aufrichtiger Freundschaft
und Liebe begleiten.

Ich danke meinen Kindern
Tyrone Daryl und Aaron-Daryen,
die in Geduld und Liebe all meine Prüfungen
begleiten und mir immer wieder
Halt und Kraft geben mit ihrer aufrichtigen
und wärmenden Liebe.
Ich liebe euch, meine Engel!

In inniger Verbundenheit und Liebe,
eure Kerstin

Thoth führt uns in vollkommener Verbundenheit
tiefer an die Entfachung des Kristallchakras, des
kosmischen und hochenergetischen Tores heran,
welches sodann die höchsten Frequenzen in uns
offenbart. Durch die zeitgleiche Verbindung der
geistigen Zentren unseres Heimatplaneten, unserer
Heimatsonne und der Ur-Zentralsonne findet eine
Aktivierung der höchsten Energien in uns statt.
Sie verbinden uns vollkommen eigenständig mit
den Frequenzen und Informationen der geistigen
Zentren allen Seins, auch mit den höchsten.
Die Bewusstwerdung über diesen Prozess und die
daraus resultierende Schwingungsfrequenz
bewirkt eine Öffnung der Membranen zu allen
Schwingungskoordinaten innerhalb aller
existierenden Energietore.

*»Himmel und Erde, Materie und reiner Geist
miteinander zu einer vollkommenen bewussten
Einheit verbunden. Hier ist der Schlüssel,
und diesen habt ihr in euch gefunden.«*

Vorwort

Liebe Leserin, lieber Leser,

in tiefer Verbundenheit meines Herzens begrüße ich euch beim Lesen des nunmehr sechsten Buches unseres geliebten Freundes Thoth, welches er mir in Folge übermittelt hat. In den vergangenen Monaten habe ich sehr viele neue Eindrücke und Erfahrungen sammeln dürfen. Nicht immer waren sie von Freude erfüllt, und ich bin wahrhaftig immer schneller und öfter in meine Prüfungen geraten, als mir letztlich wirklich lieb war und ist. Die Zeit ist innerhalb ihrer Berechnungen gleich geblieben, aber die Schwingungsfrequenz der darin gefühlten und erlebten Begebenheiten hat sich deutlich beschleunigt, und dadurch hat man oftmals das Gefühl, von der Zeit »gejagt« zu werden oder dass sie einem einfach so »davonläuft«. Auch die häufig gern verdrängten Prüfungen des Lebens nahmen in ihrer Intensität des Ausdrucks extrem zu, und ich konnte zeitweise im Rahmen meines gefühlten unendlichen Ozeans der Spiegelungen und Aufgabenstellungen an mich selbst buchstäblich kein Land mehr erblicken. Oft fühlte ich mich ohnmächtig und hatte das starke Gefühl, das gewünschte Ziel nicht erreichen zu können. War eine Spiegelung geheilt und erkannt, dann kam schon die nächste, und so ging es schier endlos weiter.

Ich muss ehrlich zugeben, dass ich selten so intensive, bewusste Wahrnehmungen und Erkenntnisse hatte, wie sie derzeit präsent sind. Auch wenn ich die Hilfestellungen von Thoth innerhalb meines Lebens anwende, spüre ich doch, dass die kleinste Disharmonie im Fühlen und Denken die größten Herausforderungen erschafft. Es will derzeit wirklich alles Alte und längst Vergessene ans Licht kommen, da unser wahrhaftiges Selbst, unsere reine Seele bereits weiß, wo sie jetzt genau sein möchte. Ob wir wollen oder nicht, eine Zeit des langen Verdrängens wird sich nicht mehr ergeben. Es kommt unserer Formulierung »Nägel mit Köpfen machen« gleich. Der Ruf unserer Seele wurde erhört, und somit werden die daran gebundenen Aufgaben und Prüfungen immer stärker ihre Präsenz aufzeigen und uns mit Herausforderungen nur so überhäufen. Wann immer ein Gefühl des »Ich habe es geschafft und verstanden« in mir aufkeimte, kam schon leise schleichend die nächste große Prüfung auf mich zu, und diese war verbunden mit einer noch umfassenderen Weitsicht und Veränderung in der bewussten Wahrnehmung.

Ich bin mit Sicherheit unendlich dankbar für all diese Erkenntnisse und Erfahrungen, jedoch durchlebe ich auch Phasen des Erschöpftseins von den Erfordernissen der jetzigen Zeit. Wir sollten unbedingt immer wieder die Klarheit und Reinheit unserer Schwingung erlangen und diese beständig wahren. Wann immer ich bewusst in dieser harmonischen Frequenz dauerhaft weilte, habe ich die schönsten Erfahrungen und Wahrnehmungen gehabt. Ich konnte die *neue Welt* mit all ihrer Schönheit und ihrer Liebe wahrnehmen und spürte die Vollkommenheit, mit der sie auf unseren Planeten strahlt und die Herzen der Menschen und Tiere erfüllt. Ich konnte dann wirklich nur noch positive Dinge wahrnehmen und hatte das Gefühl zu träumen. Es war aber keine Träumerei, sondern für diese Phasen war meine Schwingungsfrequenz entsprechend der neuen Zeit ausgerichtet. Hier haben materielle Einflüsse, wie sie uns derzeit noch mit all ihren möglichen Schwierigkeiten begegnen, eine vollkommen andere Bedeutung, und somit ist auch die gefühlte Wahrnehmung anders ausgerichtet. Es ist schwer in Worte zu fassen, da es wirklich vollkommen neue Eindrücke und Spiegelungen sind. Man möchte sagen, sie sind unreal, und dennoch sind sie die wahrhaftige reale Welt, in der wir leben sollten und wollen.

Diese Wahrnehmungen sind aber gebunden an ein entsprechend konstantes Energiefeld und ein ausgerichtetes Herzzentrum. Sobald ich hieran die leisesten Zweifel hegte und alte Muster wieder aufkeimen ließ, bin ich in die Schwere der alten Zeit zurückgefallen, und dort erwarteten mich wirklich sehr aufreibende und intensive Prüfungen. Alles Alte und Verdrängte will sich jetzt von uns lösen und heilen, es wird uns keine Zeit mehr gelassen zu verschnaufen, wenn wir dem Ruf unserer Seelenfrequenz folgen und in die neue Ära eintauchen wollen. Alles wird auf feinstofflicher und geistiger Ebene genau auf unser gewünschtes Ziel ausgerichtet, und wir müssen hier wirklich nur die Worte von Thoth innerhalb unseres Lebens zum Einsatz bringen. Wir dürfen sie nicht immer wieder vergessen und in die alten Muster zurückfallen. Wir dürfen nicht immer wieder ins Tal des Jammerns fallen, sondern können allen Hürden und Schwierigkeiten wahrhaftig mit der Frequenz der Freude und Leichtigkeit begegnen. Ich habe es am eigenen Leib ausprobieren dürfen, und es funktioniert tatsächlich. Ich bin ein Mensch, der alles nicht nur liest, sondern es auch in seinem Leben anwenden will. Für mich muss es klar und leicht verständlich sein und vor allem auch innerhalb der Praxis anwendbar. Ich möchte sozusagen meine »Beweise« für die Anwendbarkeit aller Übermittlungen. Für mich müssen sie logisch und umsetzbar sein. Thoth kennt mich darin bereits sehr gut, und ich danke ihm für seine Geduld und Liebe, denn ich bin für ihn bestimmt ein »harter Brocken«, und auch mein rebellisches Wesen stellt hier immer wieder die ein oder andere Hürde für ihn dar.

Die für mich schwerste Prüfung innerhalb meines Lebens ist nach wie vor das Leiden der Tiere, unseres geliebten Planeten und generell der Schwachen und Notleidenden. Wann immer ich mich auf den positiven Pol ausgerichtet habe, desto stärker wurden mir die negativen Schatten unserer Ebene gespiegelt. Leid und Schmerz hatten mich so sehr erreicht, dass mich zeitweilig das Gefühl des Loslassens von dieser Ebene erfüllte. Ich konnte diesen Schmerz nicht länger ertragen und fühlte nur noch Verzweiflung, Traurigkeit und Hilflosigkeit. Ich dachte mir immer und immer wieder, wie sollen so wenige Erwachte es jemals schaffen, all das positive Potenzial zu festigen, damit sich Frieden und Heilung für alles Lebendige der Schöpfung zeigen kann. Ich sah oftmals keinen Horizont der Hoffnung mehr, und jeder Atemzug schmerzte im Herzen. Ich habe mehrere Wochen oder gar Monate immer wieder mit diesen hoffnungslosen Spiegelungen unserer Seinsebene meine Prüfungen gehabt. Kurzzeitig hatte ich dann wieder Prozesse der Heilung und des Fortschritts, aber wann immer ich dachte, es sei geschafft, tauchten neue niedere Spiegelungen innerhalb meiner Realität auf. Wieder und wieder zeigte sich mir ein schier unendliches Spektrum an Schmerz und Schwere, und ich spürte, wie ich den Glauben an das Gute verlor.

Genau hier, innerhalb eines Augenblicks des tiefsten Schmerzes, kam Thoth lautstark in mein Bewusstsein und erklärte mir, warum diese Prüfung für mich so schwer sei und dass ich sie stets durch meine starken, daran gebundenen Frequenzen des Negativen noch mehr verstärke, so dass sie innerhalb des Schattens noch extremer gedeihen können. Viele von uns machen wohl unbewusst den gleichen Fehler. Ich schreibe jetzt einmal gezielt WIR, da ich mir sicher bin, dass es für viele von euch ähnliche Situationen gibt, und ich weiß nun, wie wir sie meistern und verändern können. Ich habe den Zusammenhang allein durch die Aufnahme von Thoths Worten in mein Bewusstsein nicht umsetzen können. Ich musste erst durch ein Tal des absolut Extremen gehen, damit ich offen war für die Heilung und die daran gebundenen Schritte. Und was soll ich euch sagen, es funktioniert tatsächlich! Ich habe es verstanden, und die daran gebundene Erkenntnis hat meine Verhaltensweisen vollkommen verändert. Jedoch müsste ich lügen, würde ich euch jetzt sagen, dass ich bereits die Fähigkeit erlangt habe, diese Frequenz ununterbrochen und konsequent zu halten. Auch ich kippe an manchen Tagen in die Frequenzen der *alten Welt*, und das ist auf gar keinen Fall schlimm. Ich möchte euch hier wirklich Mut zusprechen, selbst vermeintliche Rückschläge oder Berührungen mit Prüfungen immer mit der Frequenz der Freude zu meistern.

Je freudiger wir hier mit unserem offenen Herzen jenen Spiegelungen begegnen, desto leichter lassen sie sich augenblicklich wandeln. Ich habe Tage, da macht es mir richtig Spaß, die Puzzle-Spiele der Prüfungsaufgaben freudig zu erwarten. Je freudiger ich darauf warte, desto weniger Prüfungen ereignen sich für mich. Darin liegt eine ganz wichtige und wundervolle Erkenntnis, nämlich die, dass wenn unsere Schwingung tatsächlich *freudig* auf die »Probleme und Schwierigkeiten« wartet, letztlich gar keine kommen. Stehe ich morgens freudig auf und bin guter Dinge und voller Erwartung in Bezug auf eventuell anstehende Probleme, die da kommen mögen, verläuft der Tag freudig, und hinsichtlich der Prüfungen herrscht absolute »Windstille«. Ich bekomme während dieser Zeit auch ständig positive Nachrichten, es läuft alles wunderbar, und ich fühle mich einfach nur rundum glücklich und zufrieden. Selbst wenn scheinbar negative Polaritäten auf mich zukommen, fühlen sie sich gleichzeitig leicht und beschwingt an, da ich sie augenblicklich wandeln kann. Es verläuft vollkommen eigenständig und fast wie von allein, wenn man hier gar keine »prägende Energie« in jene Polarität mit einfließen lässt, außer immer in der Freude zu bleiben. Die Menschen, die mir tagsüber beim Einkauf oder unterwegs begegnen, werden immer von meiner Energie mitgerissen, und alles um mich herum lacht und strahlt freudig. Sei es an der Kasse oder auf der Straße, es ist ein Energiefluss und die damit verbundene Schwingungsfrequenz, die wirklich positiv »ansteckend« sind. Auch wenn negative Spiegelungen in Form von Schreckensnachrichten und schlimmen Bildern auf mich zukommen, so bewahre ich in diesem Augenblick meine Frequenz, weil mir gerade etwas ganz Entscheidendes aufgefallen ist, und schon wandelt es sich zu einer gelebten Erkenntnis.

Ich gucke niemals weg und verdränge somit keine »schlimmen Bilder«, sondern schaue sie an und heile zur gleichen Zeit die Schwingung in mir, indem ich die von Thoth übermittelte Technik anwende. Ich weiß nicht, wie es genau funktioniert, aber es verändert sich klar und deutlich etwas. Immer mehr Menschen weltweit erwachen, und wenn wir unseren Fokus auf das Negative und das Hoffnungslose ausrichten, dann wird sich auch unsere Realität dementsprechend ausrichten und diese Spiegelung präsentieren. Es ist genau so, und dadurch bekommen dann diejenigen von dem positiven Wandel gar nichts mit; auch wenn man ihnen den Fortschritt erklären und zeigen möchte, kann er sie nicht erreichen. Es ist, als spräche man gegen eine Wand, ihr Herz kann die Worte nicht vernehmen. Sie fügen immer und immer wieder ein »Aber« hinzu, und selbst wenn sie das Positive für einen Augenblick wahrnehmen können, folgt doch gleich wieder die negative Auffassung über die jeweilige Spiegelung. Wenn ich einen Mörder wahrnehme (dabei ist es gleich, ob Mensch oder Tier), dann füttere ich die Situation – die tatsächlich grauenvoll ist – auf gar keinen Fall noch mehr mit Energie. Ich nehme sie wahr, und sie prallt an mir ab! Allerdings wandele ich die Energie positiv für die Opfer und schicke in diese Situation Heilung. Ich stelle mir mit all meiner Kraft diesen Zustand als geheilt vor, und so wird er transformiert, doch dabei muss die Frequenz des Fühlens übereinstimmen! Wenn das jeder Bewusste von uns machen würde, dann würde diese Spiegelung »aussterben« und wäre für uns nicht mehr sichtbar.

Es existiert derzeit eine Frequenz, bei der zwei Zeitebenen übereinander liegen. Sie enthalten zwei Möglichkeiten, zwischen denen jeder von uns frei wählen kann. Die *alte Welt* existiert in der neuen, und ein jeder für sich allein hat darin seine eigene Meisterschaft zu bewahren. Wenn wir die *neue Welt* erreichen und dauerhaft betreten und erschaffen wollen, so müssen wir die Schwingungsfrequenz ganz deutlich auf die Vision jener Welt, in der wir von jetzt an leben möchten, ausrichten und unbedingt halten! Und dann beginnt die eigentliche Prüfung! Wenn die Welt ringsrum für dich aus den Fugen gerät, halte stets weiterhin deine Schwingungsfrequenz. Richte dein Augenmerk auf die positiven Dinge und tue für dich und alles Lebendige nur das Beste. Lebe im Jetzt, schau nach vorn und nicht zurück. Es ist eine »schwimmende« Zeitfrequenz, und es ist eine Prüfung für uns alle, *jetzt* mit dieser reinen Herzensschwingung die neue Erde mitzuerschaffen und zu betreten. Sie schwingt bereits in der hohen Frequenz, und sie lädt uns alle ein, eine bessere Welt in Frieden, Liebe und Fülle zu leben. Genau darin liegt die größte Prüfung für uns alle, die sich eben eine solche Erde als ihr Zuhause ersehnen: sich nicht ablenken zu lassen und nicht immer wieder in die negative Schwingung der Parallel-Erde der *alten Welt* abzugleiten. Daran scheitern viele, aber es ist wichtig für uns alle, zu erkennen, dass es in der jetzigen Schwingungsfrequenz tatsächlich ganz einfach ist. Es wird Zeit, den Schmerz loszulassen und in die andere Richtung zu schauen. Verbunden mit einer konsequenten Schwingungsfrequenz setzt ihr in der *neuen Welt* den *energetischen Fingerabdruck* mit all eurer Kraft der Herzfrequenz – und haltet sie dann auch!

Und dadurch lasst ihr die Dinge geschehen, tut Gutes für die Tiere und die Welt und bleibt dabei immer in der Schwingung und in der Vision, in der ihr sein wollt und sogar schon sein könntet, wenn ihr endlich loslassen würdet. Wir alle stehen an der gleichen Schwelle der höchsten Prüfung und dem Eintritt in die *neue Welt* – lasst euch bitte nicht aus eurer Schwingung bringen, selbst wenn euch Leid begegnet. Es ist wirklich so, dass wir bereits in der *neuen Welt* leben (wenn wir es denn wollen) und trotzdem den Zerfall und den Untergang der *alten Welt* sehen können. Lasst los und fangt wieder an zu lachen und zu leben und haltet unbedingt eure Schwingungsfrequenz!

Ich wünsche euch nunmehr ganz viel Freude und wundervolle Erkenntnisse mit den Worten unseres Freundes Thoth und vor allem, dass jeder von euch sein Ziel erreicht. An einigen Stellen wird auf vorherige Übungen und Übermittlungen aus anderen Büchern hingewiesen, zum Beispiel der wichtigen Frequenzübung *Sinfonie der Schöpfung*, die auch zu meinen Lieblingsübungen zählt. Thoth möchte diese Dinge nicht noch einmal detailliert zur Sprache bringen, und dafür bitte ich um euer Verständnis. Er hat uns bereits so viele wertvolle und unermesslich hilfreiche Worte zur Verfügung gestellt, und ich danke ihm von ganzem Herzen für seine Liebe uns allen gegenüber!

In Verbundenheit von Herz zu Herz,

eure Kerstin

Einleitende Worte von Thoth

Geliebte Wesenheiten, ich begrüße euch und freue mich, euch weitere Worte und Schlüssel über die Vervollkommnung eures Seins und eures Seelenwachstums zu übermitteln. Wir befinden uns bereits in der von mir verkündeten »schwimmenden« Zeitfrequenz, das heißt, das Entstehen der *neuen Welt* innerhalb der *alten Welt* hat derzeit einen starken Einfluss beim Erleben der Realitäten für euch. Vieles verschiebt sich und steht und offenbart sich parallel zueinander. Ich werde später hierzu noch genauer berichten, jedoch möchte ich euch vorab auf diesen präsenten energetischen Einfluss hinweisen, denn ab jetzt ist es unabdingbar, in jeder Hinsicht aufmerksam und vor allem achtsam zu sein. Ich möchte auch noch einmal darauf hinweisen, dass ihr bitte die Arbeiten aus dem Buch *Thoth im All-Tag* für euch gewissenhaft und gründlich ausführt, denn hierin ist wahrlich ein sehr kostbarer energetischer Schlüssel verborgen, den es zu aktivieren gilt.

Es ist wahrlich oft kein Leichtes, das komplizierte Denken eures menschlichen Soseins in für euch leicht verständliche und auch anwendbare Techniken zu wandeln und zu übermitteln. Ihr seid brillante Wesenheiten mit einer so einzigartigen Gabe, alles in und um euch herum mit dem Lärmen der Gedanken und des starren und begrenzenden Flüstern eures Verstandes kompliziert zu gestalten. Auch das stete, oftmals stille und unbewusste Bewerten von Situationen und anderer Wesenheiten ist immer noch präsent in euch. Die Technik, jene Dualität zu entschlüsseln und für euch positiv zur Meisterschaft zu geleiten, ist nach wie vor ein wichtiger Punkt, welchen ihr für euch zu erkennen und zu wandeln habt. Selbst wenn der eine oder andere hier schon größere Erfolge spüren kann, so kommen doch immer wieder kleinere oder auch größere Prüfungen innerhalb eurer Realität, welche euch zum Scheitern »zwingen«, da ihr das energetische Meistern jener Umstände immer wieder aus den Augen verliert. Hierzu werde ich euch in diesem Buch noch einmal ganz intensiv und bis ins kleinste Detail Hilfestellungen übermitteln, die anzuwenden ich euch innig ans Herz legen möchte. Nutzt sie weise, denn es sind in der Tat wertvolle Schlüssel eines weisen Adepten, und in tiefer und inniger Liebe übergebe ich sie durch mein geliebtes irdisches Gegenüber, welches ebenfalls mit der einen oder anderen Prüfung stets seine »Probleme« hat und auch seine Zweifel. Würde sie nicht immer wieder in den Zweifel über unsere Freundschaft und meine Liebe zu ihr »verfallen«, so wäre ihr mit Sicherheit der eine oder andere Stolperstein erspart geblieben! Zu verstehen, wozu und warum wir beide eine Verabredung haben, fällt ihr immer wieder schwer anzunehmen, da sie sich »so klein« und wertlos fühlt. Was soll der »große« Thoth schon an eine »kleine« Kerstin übermitteln, was nicht andere besser könnten?! Es ist endlich an der Zeit, dies zu erkennen und anzunehmen, und diese Botschaft gilt nicht nur für meinem geliebten »Schreiberling«, sondern ich richte mein Wort an euch alle! So möchte ich euch alle inniglich darum bitten, euch meinen Worten zu öffnen und nicht immer und immer wieder durch eure leisen Zweifel, eure verqueren Gedankengänge und eure energetischen Strukturen Blockaden und die daraus resultierenden disharmonischen Spiegelungen zu erschaffen. Wisset, ihr macht es euch dadurch immer und immer wieder viel schwerer, als es letztlich in der Realität wirklich ist.

Geliebte Menschen, wie ist es doch oft wahrlich kompliziert, euch in eurem Denken, Fühlen und Tun folgen zu können, da ihr die Einfachheit aller Dinge stets zu wandeln versucht, sie immer und immer wieder ihrer Leichtigkeit beraubt. Wo ist das Verständnis jener Einfachheit geblieben? Ist es so kompliziert für euch, die Einfachheit der Worte »Werdet wieder wie die jüngsten Kinder eures Planeten« zu verstehen und umzusetzen? Wisset, dass die Kinder noch die Klarheit und Reinheit innerhalb ihres Wissens besitzen, welche euch durch eure Art zu denken tatsächlich die Sicht und den Glanz der Wahrheit verblendet. Die Art der Anwendung und Umsetzung jenes Wissens ist in der Tat von einem kleinen Kind zu vollziehen und zu verstehen, und darin liegt die Botschaft des Erkennens für euch! Ihr könnt euren Geist erfüllen mit den schwierigsten Formen des Ausdrucks und des geballten Wissens. Ihr könnt Bücher lesen und Seminare besuchen, welche *KEIN* Kind verstehen würde und könnte, da die Worte und die Wege der Darstellung einfach viel zu kompliziert sind. Wenn sie euch und eurer Seele jedoch einen wohltuenden Dienst erweisen, so sei euch dies von ganzem Herzen gegönnt, und es ist erwünscht, denn alles, was euer Herz zum Strahlen bringt, hat immer einen bleibenden Wert, auch wenn es sich in seiner Anwendung viel leichter gestalten könnte und dürfte. Deshalb folgt dem Ruf eures Herzens und macht die Dinge, die euch Freude und Spaß bereiten.

Was ich euch hier vermitteln möchte, ist hingegen eine ganz andere Botschaft, nämlich die, dass ihr jenes Wissen letztlich für die erwünschten energetischen Resultate benötigt. Ihr könnt also auf dem komplizierten Umweg eure angestrebten Ziele erreichen, aber auch auf dem leichten und einfachen Pfad des Herzens eines Kindes, welches *NUR* die einfache und klare Sprache versteht. Könnt ihr verstehen, was ich euch damit sagen möchte? Wenn ich euch später in diesem Buch anhand spielerischer und einfacher bildlicher Darstellungen darum bitte, mir zu folgen, so nehmt davon Abstand, dies zu belächeln, darüber zu urteilen oder es gar abzulehnen, wenn die Art der Hilfestellung meinerseits zu einfach und kindlich beschrieben wird. Es hat einen ganz wichtigen Sinn und Zweck, da ich euch dabei helfen möchte, eurer »erwachsenen« Welt zu entwachsen und wieder die Fähigkeiten der Leichtigkeit eines Kindes erreichen zu können. Ein Kind denkt niemals kompliziert, sondern immer klar und einfach. Also bitte folgt mit eurem Herzen und öffnet euch dieser Möglichkeit, auch wenn es euch vorkommt, als könnte ein *großer Meister* niemals solche Pfade vorschlagen! Löst euch bitte von den gesellschaftlich geprägten Verhaltensmustern und folgt einfach nur mit dem Herzen eines kleinen Kindes, welches die Welt entdeckt!

Ich nehme euch während all eurer Schritte wahr, und ich sehe, dass die Klarheit meiner Worte euch oftmals allzu schwerlich erreichen kann. Der große Mangel an der Umsetzung jener Erkenntnisse liegt in der Denk- und Handlungsweise eures menschlichen Verhaltens, und dieses lässt euch immer wieder Runden des Wiederholens einer Begebenheit durchlaufen. Jedoch wissen auch noch sehr viele Menschen auf eurem Planeten wahrlich kein Wort über die Übermittlungen von Weisheiten und Wahrheiten und dämmern weiterhin auf dem Pfad ihres Lebens dahin. Immer und immer wieder kommt ihr an jene Punkte eures Lebens, an denen ihr schon längst hättet

Heilung und Erlösung erfahren können, doch sind die Strukturen und Glaubenssätze so tief in euch gefestigt, dass einige von euch sich eher zögerlich dem Ziel nähern. Bedenkt bei all eurem Denken und Tun, dass ihr jene Schöpferkraft in euch tragt. Bedenkt dies ohne Wenn und Aber und richtet euch immer wieder innerhalb eures Seins auf jenes tiefe, in euch präsente Wissen aus, denn diese Gewissheit wird euch stets an die Wahrhaftigkeit eurer Herkunft erinnern. Wie leicht könntet ihr bereits die höchsten Frequenzen innerhalb eures Lebens tagtäglich für euch anwenden und welch große Schöpferkraft könnte bereits hier auf Erden innerhalb eines jeden menschlichen Wesens präsent sein, und doch ist es stets ein zögerliches Streben nach der Vollkommenheit.

Immer wieder werden die Erkenntnisse in wichtigen Fragmenten nicht wirklich in ihrer Vollkommenheit erkannt und auch gelebt, und das lässt euch wieder und wieder den Zyklus des erneuten Durchlebens einer Begebenheit erfahren, wie ein Hamster in seinem Rad, welcher den Pfad des Vorwärtskommens in sich verspürt und dennoch das Ziel nicht erreicht, da er immer und immer wieder nur im Kreise rennt. Ihr braucht jenes Rad keinesfalls zur Bewegung. Jenes energetische Rad eures menschlichen Verhaltens beruht eher auf dem unbewussten Drang nach Wiederkehr von Zweifeln, Sorgen, Ängsten und Nöten – das oftmals vollkommen unbewusste Streben, immer wieder in die negativen Polaritäten einzutauchen und diese zu durchleben. Der Sinn für euch wundervolle Wesenheiten, innerhalb jenes energetischen Rades immer und immer wieder eure Kreise zu ziehen, ist hier keinesfalls gegeben. Ihr könntet wahrlich aus jenem Rad der nicht gelebten Erkenntnisse aussteigen und endlich eine gerade Strecke zum Ziel der gelebten Weisheit antreten und diese in vollen Zügen gestalten.

Wisset, jeglicher Mangel an Selbstliebe ist die Basis jener destruktiven Energien, und sie zwingen euch immer wieder in jenes Muster hinein. Verschwendet doch nicht fortwährend eure kostbaren und wundervollen Energien für jenes energetische Laufrad der Dramen eurer Jetzt-Zeit. Wisset, dass ihr dadurch euer Augenmerk nach wie vor viel zu oft von den wahrhaftigen Begebenheiten ablenkt und nur den Spiegelungen eures Verstandes und den fesselnden Strukturen eurer gesellschaftlichen Dramen und der materiellen Spiegelungen folgt. Wisset, dass ihr so keinesfalls das Ziel erreichen könnt. Nur die Freiheit, die gelebte Erkenntnis und die Weisheit innerhalb eures Soseins kann jene Vollkommenheit in euch entfachen. Hinzu kommt, dass es jetzt unabdingbar ist, sich jener präsenten und stark veränderten Schwingungsfrequenz eures Heimatplaneten und der Anwesenheit zweier Zeitebenen, die direkt nebeneinander und ineinander verschwimmen, bewusst zu werden und sich gleichsam entsprechend anzupassen! Diese Tatsache erschafft ab jetzt starke Disharmonien und vor allem verstärkte energetische Schwankungen innerhalb eurer Wahrnehmung und eures Bewusstseins. Ich habe euch bereits in meinen anderen Schriften auf diese Situation auf Erden hingewiesen und darauf, dass dies einen starken »Frequenzmuskelkater« hervorrufen kann und wird! Ich möchte diesen körperlichen und energetischen Zustand der Wahrnehmung für euch mit jenem Begriff betiteln, da er mir passend erscheint. Wenn ihr fortan nicht achtsam seid, kann und wird die jetzige Schwingungsfrequenz einen energetischen Einsatz wie bei einem ununterbrochenen Hochleistungssport erfordern. Dies kann sehr anstrengend und auch unharmonisch vonstatten gehen, und hiervor möchte ich euch bewahren oder euch zumindest darauf hinweisen.

Auch viele »Scheinmeister« eurer Ebene des Seins werden jenen Spiegelungen keinesfalls entweichen können, da auch sie in das Rad des Erkennens und der vollkommenen kosmischen Gesetzmäßigkeiten eingebunden sind. Jedoch sind derzeit sehr viele falsche Propheten unter euch, welche euch mit verblendenden Worten und Versprechungen sowie neu erschaffenen und dennoch wiederum menschengemachten Dramen und Zwängen von eurem Pfad der Meisterschaft abbringen. Es gab sie schon immer und ganz besonders zu wichtigen energetischen Epochen, wenn ihre Anwesenheit in die Realität schießt wie Pilze aus einem gut vorbereiteten Boden. Viele folgen ihnen und nehmen in großen Heerscharen ihre neuen Lehren an. Sie folgen ihnen wie verblendet auf einem Weg, welcher bei Unachtsamkeit abermals in die Spirale der Ablenkung führt. Sie hören keinesfalls auf ihr Herz und folgen jenen neuen Propheten wie hypnotisiert, was ihnen jedoch frei steht. Sie entscheiden freiwillig, welchem Pfad sie folgen möchten, denn sie sind frei, und auch ihr seid frei. Ihr braucht keine neuen Namen und neue Sprachen, da der Pfad jener Meisterschaft einzig und allein über die Pforten der vollkommenen Aktivierung der reinen und allumfassend mitfühlenden Energie in euch selbst entfacht wird. Bedenkt auch hier an dieser Stelle meine Worte bezüglich der Klarheit und Reinheit der Kinder! Wisset, dass der »Aufstieg« in und durch euch geschieht und dieser nur über die vollkommene Ausrichtung und Aktivierung eures Schwingungspotenzials vonstatten geht. Die zukünftige Sprache der neuen Menschheitsära findet über die reine Herzensenergie statt, und ihr geht eine grundlegende und vollkommene Meisterschaft der Reinheit innerhalb der gelebten Begebenheiten der materiellen Welt voraus. Jene Schule der tiefen und reinen gelebten Erkenntnis ist der erste Schlüssel, welcher die energetischen Siegel jenes wundervollen und einzigartigen Tores in euch offenbart. Da all jene Schritte und das dazugehörige Bewusstsein unabdingbar sind, werde ich euch in diesem Buch alle wichtigen Schritte übermitteln.

Wisset wahrlich, dass ihr keine neuen gesprochenen Sprachen und komplizierten Verhaltensweisen braucht, sondern *nur* gelebte Reinheit in ihrer vollkommensten Schwingungsfrequenz, und jene Frequenz ist keinesfalls über Lippenbekenntnisse erreichbar! Jene Schwingungsfrequenz entfacht sich vollkommen eigenständig durch die reinen und ehrlichen Herzensemotionen und das Umsetzen allen Wissens in die gelebte Realität. Sie findet in einem anderen energetischen Raum statt und offenbart sich einzig und allein auf der kristallinen Frequenzebene der Schöpfung und allen Seins. Ihr wandelt auf Erden und versucht in den Sternen eure Heimat zu finden. Ihr sucht eure kosmischen Wurzeln, und dennoch werdet ihr in der Ferne und in den Enthüllungen neuer Worte nicht die Erlösung und den »Aufstieg« in die höheren Sphären des Seins erlangen. Dies, geliebte Wesenheiten, geschieht wahrlich nur durch die Reinheit, die Klarheit und die kostbare Einzigartigkeit der jeweiligen Seele in ihrem vollkommensten Ausdruck der bedingungslosen Liebe.

Jene Liebe kennt keine Worte, denn deren Möglichkeiten sind immer begrenzt. Jene Liebe urteilt nicht und erhebt sich auch keinesfalls über andere Wesenheiten, wobei es hier gleichgültig ist, ob es ein Mensch oder ein Tier ist. Jene Wesenheiten leben die Reinheit der vollkommenen Liebe, und jene Reinheit ist frei von Worthülsen und Deutungen. Jene Reinheit ist die Klarheit der Herzfrequenz, und hierin ist der Schlüssel aller Rätsel zu erkunden und zu finden, und hier entscheidet sich auch euer Schicksal. Wisset, dass jenes energetische Zentrum frei ist von jeglichen Hierarchieformen und Strukturen des Menschseins, und es ist vollkommen frei von neu erschaffenen Eliteformen innerhalb des menschlichen Denkens, Fühlens und Tuns. Jene Liebe ist rein, sie ist frei, und vor allem ist sie vollkommen klar und einfach! Ihr braucht auch keine umständlichen und langwierigen Schulungen mehr zu durchlaufen, da die Anwendung jenes wahrhaftigen, allumfassenden Wissens vollkommen klar und einfach ist. Kombiniert mit der bereits präsenten, hohen zyklischen

Schwingungsfrequenz eures wundervollen Heimatplaneten sowie der neuen Menschheitsära könnt ihr innerhalb eines bewussten Augenblicks in eine vollkommen neue und hoch schwingende kristalline Dimension des Seins eintauchen. Euer neu ausgerichtetes Chakrasystem aktiviert und verbindet euch gleichsam mit den entsprechend im Klang konform gehenden Dimensionen. Ihr seid ein Klangschlüssel, welcher zu den höchsten Sinfonien des Universums emporsteigen kann, darum seid weise und bringt die höchste Präsenz eurer Liebesschwingung innerhalb eures neu ausgerichteten Herzzentrums zum Schwingen und Klingen und werdet Zeuge der Geburt eures vollkommenen Potenzials, welches nur darauf wartet, endlich in euch geweckt zu werden!

Wisset, dass jene Energie euch bereits stetig umgibt und sie bereit ist, mit euch zu einer neuen bewussten und allumfassend liebenden Einheit zu verschmelzen. Ihr könnt nur durch euch allein jene Meisterschaft in der Vollkommenheit meistern. Ich betone abermals, dass es dazu keinerlei Zertifikate, Meisterstufen oder Auszeichnungen innerhalb eurer Ebene des Seins bedarf. Es steht euch jedoch frei, diese dennoch auszuführen, wenn es euer Sein begehrt. Es gilt allerdings zu beachten, dass jene Meisterschaft nur durch euch selbst zu vervollkommnen ist, und diese kann durch kein Zertifikat eurer Ebene des Seins bescheinigt werden! Sie findet über die bewusste Steuerung und Meisterung eurer Schwingungsfrequenz statt, und daher ist hier jegliche stufenweise Ausbildung nebst irdischer Schriftstücke und Zertifikate stets menschengemachtes Hab und Gut ohne wahrhaftig bleibenden Wert und Bestand. Auch wenn mich jetzt der eine oder andere am liebsten »verurteilen« möchte, weil ich hier solche Worte verkünde, sind es doch Worte der Wahrheit, und diese vermag ich frei und ungeschminkt auszusprechen, da mir die Verblendung der Sinne fern liegt und ich einzig für die Freiheit der Menschen und ihrer Herzen meinen Dienst vollbringe und keinesfalls, um das Ego einiger weiterhin zu beruhigen und zu verschönen!

Es führt kein Pfad an der bedingungslosen Liebe vorbei, welche die kosmischen Prinzipien anzuwenden versteht und jenes Wissen in ihrer Vollkommenheit auch umzusetzen bereit ist, und dies wahrlich ohne Wenn und Aber. Hier gilt es nichts mehr schönzureden, sich die eine oder andere Begebenheit noch wohlklingend zu machen oder gar zu erleichtern! Wie viele sind wahrlich bereit, die allumfassende Liebe zur Schöpfung für sich vollkommen zu leben und anzuerkennen? Wie viele leben die vollkommene und bedingungslose Liebe zu allen Geschöpfen jenes wundervollen Planeten, wobei ich hier auch direkt die vollkommene Liebe zu jener euch tragenden Göttin mit anspreche? Lebt ihr bereits die Vollkommenheit, und wenn ja, lebt ihr sie auch vollkommen wertfrei? Wisset, dass jene liebende Göttin der Materie, welche euch ein Leben lang Heimat gewährt, den Schlüssel des für euch so sehnlich angestrebten »Aufstiegs« wahrhaft in sich trägt! Hier innerhalb der Dichte und Materie gilt es, alle Muster und Spiegelungen eines jeden zu meistern und die Polaritäten zu heilen, nicht durch Verdrängen oder Wegschauen, sondern durch gezieltes und wahrhaftes Heilen innerhalb der jeweiligen Spiegelung und Schwingungsfrequenz. Darin liegt der Schlüssel aller Weisheit und der gelebten Erkenntnis innerhalb eurer Ebene des Ausdrucks.

Es werden immer wieder von einigen Menschen nur jene Weisheiten angenommen, die bequem und passend für die jeweiligen Begebenheiten sind, und die anderen unbequemen Wahrheiten werden einfach ausgeblendet und überlesen, oder es wird sich darüber beschwert, dass ich meine Worte mit einem erhobenen Zeigefinger verkünde, und sie üben Kritik über meine Wahl der Darstellung. Wisset, es gibt nur den einen klaren Weg, diese Wahrheit auszusprechen, und auch wenn sie von dem einen oder anderen als störend empfunden wird, so bitte ich hier doch zu erkennen, dass es keinen anderen Weg gibt, sie zu verkünden. Es gilt, hier nun keine wertvolle Zeit mehr durch wohlwollende und abschweifende Worte zu verschwenden! Wollt ihr bleibende Resultate, so ist es in der Tat auf den Punkt zu bringen! Wollt ihr euer Ziel erreichen, so wird kein Weg umhin führen, diese Tatsache der Wahrheit für euch anzuerkennen, auch wenn sie innerhalb eures Urteils nicht als »angemessen« beurteilt wird! Sie wird verdrängt und einfach nicht zur Kenntnis genommen. Daher werde ich im Laufe meiner Übermittlungen nochmals versuchen, die Prinzipien in ihrer Ganzheit und der Auswirkung auf euer Sosein zu erklären, und es wäre wundervoll, würden jene Worte euer Herz in vollkommener Liebe erreichen und euch mit bleibender Weisheit erfüllen!

Wie ist es schmerzlich mit anzusehen, was derzeit tagein und tagaus auf eurem Planeten geschieht! Wie ist es schmerzlich mit anzusehen, was tagein und tagaus mit den Tierseelen auf jener wundervollen Ebene geschieht! Wie viele Menschen, welche bereits zu den Erwachten zählen, machen hier noch Unterschiede und reden sich ihre Sucht nach dem Fleische jener liebenden Geschöpfe weiterhin schön und vor allem im wahrsten Sinne des Wortes »schmackhaft«? Wie viele meinen nach wie vor, dass das Segnen mit den Händen und der Dank an das Tier für den Tod, welchen es durch euer Begehren nach ihrem Fleisch für euch gefunden hat, euch von jenen Energien befreit und euch wahrlich Gutes bringt? Wie viele leben nach wie vor in dem Bewusstsein, dass ja schließlich auch Tiere andere Tiere fressen, und vergleichen sich mit ihnen, da es ja bequemer im Geiste ist, sich jene Taten schönzureden? Wie viele kommen dann auch noch auf die Idee, jenes Verzehren sogar mit den pflanzlichen Früchten eures wundervollen Planeten zu vergleichen und wahrhaftig zu erwähnen, dass die Pflanzen, Gemüsesor-

27

ten und das Obst schließlich auch ein Bewusstsein haben und es somit ebenfalls getötet würde?

Zum Glück haben jene lichtvollen Früchte ein lebendiges Sein, denn sie durchtränken euren materiellen Körper mit wichtigen Informationen und Vitalstoffen. Ich möchte hier an dieser Stelle noch einmal kurz bemerken, dass es die eine oder andere Wesenheit auf eurem Planeten geben mag, welche sich jener Früchte entsagt und ganz ohne materielle Nahrung auf jener Ebene wandelt. Jedoch wandelt ihr auf eurem wundervollen Planeten mit all euren Sinnen und eurem wundervollen Körper, um genau jene Früchte zu genießen und euch von ihren hochfrequenten Energien durchtränken zu lassen. Bedenkt, sie gedeihen mit den Strahlen der Sonne und wachsen durch den Boden jenes wundervollen Planeten, dies bedeutet gleichsam, dass sie euer irdisch materielles Gefährt und euren lichtvollen Körper mit lebenswichtigen Frequenzen durchtränken, und das solltet ihr mit all euren verfügbaren Sinnen aufnehmen! Es hat einen Sinn und Zweck, warum eure Körper der Ebene der Dichte und Materie angeglichen sind, sonst hätte die Quellexistenzebene hier wohlgemerkt einen Fehler innerhalb der Ausrichtung und der Struktur gemacht, oder? Es steht euch natürlich frei, euch auch dieser Früchte zu entsagen, wenngleich für die letztliche und krönende Anhebung der körpereigenen Schwingungsfrequenz allein jenes Entsagen nicht ausreichen wird. Es bedarf der Meisterschaft innerhalb der Materie und der darin offenbarten Begebenheiten und Prüfungen. Doch alles andere steht euch frei. Ihr seid frei!

Viele Menschen sehnen sich aus der Tiefe ihrer Seelenfrequenz nach einem langen Leben und nach der Jugend ihres körperlichen Gefährts. Dies ist der Ruf und das »Erinnermich« eurer Seele, doch könnt ihr die Wahrheit in der gleichzeitigen Anwendung der kosmischen Gesetze für euch nicht wirklich umsetzen, da ihr diese immer wieder nur halbherzig oder gar nicht zur gelebten Erkenntnis und Anwendung geleitet. Die Suche auf eurer Ebene des Seins scheint sich uferlos zu gestalten, und die Varianten der möglichen Versuche sind scheinbar grenzenlos, dabei wird euch jener Pfad nur sehr schwerlich euer Ziel erreichen lassen, wenn ihr euch der Einfachheit und Klarheit nicht bewusst seid. Es existieren bereits viele Schriften und Anwendungsweisen, welche euch bei eurem Weg der Bewusstwerdung zur Meisterschaft behilflich sein können, doch werden diese in ihrem Sinn und Zweck nur teilweise richtig interpretiert oder gar angewandt. Die Menschen neigen oft dazu, wichtige Aspekte und Unbequemes unbeachtet zu lassen, oder diese einfach entweder zu überlesen oder auch zu überhören. Die Übermittlungen selbst sind nicht immer vollkommen und geben häufig nur einen Teil der Wahrheit und Weisheit wieder. Es fehlt die Vollkommenheit innerhalb der gelebten Erkenntnis sowie der oftmals nur zum Eigennutz oder einseitig ausgerichteten Anwendung der Weisheiten.

Es werden meist lediglich jene Bereiche, die am leichtesten umzusetzen sind, praktiziert. Doch wisset, geliebte Menschen, die Prüfungen, welche euch innerhalb der Materie umgeben und denen ihr tagtäglich begegnet, sind solcher Art, dass sie euch zur vollkommenen Meisterschaft des reinen Herzens und Wissens geleiten. Fast immer sind sie im steten Urteilen und Bewerten zu finden, denn auch im kleinsten Winkel eures Seins wollen jene Energie und jenes wahrhaftige Wissen geheilt und gemeistert sein. Hierin offenbart sich die größte aller Weisheiten und der reinste Schlüssel der Pforten der Weisheit. Erst durch das tatsächlich angewandte Wissen können sich die weiteren Stufen öffnen. Wenn ich euch sage, dass viele wundervolle, strahlende und herzensgute Menschen doch weiterhin den Wertigkeitsszenarien in ihrem Leben erliegen und dadurch den wahren Sinn und Zweck ihrer Inkarnation nicht erkennen und meistern können, so ist dies eine Tatsache und frei von jedem Anschein eines Urteils über euch. Ich liebe euch aus den Tiefen meines Seins, und es ist meine Aufgabe, euch jene Dinge aufzuzeigen. Ich kann und darf euch nur geleiten, aber ausführen und jenes Wissen innerhalb eurer gelebten Realität umsetzen, dies, geliebte Menschen, müsst ihr wahrlich allein für euch meistern. Ihr werdet oftmals in eurem Leben feststellen, dass, obgleich ihr euch auf einer »sehr hohen Stufe« der Erkenntnis befindet, ihr dennoch einem gefühlten Punkt des Scheiterns gegenübersteht.

Gerade jetzt, zu jener Ära der Menschheit, da sich zeitgleich zwei Präsenzen der Welten auf eurer geliebten Erde offenbaren, steht ihr vor der größten Prüfung eurer Zeit. Ihr seid die Begründer der *neuen Welt* und müsst in jener Frequenz euren *energetischen Fingerabdruck* setzen, damit ihr ein bewusster Teil dieser Ära werdet. Gleichermaßen wird aber durch das immer wieder gespiegelte Resonanzfeld der *alten Welt* euer Können auf die Probe gestellt und erfordert solcherart größte Achtsamkeit. Da den meisten Menschen dieser Zustand keinesfalls bewusst ist und sie nicht wissen, wie sie dadurch einen bleibenden und unverwechselbaren »Anker« in der neuen Frequenzstruktur der Erde setzen können, breiten sich derzeit unter anderem auch große Orientierungslosigkeit und das Gefühl, nicht mehr wirklich dazuzugehören, im eurem Wahrnehmungsfeld aus. Es kann geschehen, dass dies einer Achterbahnfahrt gleichkommt und zeitweilig auch einem Schweben im Raum des Nichts. Wisset, dass jene scheinbare und doch reale Spiegelung keinesfalls ohne Sinn und Zweck in eurem Hier und Jetzt präsent ist. Ihr solltet wahrlich erlernen, sie zu lieben statt zu verdrängen, denn darin offenbart sich die Meisterschaft der wahrhaftigen Beherrschung der Geisteskräfte sowie der kosmischen Gesetzmäßigkeiten. Ohne diese vollkommene Anwendung jenes Wissens und seine letztliche Umsetzung ist nach wie vor stets und ständig die Spiegelung des Scheiterns vorprogrammiert.

So viele Muster und Verhaltensweisen sind tief in euch gefestigt, und sie zu erlösen bedarf es einer wahrhaften Änderung eurer alten Einstellungen. All jene Dinge erzeugen Schwingungsfelder, welche gleichsam mit dem materiellen Außen in Resonanz gehen und sich immer und immer wieder erneut spiegeln müssen. Sie sind Teil eures Lebens, und solange ihr euer tatsächliches Zutun nicht erkennt oder euch immer wieder in seichte und wohltuende Botschaften flüchtet, welche eurem Verstande schmeicheln, wird euch die tief in euch verborgene Ursache all jener äußeren ungeliebten Umstände immer und immer wieder umgeben. Ich könnte in meinen Übermittlungen auch Botschaften über das Zusammenspiel innerhalb eurer partnerschaftlichen Beziehungen offenbaren, doch würde euch dies abermals von der Wichtigkeit der Prüfung an euch selbst ablenken, und deshalb möchte ich euer Augenmerk auf die Arbeit *an und mit euch selbst* richten! Ich werde später in einem anderen Zusammenhang noch eine kurze Ausführung über *Partnerschaften und ihr Wirken innerhalb der Seelenfrequenz* übermitteln, jedoch lenkt auch diese ihre Priorität auf das Verstehen von euch selbst und der damit verbundenen Resonanzfelder.

Erkennt in meinen Worten die Möglichkeit, euch wahrlich in allen Bereichen eures Seins mit der bedingungslosen und allumfassenden Liebe zu durchfluten. Jene Liebe ist keinesfalls polar, sie ist rein und vollkommen. Sie ist vollkommen wertfrei und durchtränkt von der höchsten Liebesfrequenz, welche keinem anderen Wesen jemals bewusst Schaden zufügen könnte, auch wenn sie nur indirekt durch Weitergabe der Verantwortung an andere ihre Wirkung ausübt. Dies sollte euer höchstes Bestreben innerhalb eurer Meisterschaft sein: jene höchste Liebesfrequenz innerhalb eures gesamten Seins zu erreichen. Dies ist das höchste Ziel eurer Reise der allumfassenden Erkenntnis, und dies ist der Schlüssel zur Pforte der Freiheit eurer Seelen und für die gelebte Erkenntnis zum ewigen Sein innerhalb eures körperlichen Gefährts, um jene Dimensionen der Materie und Dichte zu meistern.

Ich möchte dringend nochmals darauf hinweisen, dass es von oberster Priorität für die Menschheit ist, endlich zu erkennen, dass sich alles in allem eint und alles ein ungetrennter Teil des Ganzen ist. Solange das Blutvergießen auf eurem Speiseplan steht – dabei ist es gleichgültig, ob direkt oder indirekt –, werden sich Disharmonien innerhalb eurer menschlichen Dramen offenbaren. Auch wenn der eine oder andere meine Worte wieder einmal keinesfalls gutheißen kann: Dies steht euch frei. Wenn ihr jedoch in euer Herz spürt und darin wahrlich offen und rein seid, so wird es nur eine Antwort geben können, durch die sich jegliche anderweitige schön gebogene Mutmaßung eines menschlichen Verstandes erübrigt. Selbst wenn es tönen mag, dass dies ein *anderer aufgestiegener Meister* so verkündet hat oder dass es des Menschen Recht sei, ein Tier für sein Begehren zu töten, seid ihr entweder dem Schall des eigenen Ego erlegen oder es war eine Stimme fernab der allumfassenden Liebe. Es steht schon in dem Wort begründet, *allumfassend liebend*, dass jenes Töten zum eigenen Wohle keinesfalls der reinen vollkommenen Liebe entsprechen kann! So lange werden jene Menschen die Mutationen und Erkrankungen ihrer Leiber hinnehmen müssen und so lange werden sie an die Spirale des Todes gebunden sein, so lange sie nicht *allumfassend lieben*. Auch wird sich darin immer und immer wieder das Spiegelbild der Kriege und des Hasses offenbaren müssen. Dies ist die Wurzel allen Blutvergießens auf Erden, die Sucht nach dem Fleisch und dem Blut, denn alle Schreie werden erhört und suchen innerhalb der Ebene der Materie ihren Ausgleich. Keine Seele ist vergessen, kein Tod bleibt im Rahmen der Gesetzmäßigkeiten ohne Ausgleich, da sich alles innerhalb jener Prinzipien ausgleichen muss. Nehmt hier an dieser Stelle auch jenes wundervolle, hochsensible und einzigartige

Lebewesen, euren Heimatplaneten, ebenfalls in diese Hochachtung vor dem Leben mit hinein, und ihr werdet erkennen, dass das Wandeln der Menschen auf seinem Rücken keinesfalls zu seiner Freude vonstatten geht.

Ihr werdet erkennen, dass euer Heimatplanet unter der Last der unbewussten Menschheit stark zu leiden hat. Ihr werdet erkennen, dass die Menschen jenes große Geschöpf wahrlich unbedacht und sehr oft ohne Respekt, Dankbarkeit und Liebe behandeln. Dem Großteil der Menschen ist es keinesfalls bewusst, dass *sie* ein Teil von *ihr* sind, und jeglicher Schaden, welchen die Menschen jenem sensiblen und empfindsamen Geschöpf zufügen, wird sich gegen die Menschheit richten. Bedenkt immer wieder die Gesetzmäßigkeiten, an die alles Lebendige gebunden ist, wie im Großen so auch im Kleinen – und wenn ihr euer Augenmerk gleichsam in Gleichnis mit eurem Körper bringt, werdet ihr erkennen, dass innerhalb eures körperlichen Seins ebenfalls ein vollkommenes Universum zu finden ist. Ihr werdet erkennen, dass auch euer Leben durch jenes geistige Zentrum gesteuert wird und dass ihr ohne euren Körper euch keinesfalls durch die Ebene der Materie und Dichte bewegen könntet. Das gesamte Universum ist ein Wunderwerk der Schöpfung, und alle Körper innerhalb der Dichte und Materie sind wahrhaftige Werke der Vollkommenheit und in ihrer Einzigartigkeit unübertroffen. Dazu gehört aber *nicht nur* der Mensch!

Ich bitte euch innig, die Schreie innerhalb eurer Sphäre des Seins wahrzunehmen, welche durch das Blutvergießen und die Sucht nach Fleisch bis in die Weiten des Alls ertönen! Ich bitte euch ein weiteres Mal, eure Herzen in vollkommener und mitfühlender Liebe zu öffnen! Beendet das stete Beklagen körperlicher, geistiger und anderer Unzulänglichkeiten innerhalb eures körperlichen Gefährts sowie aller gespiegelter Begebenheiten innerhalb eures Lebens. Beendet das Klagen über Krankheit, Leid, Misslingen und Scheitern. Ich bitte euch aus den Tiefen meines Seins ein für alle Mal die Suche nach Schuldigen im Außen zu beenden und die Tatsache in euch anzunehmen, dass ihr die Schöpfer all jener Umstände seid. All jene Spiegelungen innerhalb eures Seins sind Offenbarungen der kosmischen Gesetzmäßigkeiten. Jene kosmischen Gesetze werden allenfalls in ihren schönen Manifestationen in den Schriften eurer Zeit festgehalten und hier und da einmal kurz interpretiert und dargestellt. Lernt sie wahrhaft weise und mit dem Herzen zu ergründen und zu verstehen, denn hierin ist die vollkommene und tiefe Wahrheit zu finden. Die Menschen verändern und gestalten gern immer alles zu ihrem höchsten Eigennutz und verdrängen nur allzu gern ungeliebte und unbequeme Anwendungsweisen, die sie doch innerhalb ihres bequemen Denkens auffordern sollen, allumfassend und liebevoll zu handeln.

Die Menschheit blickt auf dieses Wissen, und dennoch wird es nur selten in seiner Vollkommenheit erkannt und verstanden. Oft wird es einzig zum Begehren des Egos auf dem Weg zu Reichtum, mehr Besitztümern, Erfolg, Gesundheit, Macht und ewigem Leben sowie anderen Ich-bezogenen Zwecken eingesetzt. Bestenfalls tritt noch die Sehnsucht nach dem »Aufstieg der Seele« an die oberste Stelle, und nicht weniger oft wird einfach alles Unangenehme jener Gesetze passend für die Worte der Menschen gemacht. Es ist wundervoll, dass die Menschen die Gesetze des geistigen Erschaffens und der Veränderung von Materie durch ihr Denken und Tun für sich entdeckt haben, doch ist dies wahrlich nicht alles, was es zu meistern gibt! Sicher ist dies ein Schlüssel zur Wahrheit, und dass euer Geist Materie erschafft ist gar zu einem »Modetrend« innerhalb eurer Ebene des Ausdrucks geworden. Die Menschheit hat etwas *entdeckt,* und nun dreht sich alles um das Manifestieren zum Wohle von Reichtum, Erfolg und ewig währendem Wohlstand. Ist dies wahrlich alles, was die Menschen in ihren Herzen begehren?

Natürlich ist es schön, dass es bei dem einen oder anderen zu seiner Vervollkommnung eingesetzt wird. Sicher ist es wundervoll, dass bereits ein Teil der Menschheit jene Wunder der Materie scheinbar entschlüsselt hat! Und doch ist jene Entdeckung innerhalb der jetzigen Ära des Menschseins wieder einmal polar und gar nicht allumfassend. Sie ist einzig auf die Gier nach allem Schönen im Leben ausgerichtet, aber keinesfalls wird hier oft die Vollkommenheit der Schöpfung, die allumfassende Liebe zu allem Lebendigen und die bedingungslose Liebe mit in jenes Entdecken auf Erden eingebracht. Wieder einmal scheint jener Fortschritt nicht der Wahrhaftigkeit zu dienen, sondern dem Erschaffen von noch mehr Reichtum innerhalb der Materie. – Ich möchte hier kurz bemerken, dass das Erschaffen von materiellem Gut keinesfalls etwas Niederes ist und wahrlich eurer Freude im Leben dienen sollte, doch ist das alleinige Ausrichten auf diesen Zustand eben jene Hürde der Erkenntnis, welche es mit dem Herzen zu meistern gilt. Ist der Zustand auf die alleinige Fülle innerhalb der Materie ausgerichtet, so ist dies, geliebte Wesenheiten, keine wahrhaftige Erkenntnis, sondern eine erneute Möglichkeit, sich von der Vollkommenheit der Wahrheit zu entfernen. Hier sind keinesfalls das Rätsel und der Schlüssel zur Erkenntnis entdeckt worden, sondern wieder einmal wird Erkenntnis nur zum Nutzen des »Ich will in Reichtum und Wohlstand leben« angewandt. All denjenigen, die bereits die allumfassende Liebe zu leben bereit sind, möchte ich sagen: Ich verneige mich in unendlicher Dankbarkeit und Liebe vor euch und heiße euch willkommen bei der schönsten Stufe der bevorstehenden Prüfungssequenz, denn ihr seid bereit, euch dem Ganzen zu öffnen, und ich freue mich aus den Tiefen meines Seins, dass ich euer Herz erreichen konnte.

Es ist wundervoll, dass die Menschen die Grenzen des starren Denkens innerhalb der materiellen Sichtweisen durchdrungen haben und nun die Lehren der Quantenenergie und ihr Wirken bereits ihren Einzug in den Köpfen der Menschen halten konnten, doch ist dieses wahrlich *nur ein Teil* des Ganzen. Hier wird ein entscheidender Aspekt der Wahrheit verdrängt. Die Menschen können wahrlich Meister im Verdrängen und Abändern von Weisheit und Wahrheit sein. Eure Ära der Menschheit beherzigt das immerwährende Passendmachen von Begebenheiten für die jeweiligen Situationen und Bedürfnisse. Darin sind die geliebten Menschen wahrlich große Meister! Wisset, dass alles, wahrlich ALLES seinen Ablauf innerhalb jener Prinzipien findet, und da hilft auch kein Verdrängen und Zurechtbiegen für die Bedürfnisse und Bequemlichkeiten des menschlichen Denkens und Tuns. Nur ihr könnt durch das wahrhaftige und vollkommene Anerkennen jener allumfassenden Liebe zu allem Lebendigen der Schöpfung sowie der damit verbundenen Spiegelungen und Schwingungsfrequenz für euch zur Heilung gelangen.

Bitte beklagt euch nicht immer wieder, dass euch dieses oder jenes nicht gelingen mag! Es geht um eure Meisterschaft, und ihr allein entscheidet, ob ihr endlich alles Wissen zu wahrhaftiger Meisterschaft geleitet oder ob ihr weiterhin die Schuld dort draußen bei den anderen sucht. Ich bitte euch innig darum, meinen Worten Beachtung zu schenken, zumal ich euch all diese Abläufe in meinen früheren Übermittlungen bereits ans Herz gelegt habe. Der Grundstein jener Meisterschaft sollte bei euch selbst gelegt sein und sich hier vor allem in Reinheit offenbaren. Seht klar und deutlich bis in die kleinsten Bereiche eures tagtäglichen Verhaltens und bleibt dabei vor allem ehrlich zu euch selbst. Wie ich in dem Arbeitsbuch *Thoth im All-Tag* schon ausführlich beschrieb, ist eure »innere Einstellung« an jedem Beginn eines Erdentages entscheidend für die gespiegelte Qualität eures Lebens! Darin könnt ihr wahrlich einen Maßstab eures eigenen bewussten Schöpfertums erkennen und so bei euch – falls die

Spiegelung nicht der euch gewünschten entspricht – immer wieder eine bewusste Neuausrichtung vornehmen. Die dazu erforderlichen Schritte wurden in dem Arbeitsbuch klar und leicht verständlich durch mein geliebtes irdisches Gegenüber niedergeschrieben. Ich habe euch dort auch einen ersten kleinen Einblick in die Funktionalität jenes neuen Chakras in euch gegeben, der aber eher vergleichbar war mit einem kurzen Blick durch eine leicht geöffnete Tür. Jetzt ist es an der Zeit, ein Verständnis in euch dafür zu entfachen, dass einzig und allein jenes Kraftzentrum vermag, euch auch mit den höchsten kosmischen Energietoren in weit entlegenen Sphären des Seins zu verbinden.

Hierzu ist allerdings die gründliche Meisterschaft innerhalb aller materiellen Spiegelungen Voraussetzung. Ein Überspringen oder Auslassen wichtiger gelebter Erkenntnisse und deren vollkommene Anwendung ist keinesfalls möglich, da ihr sonst immer nur für einen kurzen bewussten Augenblick jene neue Energie in euch spüren und die damit verbundenen Frequenzen nicht dauerhaft wahrnehmen würdet. Nur ihr könnt überprüfen, ob ihr wahrhaft alles in seiner Vollkommenheit zur Anwendung geleitet, und so bitte ich euch immer und immer wieder: Seid ehrlich zu euch selbst auf jenem Weg der Meisterschaft. Seid gründlich und gewissenhaft und kontrolliert euch selbst bei all eurem Denken, Fühlen und Tun und fragt euch, ob dieses wahrlich in vollkommener Harmonie und im Einklang mit dem Ganzen steht. Lebt wieder im Einklang mit allem, was ist, und ihr werdet starke Veränderungen für euch wahrnehmen können. Lebt aber auch im Einklang mit den Prüfungen innerhalb der Dichte und Materie und versucht nicht, vor jenen Aufgaben zu fliehen. Stellt euch ihnen in Freude und meistert sie in Leichtigkeit. *Jetzt* ist es an der Zeit, wahrlich in Einklang mit eurem Heimatplaneten zu treten, und dies in dem Bewusstsein, dass jenes empfindsame Wesen ein ungetrennter Teil eures Soseins ist und ein Großteil der Menschheit im Begriff steht, sich selbst großen Schaden zuzufügen.

Ich wünsche euch nun bei den nachfolgenden Kapiteln tiefe Erkenntnis und vor allem die vollkommene Entfachung des Kristallchakras, des kosmischen und hochenergetischen Tores in euch. Es offenbart euch die höchsten Energien und bringt euer grobstoffliches und materielles Gefährt in die Schwingungsfrequenz der neuen Menschheitsära. Ich werde euch genau erklären, was jenes neue Kraftfeld in euch bewirkt, und ihr werdet erkennen, dass euch dieses Zentrum des größten Schöpfertums schon immer begleitet hat. Ihr tragt den wundervollen und kostbaren Schlüssel dazu in euch, doch ist er dem Zugriff des profanen Menschen verborgen. Eine bewusste und in vollkommener Liebe und Reinheit beschlossene innere Einstellung vermag allerdings, jenes Tor zu öffnen. Durch euer bewusstes Denken, Fühlen und Tun *könnt* ihr es aktivieren. Ihr braucht nicht im Außen zu suchen, denn finden werdet ihr die Freiheit und vollkommene Aktivierung des Zugangs zu den höchsten Ebenen des Seins nur durch jenes in euch wohnende Kristallchakra. Jenes mächtige und in seiner reinsten Essenz offenbarende Zentrum in euch spiegelt die wahre Größe und Kraft eures Herzzentrums wider. Jenes allumfassende Kristallchakra offenbart sich einzig und allein, wenn die Chakras, welche euch mit der dichten und materiellen Welt in Verbindung halten, auf die höchsten kosmischen Frequenzen ausgerichtet werden. Dies setzt voraus, dass die »alten« Energiezentren in euch in Einklang gebracht und nach einer gründlichen Reinigung und Anpassung – welche durch euch selbst erfolgen muss – neu ausgerichtet und miteinander vereint werden, damit sie jenes Tor in euch aktivieren.

Ich möchte hier an dieser Stelle noch einmal kurz bemerken, dass die »alten« Energiezentren keinesfalls verschwunden sind. Sie sind nach wie vor präsent, doch wird durch die besagte Anpassung und Neuausrichtung eine energetische Einheit erschaffen, welche das hochenergetische und kristalline Einheitstor in euch »zündet«. Das Energiezentrum des Kristallchakras verbindet euch mit den kristallinen Dimensionen und eröffnet euch den Zugang zu den höchsten Sphären des Seins, wobei ich vorsorglich darauf hinweisen möchte, dass ihr selbst beziehungsweise die Qualität der Frequenz des Kristallchakras über die entsprechende Ebene entscheidet. Dabei bietet schon das Aktivieren des Energietors in euch die Möglichkeit, sich von der Dichte der Materie zu lösen und die Ebenen zu durchschreiten. All jenen Adepten und aufstrebenden Meistern, welche nunmehr geneigt sind, vorwärts zu preschen, und in Ungeduld augenblicklich die höchsten Resultate zu erreichen wünschen, sei hier jedoch dringend geraten, diese Ungeduld zum Schweigen zu zwingen! Sie kann und wird nämlich immer nur die Spiegelung dessen aufzeigen, was in das Energiefeld eingegeben wird. Deshalb übt euch im Kleinen und schreitet danach weiter zu höheren Zielen. Euer höchstes Augenmerk sollte im Hier und Jetzt jedoch das Setzen des *energetischen Fingerabdrucks* in der neuen Menschheitsära sein, dem Schwingungs- und Resonanzfeld der *neuen Welt!* Ich werde euch den energetischen Schwingungsaufbau in diesem Buch Schritt für Schritt erklären, so dass ihr ihn mit Leichtigkeit vollziehen könnt. Ist jenes Ziel erreicht und könnt ihr deutliche Veränderungen in und um euch herum wahrnehmen, so dürft ihr euch auf weitere wundervolle energetische Prüfungen ausrichten. Seid nun bitte mit all eurer Herzenskraft und Liebe dabei, jene neue Ära der Menschheit zu begründen und ihr die Frequenz eures reinen Wesens zu verleihen. Dies, geliebte Menschen, sollte jetzt euer allerhöchstes Ziel im Streben jedweder Art sein!

Ich werde mit der reinen Kraft meines kristallinen Herzens durch mein geliebtes irdisches Gegenüber all mein Wissen ganz ohne Filter oder Abschwächung bei der Übermittlung an euch weiterleiten, so dass es euch alsdann möglich sein wird, die Prüfungen zu meistern, welche euch bis an die Vervollkommnung eures Kristallchakras und die damit verbundene reine Energie heranführen werden. Folgt den Worten mit eurem weit geöffneten Herzen und erlaubt euch das Ganze und Große in euch zu verspüren. Erlaubt euch, das größte und wundervollste Geschenk des gesamten Alles in euch anzunehmen und euch entsprechend auf die Welten, welche auf euch warten, auszurichten. Dies ist wahrlich eine Meisterschaft der reinen kristallinen Herzen und der vollkommenen und reinen Liebe. Ihr braucht nicht »erwachsen« zu werden und klug oder schlau, sondern sollt wieder werden wie kleine Kinder: offen im Herzen, mitfühlend, ohne belastende und prägende gesellschaftliche Schatten des Menschseins. Befreit euch von allen dunklen Schatten und begebt euch nunmehr in die neue Menschheitsära des vollkommenen Mitgefühls, der vollkommenen, urteilsfreien und wertfreien Liebesschwingung, welche gleichsam die wahrhaftige Grundschwingung des gesamten Alles ist. Alles in allem – zu einem großen Ganzen vereint. Dies zu erkennen und insbesondere auch zu leben wird euch große Schritte im Seelenwachstum eröffnen und eure Schwingungsfrequenz dementsprechend deutlich erhöhen.

Mögen meine Worte euer Herz erreichen und euch die Leichtigkeit der Vollkommenheit entdecken lassen. Ich werde euch stets in meinem Herzen geleiten und euch durch mein unendlich geliebtes Menschenkind und irdisches Gegenüber hilfreich die Weisheiten offenbaren. Möge jene Meisterschaft eurer Seelen von vollkommener Leichtigkeit, tiefem vollkommenen Wissen und Gelingen durchtränkt sein. Mögen meine Worte euch immerdar begleiten und zu vollkommener Meisterschaft führen. So sei es!

In tiefer und vollkommener Liebe,

Das Kristallchakra und sein Wirken

Bei all meinen Übermittlungen bitte ich euch innig darum, wahrhaft frei und offen im Denken und Fühlen zu bleiben, damit euch meine Worte erreichen können und ihr hierin von der Leichtigkeit emporgehoben werdet. Ich möchte euch darum bitten, von den möglicherweise festgefahrenen Sichtweisen eines kompliziert denkenden Menschen Abstand zu nehmen und in eine multidimensionale Bewusstseinshaltung zu gehen. Öffnet euer Herz und bringt euren Verstand und störende Gedanken zur Ruhe, damit ihr jene Strukturen, welche sich in euch festigen möchten, keinesfalls blockiert. Es geht um ein Wissen, welches größer und umfassender ist, als es die starren Denkmuster der materiellen Welt erfassen können. Es ist die Leichtigkeit, welche eure Grundeinstellung sein sollte. Vor allem möchte ich abermals darauf hinweisen, dass jene Wahrheit *immer* auch mit dem Herzen eines kleinen Kindes verstanden werden kann. Wird sie zu kompliziert, so schwingt oftmals das Ego des Menschen mit in die Worte hinein. Die kosmische Wahrheit ist immer rein, einfach und klar verständlich. Jene universelle Wahrheit ist befreit von Worten und offenbart sich in der Tat in den Emotionen einer jeden Wesenheit. Sie bedarf keiner gesprochenen oder gedachten Worte, sie ist frei von jeglichen Begrenzungen und sie offenbart sich durch alle Dimensionen hindurch in den Herzzentren, den Blumen des Lebens von allem Lebendigen. Aus diesem Grunde könnt ihr jene nicht mit Worten zu beschreibende Liebesfrequenz nur durch die Reinheit eures entfachten Herzzentrums, eures Kristallchakras, vernehmen.

Hier ist das Tor der vollkommenen universellen Weisheit und Ankopplung an die allumfassenden Sphären allen Seins zu finden. Hier ist die Pforte allen Sehnens des Herzens zu finden, und ihr könnt einzig durch eure reine allumfassende Liebe jenen Schlüssel in euch finden. Wie ich euch bereits mitgeteilt habe, tragt ihr jenen Schlüssel bereits in euch, doch wurde die Kostbarkeit des damit verbundenen Wissens eher schwerlich zur Meisterschaft geleitet. Immer und immer wieder zeigten sich Schwierigkeiten im komplexen Denken und Tun der Menschen. Wisset, es ist oftmals wahrlich kein Leichtes, euch bei eurem kompliziert gestalteten Handeln zu folgen, da eure feinstofflichen Freunde und auch ich erst in jene Dichte eures Denkens folgen müssen, um euren schwierigen Wegen folgen zu können. Der Pfad eines erwachten Meisters geht wahrlich *nur* über die Reinheit im Herzzentrum, und diese ist vollkommen befreit von den Süchten nach komplizierten Verstrickungen und Wirrungen, befreit von komplizierten »Stufen und Zertifikaten«, weil euch diese allenfalls innerhalb eurer gesellschaftlichen Hierarchien den gewünschten »Aufstieg« offenbaren. Für die kosmischen und universellen Sphären und wahrhaftigen Prüfungen innerhalb des Seins sind diese lediglich Schall und Rauch. Sie vergehen wie der Nebel im Sonnenschein, sie trüben allenfalls eure Sinne für die Wahrhaftigkeit und die Reinheit im Klang eines rein schwingenden Kinderherzens. So rein und klar, so befreit und ehrlich, so solltet ihr als gestandener Meister der höchsten Sphären sein!

Jene innere energetische Haltung gilt es nunmehr zu erlösen und zu wandeln, da sie die kristalline Struktur eures Kristallchakras zu blockieren vermag. Aus diesem Grunde weise ich abermals auf die genannten Verhaltensweisen hin und nicht, um euch damit zu langweilen oder mich zu wiederholen. Jene leisen Wiederholungen zwischendurch haben den Sinn und Zweck, euch bis in die Tiefen eures Denkens und Fühlens zu erreichen. Dort, tief versteckt, ist der Ursprung aller energetischen Verstrickungen, und genau jene Tiefen möchte ich erreichen, damit ihr diese transformieren könnt. Nur so können sich die Vollkommenheit eures Kristallchakras und jene klare reine Struktur entfalten. Auch wenn ihr tief in eurem Herzen jene Sehnsucht zu ergründen sucht, seid ihr dennoch durch eure starren und festgefahrenen alten Strukturen in euch blockiert.

Somit werde ich ganz sanft und liebevoll noch einmal an den Ursprung allen Seins zurückkehren und euch die Grundessenz, die Grundstruktur sowie den Grundklang von allem Lebendigen, aller Materie und aller Ebenen des Seins mitteilen, damit ihr euch auf ein neues Bild, eine neue und alles Wissen gebärende Energieform ausrichten könnt und sich diese sodann in euch festigen kann. Jene Energieform ist in allem Lebendigen zu finden. Jene Energieform ist in allem Sein zu finden. Jene Energieform ist letztlich die einzige und alles durchdringende Essenz und Form im gesamten Alles, und sie ist auch die Essenz eures Seins und eurer wahrhaftigen Struktur. Das damit verbundene Wissen und die Erkenntnis werden euch weiterhin innerhalb der Materie eure Meisterschaft und euer Leben gestalten lassen, doch ist sie Voraussetzung dafür, ein Meister der Materie zu sein. Dieser

Meister weiß um die Zusammengehörigkeit von allem, was ist, und das energetische Muster dahinter. Jener Meister weiß um die vollkommene Anwendungsweise und wie er sich durch die kleinste Veränderung innerhalb der Schwingung gleichsam bewusst auf das daraus resultierende Ziel ausrichten kann. Ein wacher und wahrhaft weiser Meister kann schon weit vor seinem Denken und Fühlen die Folgen seiner Tat erkennen und richtet daher seine Energien gezielt auf das gewünschte Ergebnis aus und bündelt all seine damit verbundenen Kräfte. Er kann sie wandeln, und vor allem hat er die Rätsel von Leben und Tod ergründet, erkannt und gemeistert. Ist jenes Wissen in euch gemeistert, so wird es euch augenblicklich in eine höhere Warte des Sehens einweihen, euch vom Gesetz des Rhythmus befreien und euch ewiges Sein – solange dies euer Begehren ist – innerhalb der Materie sowie aller Sphären schenken.

Alles ist ewig, alles ist fortwährend und alles ist unumstößlich miteinander zu einer Einheit verwoben. Wollt ihr das Rätsel des scheinbar Negativen erlösen und wandeln, so ist jene tiefe und daran gebundene Weisheit die Grundvoraussetzung, um jenes Wissen tatsächlich zu einem fest verschmolzenen Teil eures Seins erwachen zu lassen. Merkt euch immer gut: Einzig die gelebte Erkenntnis wird euch reiche und bleibende Früchte des Seelenwachstums gebären. Alles andere ist immer und immer wieder eine Flucht in uferlose Gewässer, welche euch keinesfalls an das von euch gewünschte Ziel bringen werden. Sollte dies ansatzweise möglich sein, so werden jene Resultate doch nicht von bewusst gesteuerter und langer Dauer sein. Was ich hier zum Ausdruck bringen möchte, ist die Möglichkeit wahrhaftiger und gezielter Meisterschaft innerhalb der Materie und die damit gleichzeitig verbundene Reinheit und Vollkommenheit innerhalb des neu ausgerichteten Herzzentrums – jenes wundervollen Zentrums der kristallinen Einheit in euch, welches euch in der Tat mit den höchsten Sphären des Seins auf immer und ewig in eine vollkommen bewusste Einheit bringt.

Fühlt euch nicht länger von allem getrennt und unsagbar klein. Ihr seid wahrlich von unermesslicher Größe und Liebe, wenn ihr ganz bewusst jenes Wissen für euch anwendet. Dies ist keinesfalls Zauberei oder eine weit hergeholte Geschichte der Fantasie! Dies ist eine Tatsache und ein wahrhaft lohnendes Ziel, welches es zu erreichen gilt. Zu damaligen Zeiten war es eine große Freude, sich jenem Wissen und der damit verbundenen Anwendungsweise vollkommen unbegrenzt im Fühlen und Tun hinzugeben. Ein weises Herz, so rein wie das eines kleinen Kindes, war die »Eintrittskarte« in die Welt der großen Meister. Jene Meister mussten die Reinheit eines Kinderherzens als Schlüssel benutzen und mit Leichtigkeit und Offenheit in den Schulen der Weisheit bestehen. Befreit von Grenzen und Ängsten. Befreit von jeglichen starren Verhaltens- und Emotionsmustern. Befreit von gesellschaftlichen Dramen und dem damit verbundenen Leid. Jene Reinheit offenbart sich in einem edlen, reinen und vollkommen mitfühlenden Herzen, welches keinem anderen Wesen im gesamten Alles Schaden zufügen kann. Ein vollkommen klares und reines Herz wird sich niemals dagegen sträuben, sondern mit großer Freude jede Prüfung meistern und das damit verbundene Wissen annehmen. Gleichsam entfacht sich hiermit auch die Klangfrequenz jenes Herzzentrums sowie aller daran gebundenen Energiezentren, und sie fangen an, schneller zu schwingen und klar zu strahlen. Die größte Angst ist wahrhaft besiegt, nur allein durch das Annehmen der Polarität des Vertrauens. Sich gezielt auf den positiven Pol auszurichten vermag augenblicklich die Schwingungsfrequenz entsprechend anzupassen und die gespiegelte Realität zu verändern.

Wie ihr bereits wisst, ist alles reine Schwingung und reiner Klang. Auch die euch umgebende und gespiegelte Materie ist keinesfalls starr und fest, sondern ein verdichteter Ausdruck von Schwingung. Dennoch ist jener Ausdruck zu jedem Augenblick veränderbar, und somit ist die sich euch offenbarende materielle Spiegelung keinesfalls fest, sondern bewegliche verdichtete Schwingung, welche durch gezielte Erhöhung ihre Struktur verändern kann. Gleichsam schwingt alles in einer harmonischen Sinfonie miteinander und zueinander. Es ist mit einem großen kosmischen Konzert zu vergleichen, welches sich durch alle Sphären hindurch in einem niemals endenden Lied ausdrückt. Jene Sinfonie im Klang des ewig schwingenden Alles habe ich bereits den Menschen übermittelt und kann euch nur aus reinstem und tiefstem Herzen raten, jenes Wissen und die damit verbundene Frequenz, welche sodann euer Energiefeld erfüllt, wahrlich zu meistern und sich jenen Worten zu öffnen.

Wenn wir also wissen, dass jegliche Strukturen hierin ihren Ursprung und ihre energetischen Wurzeln haben, so können wir durch die bewusste Ausrichtung innerhalb unseres Energiefeldes diese entsprechend des gewünschten Ziels verändern. Die Form und Beschaffenheit eines jeden Lebewesens ist hinsichtlich des Energiefeldes immer gleich strukturiert. Dieses kosmische Muster zieht sich durch alle Zeiten und alle Sphären hindurch und offenbart sich in allem Lebendigen. Jene Gleichheit werdet ihr ebenso im Prinzip der Entsprechung erkennen können. Jene Struktur ist und bleibt immer gleich. Sie ist das Grundmuster, die Ur-Struktur der Schöpfung, und sie ist auch im Schwingungsmuster der Quellexistenzebene zu finden. Wie im Großen, so im Kleinen, und umgekehrt. Dies wahrhaftig anzuerkennen wird euch die Pforten unermesslicher Weisheit offenbaren.

Das Zentrum jener alles bewegenden, beeinflussenden und antreibenden Kraft liegt allerdings im Innern einer jeden Wesenheit, eines jeden lebendigen Ausdrucks der Schöpfung. Jenes Zentrum ist der »Motor«, der alles innerhalb der gespiegelten Räume und Realitäten erschafft. Er ist mit all seinen Sinnen und Funktionen für die Koordination innerhalb des Ausdrucks der Schöpfungen verantwortlich. Hierin werden Spiegelungen geboren und auch, je nach innerer Einstellung, wieder vergehen. Wie aber könnt ihr euch nun jenes Schwingungsfeld, jenes euch umfassende Muster denken, und wie sieht es aus? Wie ist die genaue Struktur des Kristallchakras, und wie könnt ihr euch das ganze Ausmaß jenes Energiefeldes vorstellen?

Wenn ihr euer Chakrasystem betrachtet, so beinhaltet es unter anderem Energiezentren, welche euch mit der Materie, und auch jene, welche euch gleichsam mit den höheren Sphären des Seins verbinden. Jedes Energiefeld hat seinen tiefen Sinn und Zweck sowie seine jeweilige Funktion innerhalb des jeweiligen Schwingungszustandes. Es gibt hierzu bereits viele wundervolle Werke und Schriften, welche diese Funktionalitäten genauer und detaillierter beschreiben, und ich möchte aus diesem Grunde jene Beschreibungen auslassen, da diese sich keinesfalls auf das Energiefeld konzentrieren, auf welches ich euch ausrichten möchte. Ich möchte all eure Aufmerksamkeit auf jenes zu erweckende Zentrum in euch lenken, damit ihr hierfür ein neues Bewusstsein entwickeln könnt. Die bisherige energetische Ausrichtung eurer Energiezentren ist den Strukturen der *alten Welt* angepasst, und was ihr nunmehr erreichen solltet, ist jenes Chakrasystem auf die Frequenzen der *neuen Welt* auszurichten. Zeitgleich vollzieht sich durch jene Neuausrichtung vollkommen eigenständig die Reaktivierung eurer DNS-Struktur sowie der Vollkommenheit eurer zellularen Codes. Obendrein entfacht sich bei gewissenhafter Aktivierung und als wohltuende »Nebenwirkung« euer Lichtgefährt, eure Merkabah, welche sodann dauerhaft gehalten werden kann. Ich möchte jedoch vermeiden, dass ihr euch wiederum zu sehr auf jenes Lichtgefährt konzentriert, was eine Art »Verkrampfung« und Begrenzung im Geiste mit sich bringen kann, und daher sei euch an dieser Stelle geraten, keinesfalls Visualisierungen im Geiste vorzunehmen, sondern einfach nur die Gefühle mit all euren Sinnen wahrzunehmen und fließen zu lassen. Ihr würdet jenen Fluss nur wieder begrenzen, und dies versuche ich hier zu vermeiden. Bleibt einfach offen und fühlt euch unendlich groß und werdet leicht, alles andere ist in der Tat ein sich vollkommen eigenständig vollziehender Prozess. Lasst es einfach geschehen, wisst um jene Anwesenheit in euch, und alles andere wird im Fluss eurer Bewusstheit und eures reinen und liebenden Herzzentrums von ganz allein in Bewegung und Ausdehnung gebracht.

Durch jene Aktivierung werdet ihr auch an das kristalline Energiezentrum im Herzen eures Heimatplaneten angekoppelt sowie an die Frequenz der Quelle allen Seins. Ihr werdet euch eures wahrhaftigen Selbst vollkommen bewusst, und dies heilt euer Frequenzfeld. Es findet eine Kalibrierung und energetische Synchronisation statt. Ihr lebt innerhalb einer Illusion von unendlich vielen Wahrnehmungen und Spiegelungen und fühlt euch eher als Opfer jener Materie. Durch jenen entscheidenden Schritt in und durch euch kann sich jenes Muster transformieren. Wisset, ihr seid in der Tat das Verbindungsmodul zwischen »Himmel und Erde«. Hierin liegt eine ganz wichtige Aussage, denn der Sinn und Zweck aller Prüfungen liegt darin, Meister über die Materie zu werden. In den nachfolgenden Kapiteln werde ich euch ganz gezielt auf die Heilung und Transformation der scheinbaren »Gegensätze« vorbereiten und darauf, wie ihr darin zu vollkommener Meisterschaft gelangt. Wendet jenes Wissen an und bedenkt, wie im Kleinen so auch im Großen und umgekehrt. Wenn ihr euer Bewusstsein weit öffnet, dann könnt ihr erkennen, dass sich die kleinen Welten mit den großen in einem identischen Gleichnis spiegeln. Ihr könnt alle Antworten in jener Wahrnehmung finden. Ihr könnt die Antwort auf das Universum und seine Strukturen ganz klar und deutlich finden, wenn ihr euch euer eigenes, euch innewohnendes Universum betrachtet. Alles ist miteinander verbunden und schwingt wie strahlend schöne Kristalle an einer niemals endenden Kette aus Licht durch die Weiten des gesamten Alles, erfüllt von dem Strahlen der Geistespräsenzen, welche alles Leben steuern und lenken. Gleichsam steuert auch ihr durch euer geistiges Zentrum alles, was euch umgibt, sei es im feinstofflichen oder im grobstofflichen Sein. All jene Präsenzen werden angetrieben durch die Kraft der kristallinen Zentren, der Blumen des Lebens.

Ihr tragt jenes Zentrum ebenfalls in euch, welches gleichsam auch hier sein Wirken offenbart. Doch muss dieses strahlende Zentrum in euch erst aktiviert und in Einklang gebracht werden mit allem, was ist. Erst jene Vollkommenheit innerhalb der Bewusstwerdung in euch kann und wird jenes vollkommene Strahlen entfachen. Es ist dies der entscheidende und zündende Funke in euch, welcher die Frequenzen der höchsten Energien zu erreichen vermag. Ihr tragt wahrlich jenen kostbaren Schlüssel der höchsten Energie und des damit verbundenen kosmischen Tores in euch! Sobald ihr die vollkommene Liebe zu allem, was ist, lebt, die Heilung und Transformation der scheinbaren Gegensätze erkennt und als oberste Priorität euch eures Selbst vollkommen bewusst seid und die uneingeschränkte Liebe euch selbst gegenüber lebt, wird sich hierdurch Großartiges und unermesslich Schönes offenbaren!

Kehren wir jetzt aber noch einmal zur Beschaffenheit des Kristallchakras zurück. Die damit verbundene Form durchdringt alle Ebenen des Seins, sie ist in allem Lebendigen zu finden. Jedes Atom, jedes Lebewesen, jede Pflanze, die Planeten und Sonnen, kurzum, alles Lebendige der Schöpfung trägt jenes Ursprungsmuster in sich. Stellt es euch einfach vor: Es ist ein Energiefeld, welches sein Zentrum genau in der Mitte offenbart. So lange ihr die alten Strukturen, die alten Chakras, die alten damit verbundenen Muster für euch nach wie vor anwendet, bleibt ihr wahrlich in der alten Schwingung, da ihr diese Energiezentren immer wieder neu aktiviert. Könnt ihr meinen Worten Verständnis schenken? Ich bitte euch darum, euch von den *alten Mustern* zu lösen, damit ihr *Neues* zulassen könnt und sich die neuen Frequenzen innerhalb eures Lebens und in eurem Energiefeld entfalten und festigen können.

Wenn ihr immer wieder an den alten Mustern festhaltet, werdet ihr keinen Fortschritt erfahren, denn dann beschäftigt ihr euch immer wieder damit, alte Energiezentren erneut zu aktivieren. Um Missverständnisse an dieser Stelle zu vermeiden, weise ich nochmals darauf hin, dass die »alten Chakras« nach wie vor präsent sein werden. Sie werden durch die Aktivierung des Kristallchakras nicht einfach verschwinden, vielmehr werden sie in *EINKLANG* mit den Frequenzen der neuen Menschheitsära gebracht. Sie werden miteinander verbunden, und jene energetische Einheit in euch, welche das Grobstoffliche mit dem Feinstofflichen vereint, offenbart sodann die Präsenz des Kristallchakras, eures neu ausgerichteten Herzzentrums. Das Kristallchakra umfasst die Chakras von eurem Wurzelchakra beginnend hinauf bis zu eurem Kehlkopfchakra und bringt diese zu einer vollkommenen Einheit. Das heißt, als Erstes müsst ihr all jene Chakras zu einer vollkommenen Einheit in euch entfachen, diese klären und reinigen. Die einzelnen und klärenden Schritte hin zum Kristallchakra habe ich euch bereits in meinem Buch *Thoth im All-Tag* ansatzweise übermittelt. Ich möchte sie hier noch weiter vertiefen, damit ihr sie wahrlich weise und wissend anwenden könnt.

Es bedarf intensiver Wachsamkeit in euch, um all jene festgefahrenen Verhaltensmuster, welche sich wieder in euch zeigen und die damit verbundenen Energien in und um euch offenbaren, zu heilen. Es ist hier also von oberster Priorität, jene Schritte intensiv über einen längeren Zeitraum gewissenhaft und bewusst in euch zu steuern, damit sie sich in euch festigen können. Bedenkt bei all eurem Tun, dass ihr keine Trennung mehr durch Worte – seien sie gedacht oder auch nur gefühlt – in euch und durch euch erzeugt. Ihr fallt dadurch vollkommen eigenständig wieder in die alten Muster zurück, dies allerdings sage ich euch vollkommen wertfrei und befreit von jeglichem Urteil über euer Sosein. Ich teile euch dies hier mit, da ich euch innig darum bitte, keinesfalls bei kleineren oder auch größeren Rückschlägen zu verzweifeln. Wisset, dass jene Neuausrichtung einer gewissen Umsicht und Rücksicht auf euer bisheriges Sein und eurer Verhaltensweisen bedarf. Richtet euch einfach nur immer wieder auf euer Ziel aus und bleibt darin gewissenhaft und beständig, um jene Vollkommenheit in euch Stück für Stück zu entfachen.

Um jenes Entfachen wahrlich zu entzünden und zu verstehen, ist der erste Grundschritt nach dem Wissen darum, wie die Struktur des Kristallchakras aufgebaut ist, die vollkommene und bewusste Beherrschung der Polaritäten: das wahrhaftige Annehmen, dass sich alles in allem eint und zu einer vollkommenen Einheit verschmilzt. Ihr könnt niemals von dem einen Pol zum anderen »flüchten«, um ihn so hinter euch lassen zu wollen! Ihr werdet zeitgleich durch eure magnetischen und elektrischen Fluida, welche Grundbestandteil eures Seins sind, entsprechende Resonanzräume erschaffen. Das heißt, ihr würdet immer und immer wieder nur jene niedere Spiegelung erschaffen und anziehen! Wobei ich hier abermals betonen möchte, dass das Niedere vollkommen wertfrei zu betrachten ist. Jedoch ist jener Pol eine Tatsache der gelebten Realität und eine Spiegelung der jeweiligen zugeteilten Begebenheit. Ihr werdet im Fall des »Flüchtenwollens« wahrlich jenen Pol nur wiederum energetisch aktivieren und im schlimmsten Fall noch weiter verstärken. Darum bitte ich euch, alle negativen Polaritäten sowie negativen Begebenheiten in eurem Leben durch bewusstes, freudvolles und wirklich ehrliches Annehmen in euch zu wandeln. Niemand außer euch kann durch sich hindurch jene negative energetische Spiegelung wandeln, indem er jenem Pol Freude und Leichtigkeit zuspricht, ihn gleichzeitig als vollkommenen Teil des Ganzen anerkennt und so die dichtere und schwer schwingende Energie transformiert. Dies verursacht eine harmonische Umkehr innerhalb der magnetischen Fluida und erzeugt entsprechende positive Frequenzen und Resonanzräume innerhalb eurer gelebten Realität.

Wisset, dass ihr niemals vom Niederen getrennt werden könnt, sondern nur in und durch euch in der Lage seid, die betreffende Begebenheit zum Einklang, zur Ruhe und somit zur Heilung zu bringen. Es ist ein vollkommenes und sich eigenständig regulierendes System, welches durch alle Ebenen des Seins hindurch seine Existenz offenbart. Ihr könnt es keinesfalls verdrängen, denn der Sinn und Zweck all eurer Prüfungen innerhalb der Materie besteht darin, diese Energiestrukturen zu erkennen und gewissenhaft zu meistern. Es ist alles auf immer und ewig miteinander verbunden und kann niemals getrennt werden. Von daher müsst ihr jenes damit verbundene Wissen tief in euch festigen, dass all jene Energiezentren und Muster sowie die damit verbundenen Formen auf ewig in allen Ebenen des Seins zu finden sind. Es ist wichtig, dass sich jenes Wissen wahrlich tief in euch festigt und ihr aus vollem Herzen diese Weisheit in euch annehmen könnt. Es sollte keinesfalls oberflächlich angeeignetes Wissen sein oder ein Lippenbekenntnis, sondern tiefe gelebte Erkenntnis, welche sich innerhalb eurer Realität und eurem Herzen offenbart. Es darf nicht der geringste Zweifel in euch aufkeimen oder die kleinste Angst und Sorge, dass dies nicht der Wahrheit entspricht, weil das wiederum ein entsprechendes Frequenzfeld erzeugen würde. Darum solltet ihr hierbei gründlich und gewissenhaft vorgehen und keine Zweifel in euch zulassen.

Seid äußerst wachsam und beobachtet euch bei all eurem Denken, Fühlen und Tun. Folgt meinen Worten und verinnerlicht sie tief in eurem reinen geheilten Herzen, eurem Kristallchakra, eurer Blume des Lebens. Jenes Kristallchakra hat tatsächlich eine kristalline Form in den unendlichen Facetten einer Blume des Lebens im multidimensionalen Raum aller Sphären des Seins, und es verbindet euch augenblicklich mit den Blumen des Lebens allen Seins und somit von allem Lebendigen. Voraussetzung dafür, dass sich jene Tore in und um euch öffnen, ist wahrlich, dass euer Energietor, euer strahlendes Energiezentrum, im Gleichklang mit den anderen Blumen des Lebens schwingt. Das heißt, es erfordert nicht das Wissen, es reicht bereits das Fühlen. Das reine und ehrliche Fühlen in euch öffnet jene Tore und verbindet euch augenblicklich mit allen von euch gewünschten und angestrebten Resonanzräumen. Bitte richtet dennoch euer oberstes Streben derzeit keinesfalls *nur* auf das Erreichen jenes Zieles, sondern darauf, die *neue Welt*, die neue Menschheitsära, mit eurem *energetischen Fingerabdruck* zu erreichen und mit eurem reinen Sein zu erfüllen. Dies sollte der erste Schritt für euch sein, weil jene »schwimmende« Zeitfrequenz der zwei möglichen Welten die größte Herausforderung und Prüfung für euch darstellt. Darauf sollte euer meisterhaftes Bestreben ausgerichtet sein. Alles Weitere wird sich sodann fast *wie von selbst* in und um euch gestalten, da ihr durch jenen ersten Schritt die entsprechende Grundvoraussetzung der reinen Schwingungsfrequenz sowie des Erwachens in der vollkommenen Wir-Frequenz in euch gesetzt habt.

Ihr seid dann bereit, mit dem ganzen Wissen anzukoppeln. Habt keine Angst und befreit euch von jeglicher Sorge, denn das, was sich hierauf offenbart, ist von unbeschreiblicher, unermesslicher und wundervoller Größe. Es umfasst mehr, als der Wortschatz des gesamten Universums zu gebären vermag. Keine Worte, wahrhaft *keine Worte* sind hier jemals ausreichend, um das ganze Emotionsfeld beschreiben zu können. Darum fühlt und seid euch dessen gewiss, dass jenes Zentrum in euch eine kosmische Sinfonie allen Wissens, aller Weisheit, allen Könnens und aller positiven Macht in euch offenbaren wird. So sei euch dies ein wahrhaft lohnendes Ziel, auf das ihr euer gesamtes Seelenstreben und eure Herzensenergie ausrichten solltet. Lasst euch keinesfalls stets und ständig ablenken. Lasst euch keinesfalls stets und ständig neue Dogmen aufzwingen, und beendet den Glauben in euch, dass ihr dies und jenes noch zu lernen habt und diese Schule und jene Ausbildung noch zu absolvieren ist. Erlöst auch den Glauben in euch, dass ihr diese und jene Zertifikate noch erhalten müsst, um zu wahrer Weisheit und Meisterschaft gelangen zu können. Geliebte Wesenheiten, wisset: Dies ist in der Tat menschengemacht und zwingt euch immer wieder in neue Strukturen und Formen der gesellschaftlichen, dogmatischen Hierarchie. Das Universum und gleichsam alle Sphären des Seins sind befreit davon. Sie sind vollkommen befreit von jenen gesellschaftlich auferlegten Strukturen. Es bedarf eines bewussten und vollkommen entfachten, klaren energetischen Herzensmoments innerhalb eures Kristallchakras, und seine Rotation wird sich zu unermesslichem Strahlen entfachen.

Jenes Energietor in euch ist ein unermesslich hochfrequentes Zentrum, welches keinesfalls *irgendein* Energiezentrum in euch darstellt. Vielmehr hat es eine ganz besondere Funktion, welche jedoch nur in seiner Vollkommenheit aktiviert werden kann, wenn ihr euch seiner Existenz vollkommen bewusst seid und wenn ihr es gleichzeitig durch die Reinheit eures tatsächlichen Herzzentrums zum Strahlen erweckt. Ist jenes Zentrum als solches dann auf diesem Wege aktiviert worden, so gibt es ein weiteres Energietor in euch, welches, gekoppelt an die Frequenz des Kristallchakras, während der

Rotation eures feinstofflichen Körpers und der zeitgleichen Synchronisation des Energiezentrums innerhalb eurer Stirnmitte, eures Stirnchakras, eine ganz bedeutende bewusste Energiefrequenz entfacht. Sie verbindet euch nämlich vollkommen eigenständig mit den Frequenzen und Informationen aller Sonnenzentren allen Seins, auch mit den höchsten. Die Bewusstwerdung über diesen Prozess und der daraus resultierenden Frequenzen gebiert die Öffnung der Membranen zu allen Schwingungskoordinaten innerhalb aller existierenden Energietore.

Ich möchte dennoch an dieser Stelle noch nicht weiter vorgreifen und euch in einer später folgenden Übermittlung weitere Details dazu schildern. Die Frequenz eures Kristallchakras ist weitaus größer, als ihr euch vorstellen könnt, darum erlaubt euch hier, in eurem Herzen wahrlich weit zu fühlen. Macht euch so weit ihr nur könnt und fühlt den Raum, die Größe und, vor allem, fühlt das vollkommene Alles. Ich möchte euch jetzt bitten – bevor wir im nächsten Kapitel die Polaritäten ansprechen, um sie noch einmal ganz bewusst und gezielt zu ergründen und zu versuchen, ihnen Heilung zu bringen –, das Grundmuster des euch umgebenden Energiefeldes gleichsam auch im Außen in den Strukturen von allem Lebendigen zu finden. Alles hat ein Oben und ein Unten, und alles baut sich nach dem gleichen Prinzip auf. Alles hat ein Zentrum, einen Kern des steten energetischen Bewusstseins und der Ankopplung an die Frequenz der Ur-Zentralsonne, dem mächtigen und ewigen Geist allen Ursprungs und allen Seins. Jenem Zentrum ist jegliche Existenzgründung im gesamten Alles zuzusprechen, es ist die höchste Ur-Quelle allen Lebens und aller Frequenzen und der unendliche Klang der ewigen Schöpfung. Stellt euch vor, wie eurem Kronenchakra und eurem Wurzelchakra ein niemals endender energetischer Fluss entströmt. Jener Fluss verbindet euch stets mit dem grobstofflichen und dem feinstofflichen Sein – gleichzeitig also mit der höchsten Quellfrequenz und mit eurem Heimatplaneten.

Dabei umströmt euch außerdem noch eine hochenergetische Klangstruktur, welche sich um euer körperliches Gefährt herum offenbart. Sie fließt einerseits oben heraus nach außen um euch herum hinunter und dann wiederum durch euch hindurch aufwärts, um oben erneut auszutreten, und folgt jenem Fluss auch in umgekehrter Richtung, und dies vollkommen harmonisch. Die sich so ergebende Form entspricht dem euch bekannten Torus, den ihr euch vielleicht besser vorstellen könnt, wenn ihr an einen Apfel denkt. Ein Apfel hat oben und unten eine Öffnung sowie einen in der Mitte gelegenen Kanal. Dieser Kanal ist ebenfalls mit Energiezentren ausgefüllt. Um ihn herum schwingt die Grundstruktur alles Lebendigen in Form eines Torus. Dieser Torus trägt die allumfassende und immerwährende Form eines Apfels gleichsam in und um sich. Er ist oben und unten energetisch offen, und um ihn herum entfacht sich sein Energiefeld in Form schnell schwingender zirkulierender Strukturen, welche sich beidseitig ausgeglichen darstellen. Jenes Energiefeld schwingt gleichermaßen polar und dreidimensional, aber auch multidimensional, und dies ergibt innerhalb jener Sicht einen harmonisch und gleichmäßig schwingenden Energiewall.

Jedoch enthält alles Lebendige in seinem Kern auch die Struktur der doppelten Pyramide, welche eine Spitze nach oben ausgerichtet hat, während die andere Spitze nach unten ausgerichtet ist. Beide Pyramiden bilden zusammen somit ein Hexagramm, auch Christusstern genannt, und eben darin befindet sich das Zentrum des Kristallchakras, welches sich obendrein nach außen ausdehnt. Innerhalb eures aktivierten Kristallchakras liegt eure kristalline Sonne, euer mächtiges Kraftfeld, welches ihr auch als Blume des Lebens bezeichnet. Zwar ist sie in ihrer vollendeten geometrischen Form und Rotation noch um vieles umfassender, doch ist es hierbei wichtig zu beachten, dass sich aus allen geometrischen Formen die Vollkommenheit der Blume des Lebens innerhalb jenes Zentrums offenbart, welches gleichsam den Schlüssel jenes Energietores in sich birgt.

Je mehr ihr euch in eurem Herzen meinen Worten öffnet, desto leichter fallen euch die Aha-Erkenntnisse, welche auf meine Schilderungen für euch folgen werden. Sie ermöglichen euch den Zugang zum Wissen um die stärkste und alles umfassende Macht im gesamten Universum: die Macht der Sonnenfrequenz, der Sonnentore und der damit verbundenen Energietore. Sie werden euch den Zutritt zu jenem Wissen offenbaren. Darum folgt meinen Worten weise und offenen Herzens. Seht und erfühlt die Form jener geometrischen Siegel und lauscht dem, was ich euch übermitteln möchte. Gleiches könnt ihr jetzt ebenso deutlich um euren Heimatplaneten herum wahrnehmen. Auch jene wundervolle Göttin schwingt in dieser alles nährenden und schützenden Energieform. Da sich jene Energieform aber nicht weniger über die innen liegenden Energiezentren ausrichtet und entsprechend auch innerhalb der Polarität ihren Ausdruck gebärt, ist es allen sich selbst bewussten Wesenheiten der Quellexistenzebene möglich, diese polaren Steuermodule innerhalb ihres Kraftzentrums, ihrer Blume des Lebens, dem Kristallchakra, gezielt auszurichten und zu steuern. Die mächtigen Sonnen sind jene, welche euer Sosein ausrichten, mit Leben versorgen und all euer Schicksal bestimmen. Sie sind die geistigen Steuermodule innerhalb aller Spiegelungen des Lebendigen der Schöpfung. Es ist der Klang der Sonnen, welcher euch mit dem Leben verbindet und euren Geist mit Informationen durchtränkt.

Jene mächtigen Sonnen sind es, welche gleichermaßen eure Geisteskraft wie eure Präsenz steuern, doch ist es euch durch die gezielte Fremdbeeinflussung und Ablenkung schwer mög-

lich, den Pfad eures verschleierten freien Willens zu durch-
brechen und euer wahrhaftiges Licht und eure eigene innere
Sonne zu erreichen, um sie für die kommende Menschheitsära zu aktivieren. Davon werde ich später noch ausführlicher
berichten. Richtet hier und jetzt zunächst euer Augenmerk
wieder auf das euch umgebende Frequenzfeld und Energie-
muster. Achtet hierbei auf diese wichtige Aussage, welche ich
euch abermals zu übermitteln versuche: Tränkt eure Körper
keinesfalls mit den Informationen des Todes, mit den Leibern gequälter Tiere und mit den Frequenzen des Niederen.
Genießt die Früchte des Lichts und die daraus übermittelten
Informationen für euer materielles Gefährt. Nährt euch be-
vorzugt mit jenen Früchten der Lichtfrequenzen, denn sie
übermitteln euch derzeit Großartiges für euren Körper und
euren Geist. Sie sind die Boten eines sich am Horizont offenbarenden klaren neuen Morgens und wollen eure Zellen mit
den höchsten Sonnenenergien und Frequenzen durchtränken. Gewährt euch mindestens einmal am Tag eine Zeit des
Durchtränkens eurer Zellstruktur, indem ihr unbelastete
Früchte mit all euren Sinnen genießt und zu euch nehmt. Ich
bitte euch darum, dieses Ritual wahrlich langsam und bewusst zu vollziehen und jene Früchte, welche euren Körper
und euren Geist mit wohltuenden Informationen und Frequenzen nähren sollen, keinesfalls in euch hineinzuschlingen.
Achtet hier auf eine ausgewogene und ruhige Art und Weise,
eure Nahrung in euch aufzunehmen!

Wisset, dass beispielsweise ein Apfel, welcher eine Licht-
frucht ist und euch mit seinen Frequenzen wohlig schwingender Energien durchtränkt und nährt, kein eigenes Bewusstsein
hat. Seine Zellstruktur ist jedoch an der hohen Lichtfrequenz
der Quelle allen Seins angekoppelt und versorgt eure materiellen Körper allenthalben mit wichtigen und lebenserhalten-
den Botenstoffen. Obendrein verhilft er gleichermaßen eurem
Körper wie eurem Lichtgefährt zur Synchronisation mit den

hohen Lichtfrequenzen der neuen Menschheitsära, weil er es vermag, seine Lichtfrequenzen auf euer feinstoffliches Gefährt zu übertragen. Ich habe euch bereits von der Wichtigkeit der inneren Wahrnehmung jener Frequenzen berichtet, welche solche Lichtnahrung in euch offenbart, und kann euch nur weiterhin darum bitten, diese Nahrungsmittel nicht einfach »nur so« zu verschlingen, sondern den Akt des Essens in euch neu auszurichten und wahrlich mit allen Sinnen die damit verbundenen Frequenzen und Informationen in euch aufzunehmen. Seht hierbei ganz klar und deutlich, wie wichtig insbesondere die Aufnahme jener mit der Quellfrequenz vollkommen durchtränkten und kodierten Früchte für euren Körper ist. Bei der Neuausrichtung eures Handelns bezüglich der Nahrungsaufnahme werdet ihr eine vollkommen neue und wohltuende Vitalität und Verbesserung eures irdisch-materiellen Gefährts vernehmen.

Dies ist der wahre Sinn und Zweck der Lichtnahrung. Sie durchtränkt durch die in der Materie geborenen Früchte die materiellen Leiber eures Seins mit den höchsten Lichtfrequenzen der Quelle, und durch eine bewusste Aufnahme jener Stoffe in euch kann mit wahrhaft jedem Bissen eurem Körper die größte Heilung und Gesundung bis in die kleinsten zellularen Ebenen widerfahren. Ihr badet mit euren irdischen Sinnen in den Wogen der euch liebenden Quelle. Deshalb bitte ich euch darum, jenen Akt der Nahrungsaufnahme stets mit dem reinen Gefühl der Dankbarkeit auszuführen. Die Liebesfrequenz der reinen und ehrlichen Dankbarkeit ist zu vergleichen mit einem überfließenden und niemals versiegenden Kelch der Fülle. Jene Energiefrequenz setzt vollkommen eigenständig ein neues Frequenzfeld in und um euch in Kraft, nur seid ihr euch dessen bislang keinesfalls richtig bewusst. Es gibt nur wenige unter euch, die jene Materie mit ihren reichhaltigen Früchten der Göttin, welche euch in tiefer und vollkommener Liebe auf sich trägt, wertzuschätzen wissen. Nur wenige sind sich der wahrhaftigen Reichtum gebärenden Dankbarkeit bewusst und können jenen Fluss aufrechterhalten. Es ist dies in der Tat ein stetes Zusammenspiel der kosmischen Prinzipien, und der Dankbarkeitsschlüssel ist dabei solcherart, dass er die Tore zu allen heilenden Ebenen zu öffnen vermag. Nehmt diese wichtige Botschaft innerhalb meiner Worte in euer Bewusstsein mit auf und festigt sie, bevor wir uns wieder euren Energiezentren, euren Chakras, zuwenden. Atmet bitte an dieser Stelle einfach sehr bewusst die Frequenz der Dankbarkeit innerhalb eures Herzzentrum in euch hinein und fühlt, wie sich jenes Schwingungsfeld ganz weit ausdehnt. Festigt die damit verbundenen Emotionen in euch und haltet sie fortan bewusst in euch lebendig!

Geht nun einen Schritt weiter und betrachtet euren Körper. Ihr habt ein Kronenchakra und ein Wurzelchakra und noch weitere Chakras, welche unter anderem im Bereich eurer Füße, eurer Knie und Hände ihr Wirken offenbaren, sowie diverse Energiezentren, welche ich hier nicht weiter ausführen möchte. Unser Augenmerk sollte jetzt auf die wichtigsten Punkte ausgerichtet bleiben, die für eure Meisterschaft von wahrlich höchster Priorität sind. Wobei ich zum Kronenchakra später noch einen bewussten energetischen Wandel mitteilen möchte, welcher in direktem Zusammenhang mit der vollkommenen Aktivierung des Kristallchakras steht. Die anderen Chakras seien jetzt also einmal außer Acht gelassen, um euch jene Chakras aufzuzeigen, welche für die Vervollkommnung der Energie innerhalb eures Schwingungsfeldes von größter Wichtigkeit sind. Konzentriert euch daher nun auf den Bereich vom Kehlkopfchakra bis zum Wurzelchakra. Das Wurzelchakra ist jenes Energiezentrum, welches euch mit der Materie verbindet, und alle in der Materie enthaltenen und wirkenden Chakras – neben dem Wurzelchakra noch das Sakralchakra, das Solarchakra, das Herzchakra und das Kehlkopfchakra – verbinden euch bekanntlich mit den irdischen materiellen Ebenen, wobei euer Herzchakra auch noch übergeordnete Funktionen ausübt. Wollt ihr aber nun eure Energie gezielt bündeln und euch mit den hochenergetischen Toren allen Seins und der höchsten Sphären verbinden, so müsst ihr all jene materiellen Chakras in euch zu einer Einheit formen und gezielt neu ausrichten. Die alten Chakras bleiben zwar dennoch bestehen, sind jedoch durch die Aktivierung der durchlässigen Membranen dann energetisch ausgewogen miteinander verschmolzen und entfachen die Frequenz des Kristallchakras, einem Tor in euch, welches die höchsten Frequenzen in und um euch zu offenbaren vermag, so ihr jene in euch entsprechend aktiviert.

Wenn ihr also das Wurzelchakra, das Sakralchakra, das Solarchakra, euer ehemals »altes« Herzchakra und euer Kehlkopfchakra zu einer Einheit zusammenfasst und jetzt in diesem Augenblick ganz bewusst atmet, so fühlt danach in jene Energiefelder hinein. Haben sich die kleinen Membranen in euch geöffnet, wisset, dass die Aktivierung eures Kristallchakras, jenes hochenergetisch schwingenden und kristallinen Tores in euch, gleichzeitig auch die Pforte des siebten Siegels öffnet. Sie ist der Zugang, und hier ist der kostbarste Schlüssel eures Seelenfortschritts in euch verborgen. Hier könnt ihr wahrlich in die höchsten Sphären des Seins aufsteigen. Jenes Zentrum sorgt für die Verschmelzung aller Chakras in euch, welche sodann mit den höchsten Chakras allen Seins zu einer kosmischen und universellen Einheitsseele und dem universellen Einheitschakra transformiert werden. Jene Verschmelzung ist verbunden mit der zeitgleichen Reaktivierung eurer vollkommenen DNS-Struktur. Ihr braucht dazu wahrlich keine Lippenbekenntnisse abzugeben, denn diese Reaktivierung der vollkommenen DNS ist an die Reinheit jenes kristallinen Zentrums in euch gekoppelt. Das eine ist ohne das andere nicht möglich, und so bitte ich euch, meinen Worten wahrhaft weise zu lauschen: Durch jene Schritte der Entfachung eures Kristallchakras wird zeitgleich eure DNS-Struktur reaktiviert und geheilt und durch dieses Kraftzentrum in euch auch bleibend gehalten und gefestigt. Wisse, Mensch, dass die alten Energiezentren, wie sie bislang innerhalb der Dichte und Materie Bestand hatten, keinesfalls mehr der Frequenz und Energie der neuen Menschheitsära angemessen sind. Ihr solltet euch nunmehr von der alten Struktur eurer Energiezentren lösen und euch neu ausrichten. Nur dann kann sich das Kristallchakra in seiner Vollkommenheit offenbaren und wahrhaft bleibende Resultate für euch gebären.

Dies alles wird über eure innere Einstellung, welche damit verbunden ist, gesteuert und entsprechend ausgerichtet. Erinnert euch an meine Worte, wonach ihr selbst die Schlüssel für das Erreichen der höchsten Sphären des Seins in euch tragt: Diese werden nur *durch euch selbst* aktiviert. Es können weder vorgetäuschte Frömmigkeit noch Scheinheiligkeit jemals jene Energien in euch entfachen. Sie sind wahrlich – und ich betone nochmals: wahrlich – an die Reinheit und Vollkommenheit eures Wesens und eures Herzens gekoppelt und damit verbunden. Die gelebte Erkenntnis des reinen Herzens wird euch jene Pforten der Weisheit und des vollkommenen reinen neuen Seins in und durch euch selbst offenbaren. Ich möchte noch einmal darauf hinweisen, dass die Aktivierung zeitgleich verbunden ist mit den vollkommenen Strukturen der kristallinen Energiezentren eures Heimatplaneten, welcher jetzt ebenfalls an die höchsten Energien ankoppelt und sich neu ausrichtet. Auch diese schwingen größtenteils auf einer Frequenz mit der Quelle allen Seins. Auch hier findet eine Neuausrichtung, Kalibrierung sowie Synchronisation statt. Wisset, dass jene Siegel nur durch euch selbst aktiviert werden und in Vollkommenheit erstrahlen können und dass dies keinesfalls manipuliert werden kann. Es können auch keine dafür wichtigen einzelnen Schritte ausgelassen oder übersprungen werden. Erinnert euch an die Worte, welche ich euch in dem Kapitel *Die sieben Siegel und ihre Tore* des Buches *Projekt Menschheit* bereits mitgeteilt habe, und lest sie euch abermals durch. Darin sind die energetischen Angleichungen in und durch euch selbst angesprochen. Hierbei solltet ihr wahrlich gründlich sein und euch von jeglichen menschlichen und zwanghaften Glaubensmustern lösen, damit die neue Energie ihre vollkommene Frequenz auch wirklich anhaltend in euch offenbart und entfachen kann.

Dies ist die reinste und wundervollste hochfrequente Pforte der Weisheit in euch, und durch die gelebte Erkenntnis und das zeitgleiche Umsetzen innerhalb eurer gemeisterten Realität wird sie sich vollkommen entfachen. Dies sollte für euch ein äußerst lohnendes Ziel sein und euch in Freude vollkommen auf eure Meisterschaft ausrichten. Wisset, dass es zutiefst weise ist, wenn ihr diese Frequenz in euch beständig haltet und sie sich so stetig immer mehr festigen kann. Eine bewusste Atmung und die damit verbundene emotionale Wahrnehmung können euch dabei helfen, diese feinstoffliche Schwingung zu bewahren. Bedenkt, dass durch jenes Energiezentrum, wenn es sehr hoch ausgerichtet ist, ihr die wundervollen Energien der bedingungslosen Liebe und die Frequenzen innerhalb eures neu ausgerichteten Herzzentrums spüren könnt. Je mehr ihr so arbeitet und euch darauf ausrichtet, desto stärker werden euch die damit verbundenen Frequenzen bewusst werden.

Mit jedem Atemzug werdet ihr durch all eure zellularen Ebenen spüren, wie euch jene Energie emporhebt. Dabei kann es aber auch geschehen, dass ihr in die alten Muster, in die alten Sorgen und Nöte der *alten Welt*, vorübergehend zurückfallt und sich sodann jenes Energiezentrum wieder schließt. Sorgt euch keineswegs, denn dies sind die Prüfungen eines jeden strebenden Meisters, und darum erschafft hier auch kein Muster der Bewertung über euren Fortschritt oder euer Misslingen. Bleibt bei allem stets in der Freude und

Leichtigkeit, denn diese Eigenschaften eurer Güte und wahren Wertschätzung werden sich augenblicklich innerhalb eures bewussten Seins bemerkbar machen, und mit eben dieser Energie werdet ihr jegliche Hürden meistern.

Wenn ihr also in eure alten Verhaltensweisen zurückfallt, ist die Aktivierung des vollkommenen Kristallchakras fürs Erste einmal gestoppt. Ihr könnt sie jedoch zu jedem Augenblick eures bewussten Atems und eures Seins sofort wieder aufnehmen. Die Rückaktivierung mit den vorherigen Stufen kann dabei allerdings mit einem Frequenzmuskelkater verbunden sein. Das heißt, ihr könnt euch dann körperlich niedergeschlagen fühlen, weil ihr durch dieses stete energetische Auf und Ab innerhalb eures Energiefeldes von einer sehr hohen Frequenz in eine niedere Frequenz schwingt und sich dadurch möglicherweise körperliche Disharmonien widerspiegeln. Jeder bewusste Augenblick der Besinnung über die Geschehnisse wird euch sogleich helfen, eine Korrektur in euch auszuführen und eure Schwingungsfrequenz wieder entsprechend dem zu erreichenden Ziel anzugleichen. Hier ist jeder der Prüfling seiner eigenen Meisterschaft, und jeder kann nur durch seine Neubesinnung und seiner zeitgleich bewusst gesteuerten energetischen Ausrichtung die Pforte der tiefen Erkenntnis dauerhaft meistern.

An jener Pforte gewährt man euch wahrlich nur Zutritt mit einem reinen kristallinen Herzen. Dieser wundervolle Schlüssel und die damit verbundene Frequenz kann euch diese Pforte öffnen. Wisset, dass hier Eitelkeit, Hochmut und Hierarchiedenken wahrlich abgelegt sein sollten. Alle niederen Energien des Egos sollten geheilt sein. Reinheit, Sanftmut, absolute Demut, die frei ist von jeglicher Hierarchie, sollten eure Grundenergien in Vollkommenheit sein. Die Wächter jener Pforte können keinesfalls durch Scheinheiligkeit, niederes Verhalten oder gar Täuschung beeinflusst werden. Sie können keinesfalls geblendet werden. Die Schlüssel jener Frequenz, die ihr bereits in euch tragt, sprechen für die Reinheit eures Herzzentrums und eines bedingungslos liebenden Kristallchakras. Somit kann ich euch sagen: Bleibt wahrlich wachsam und gewissenhaft und geht Schritt für Schritt durch die Stufen der gelebten Erkenntnis und aktiviert euer Energiezentrum bewusst und weise in euch.

Stellt euch hier also bewusst vor, dass jene Energie um euch herum strömt und in euch ein kristallines Zentrum strahlt, welches sich sogar über euer Sein hinaus immer mehr ausdehnt und euch noch weitere Tore und Schritte offenbaren wird. Die Grundausrichtung auf das Kristallchakra ist der erste zündende Schlüssel, die erste Stufe, die gemeistert werden soll. Dies ist die Grundvoraussetzung für euch, um in einen geistigen und energetisch reinen Zustand zu kommen und das nächste Chakra bewusst mit einzubeziehen. Bringt sodann jenes vollkommen offenbarte Kristallchakra, euer neu ausgerichtetes Herzzentrum und gleichsam eure Blume des Lebens, welche rein und klar schwingt, in bewusste Einheit mit eurem Stirnchakra. Hier lasst ihr eure Energie, welche ihr aus eurem Kristallchakra in eure Stirnmitte hoch leitet, sich noch weiter ausdehnen. Achtet darauf, dass diese Energie die Energiezentren eures Kristallchakras und die eures Stirnchakras erfüllt, bis hinauf zu eurem weit geöffneten Kronenchakra, welches euch dann mit den höchsten Energien des gesamten Alles verbindet. Diesen drei hochfrequenten Energiezentren in euch solltet ihr wahrlich eure größte Aufmerksamkeit schenken, denn darin offenbaren sich die höchsten Energietore des Seins. Euer Kristallchakra, euer Stirnchakra und euer Kronenchakra sollten in einer vollkommenen kristallinen Struktur erstrahlen. Über euer unendlich weit geöffnetes Kristallchakra hinaus verbindet ihr euch sodann mit den höchsten Quellen innerhalb aller Ebenen des Seins.

Wisset, dass jedes Energiezentrum unterschiedliche Schwingungsstrukturen und Muster in sich verborgen hat. Ihr werdet es auch spüren, und ich werde es noch intensiver in diesem Buch übermitteln und gleichsam in euch festigen und mit eurem Sein in Verbindung bringen. Jedoch sollte die Struktur des Kristallchakras für euch als Erstes verinnerlicht sein, bevor wir dann vorwärts gehen und die anderen Chakras bewusst reaktivieren und öffnen. Dadurch werden sie noch weiter energetisch geöffnet und vervollkommnet. Durch jene gezielte Aktivierung wird immer mehr die Vollkommenheit des kosmischen Seins für euch sichtbar werden, und darum bitte ich euch aus tiefstem Herzen, euch absolut frei zu machen von jeglichen irdischen alten Mustern des Denkens, Fühlens und Tuns. Öffnet euer Herz ganz weit für jenes unermesslich Wundervolle und Schöne. Wisset, dass ihr, wenn die dadurch entfachte Energie so rein ist wie die eines kleines Kindes, feststellen werdet, dass die höchste Stufe der Erkenntnis in euch weder spirituelle Worte noch Namen kennt.

Jenes Kristallchakra ist wahrhaft der Träger der vollkommen geheilten Wir-Frequenz, und dies ist die Schwingungsfrequenz der neuen Menschheitsära. Das *WIR* war innerhalb der alten Zeitepoche aber keinesfalls in dieser Intensität präsent. Die derzeitige hochkristalline Strahlung, welche auf euren geliebten Heimatplaneten einfließt und diesen in die nächsthöhere Schwingungsfrequenz anhebt, entfacht ein wahrhaft unermessliches Spektrum an Möglichkeiten für die Wesenheiten, welche auf ihm leben. Wisset, dass jener Prozess des Planeten Terra demnächst in seiner Vollkommenheit abgeschlossen sein wird. Jene wundervolle Göttin, welche euch auf ihrem Leib trägt, befindet sich bereits in der Präsenz der fünften Energiedichte und ist bereit, euch in der geheilten Form und Essenz auf sich zu begrüßen. Sie ist bereit, gemeinsam mit euch liebenden Wesen die neue Menschheitsära zu begründen, wenn dies euer Herz begehrt und ihr bereit seid, diesen Schritt in und durch euch zu vollziehen. Solange ihr innerhalb eurer Energiezentren verschlossen bleibt, können jene neuen Magnetstrukturen und Frequenzen keinesfalls euer Sosein in Vollkommenheit erreichen. Aus diesem Grund ist es mein größtes Streben, euch dabei behilflich zu sein, das volle Potenzial eurer energetischen Einstellungen und Spiegelungen erreichen zu können und diese darauf beständig zu halten.

Die hochenergetischen Strahlungen, welche durch die kristalline Struktur eurer Sonne noch intensiviert und angeglichen werden, erreichen demnächst ihren Höhepunkt, und ihr könnt nunmehr gleichsam durch eure kristallinen Energiefelder vollkommen eigenständig an jene Frequenzen »ankoppeln«. Euer körperliches Gefährt sowie euer feinstofflicher Körper werden sich harmonisch an die Energiestruktur der neuen Menschheitsära anpassen, wenn euer Kristallchakra als Aktivator und Toröffner seine volle Funktionalität erreicht hat. Merket, dass dies ein sich vollkommen eigenständig regelnder Prozess ist, in den keinesfalls künstlich oder durch vorgetäuschte Frömmigkeit eingegriffen werden kann. Die Kristallenergien kommunizieren auf dem Klang der reinen und konform gehenden Schwingungsfrequenz jener Strukturen und Tore der neuen Zeit. Auch die kristalline Struktur eures Heimatplaneten hat sich bereits fast vollständig verändert, und dies wird in der kommenden Zeit ebenfalls große Veränderungen mit sich bringen. Jene Veränderungen und Angleichungen an die neue Magnetstruktur und die neue Ausrichtung der Pole können disharmonische Spiegelungen erzeugen. Gleichzeitig findet derzeit eine Trennung der realen Erde vom erschaffenen Hologramm statt, und auch hierbei können größere Abnabelungsprozesse und energetische Frequenzverschiebungen stattfinden. Um an die Frequenz eures wahrhaftigen Heimatplaneten anzukoppeln und hierbei eine stete Verbindung herzustellen, bedarf es eurer größten Aufmerksamkeit. Ich bitte euch, hierauf wahrlich beständig euer Herzzentrum auszurichten, damit ihr stets mit dem Schwingungsniveau der wahrhaftigen Erde verbunden bleibt. Ihr könnt so die aufkommenden Disharmonien der jetzt präsenten, »schwimmenden« Zeitfrequenz und des bestehenden Hologramms im Falle eines Zurückfallens in die *alte Welt* auf schnellem Wege energetisch wieder ausgleichen. Alle sich offenbarenden Disharmonien könnt ihr behutsam umgehen, indem ihr durch euer bewusst ausgerichtetes Kristallchakra an jene Schwingungsfrequenz anschließt.

Gleichsam seid ihr durch jenes Ankoppeln auf einer Wellenlänge mit eurem Heimatplaneten, und ihr werdet sodann harmonisch in die höheren Sphären des Seins getragen. Wisset, dass sich durch jene starken kosmischen Frequenzen die Magnetstruktur in deutlich erkennbarem Ausmaß verändern wird, was gleichzeitig eine Veränderung der Schwingungsfrequenz aller Wesenheiten ermöglicht. Ja, es wird sich in der nächsten Zeit eine Veränderung innerhalb des Bewusstseins ereignen, und es wird eine klare Abtrennung zu erkennen sein. Es wird Menschen geben, die weiterhin innerhalb des Hologramms verweilen wollen, und sie werden die Szenarien der *alten Welt* in vollem Umfang ausleben und mit dem daran gebundenen Schicksal beenden. Dennoch findet allgemein eine deutliche Klärung des Bewusstseins statt, und auf für viele Menschen unerklärliche Art und Weise werden rings um sie herum viele noch schlafende Meister erwachen. Dies geschieht, da alle Energiezentren derzeit an einer Höherkopplung der Frequenzen beteiligt sind. Die Steuerung der energetischen Zentren aller Lebewesen erfolgt über eure Heimatsonne. Somit ist die Technik, die ich euch hier übermittle, ein wahrhaft kostbares und einfaches Werkzeug, um euch mit ihren Frequenzen harmonisch in Einklang zu bringen und sodann mit ihnen zu kalibrieren und zu verschmelzen. Es ist an sich nur die Angleichung der entsprechenden Schwingungsfrequenz erforderlich, damit sich jene Zentren in und um euch vollkommen eigenständig anpassen und neu ausrichten! Ihr braucht einzig euer ganzes Streben und Wollen auf die Vervollkommnung eures Kristallchakras zu richten, und die damit verbundenen kosmischen Angleichungen und kristallinen Neuausrichtungen werden auch euer Frequenzfeld vollkommen eigenständig anpassen. Wisset: Ihr seid ein bewusster Teil jener höchsten Quellfrequenz, und so sind es euer Geburtsrecht und die Wiedergeburt eures wahrhaftigen Seins, die dadurch in Bewegung gesetzt werden.

Dies ist die Geburtsstunde der neuen Ära eures wundervollen Heimatplaneten, und ihr könnt ein ganz bewusster Teil jener neuen Frequenz sein. Ihr braucht wahrlich nur euer Herzzentrum entsprechend anzupassen und auszurichten. Ich habe euch bereits das damit verbundene Wissen übermittelt sowie die einzelnen Schritte, wie ihr das reine Pendeln der Polaritäten innerhalb eures Kristallchakras erfühlen und darauf ausrichten könnt. Ich bitte euch, hierbei sehr gründlich und gewissenhaft vorzugehen und die Übungen und das damit verbundene Wissen zur Meisterschaft zu geleiten. Ihr werdet es spüren, dass ihr jenes in euch wohnende Werkzeug als Navigator für euer Leben anwenden sollt. Ist euer Fokus und all euer Fühlen auf euer neu ausgerichtetes Herzzentrum, euer Kristallchakra, ausgerichtet, so werdet ihr immer die für euch jeweils richtigen Schritte, noch vor eurem Handeln, klar und deutlich in euch spüren. Ihr werdet unwillkürlich davon ablassen, euch Rat von anderen Wesenheiten zu holen, da ihr jegliche Antwort sofort in euch vernehmen könnt. Ihr werdet mehr und mehr eine stete Kommunikation mit eurem Herzzentrum führen und euch nur noch auf das Fühlen innerhalb eures wahrhaftigen und hochenergetischen Herzzentrums ausrichten. Jene damit verbundene Hellfühligkeit offenbart auch gleichzeitig die Hellsicht in euch, und ihr werdet zu immer vollkommenerer Meisterschaft geleitet. Wisset, dass dies Fähigkeiten sind, über die in der Tat alle Wesenheiten verfügen. Dies ist die reine und wahrhaftige Kommunikation der Herzen und der damit verbundenen Intuition. Und bedenkt: Wenn euer Kristallchakra zur Vollkommenheit erstrahlt, werdet ihr keinen vorherigen Pendelschwung mehr auszuführen brauchen, weil dann alle Antworten und das für die jeweiligen Bereiche eures Lebens wichtige Wissen ebenso augenblicklich spürbar und klar ersichtlich sind.

Die Struktur des Kristallchakras ist in allen Sphären des Seins zu finden. Die neue Ära eures Heimatplaneten ist eine Epoche des kristallinen Wissens, der Wiedererweckung der Kristallebenen in jenen Menschen, die bereit sind, jenes Wissen für sich anzuwenden und zu vervollkommnen und welche die höchste Kristallfrequenz durch ihr neu ausgerichtetes Herzzentrum aktiviert haben. In der Struktur, die ihre Gültigkeit für die nächsthöheren Sphären des Seins in sich trägt, wird sich ein vollkommen neues Klangmuster in euch entfalten können. Ihr könnt sodann mit euren Freunden voll Leichtigkeit in den angrenzenden höheren Dimensionen kommunizieren und sie gleichzeitig wahrnehmen. Jedoch wisset, dass die Struktur, an die ihr ankoppeln wollt, eine vorherige Angleichung eurer Energienzentren an jene erforderlich macht, der ihr in Reinheit und geheilter Liebe begegnen wollt. Bitte fühlt hier keinesfalls Druck oder Sorge in euch, dass ihr jenes Ziel womöglich nicht erreichen werdet. Ich betone dies abermals, da hierin ein sehr wichtiger Hinweis auf die Einfachheit der Erreichbarkeit offenbart wird. Es gibt diesbezüglich drei wichtige Stufen, welchen ihr in Ehrlichkeit und Gründlichkeit begegnen solltet und die es zu meistern gilt:

1. Die vollkommene und aufrichtige, reine und respektvolle Liebe euch selbst gegenüber. Vervollkommnet eure Selbstliebe und beginnt bestenfalls an jedem neuen Morgen mit der entsprechenden Aktivierung eurer inneren Einstellung, denn hierin offenbart sich

die Qualität eines jeden neuen Tages (die Technik und einzelnen Schritte wurden in dem Buch *Thoth im All-Tag* übermittelt).

2. Das vollkommene Anerkennen, dass sich alles in allem eint und die Polaritäten wahrlich immer nur verschiedene Grade der gleichen Dinge sind. Dadurch ist Heilung zu erlangen, und das ermöglicht, die daraus resultierende Frequenz beständig zu halten.

3. Tiefes vollkommenes Mitgefühl, Achtung und allumfassend bedingungslosen Respekt allem Lebendigen gegenüber. Findet darin den zündenden Schlüssel und grenzt keinesfalls erneut das Eine vom Anderen aus, indem ihr bewertet und urteilt. Heilt jene damit verbundenen Wertigkeitsszenarien in euch und erkennt die Einheit in allem, was ist.

All jene Schritte, welche euch zu tiefer Erkenntnis geleiten, habe ich euch in dem einen oder anderen Buch durch mein geliebtes irdisches Gegenüber bereits übermittelt. Ich bitte euch nun darum, zu erkennen, dass alles für euch Erforderliche schon hinlänglich niedergeschrieben wurde, und dies wahrlich auch für euch anzuwenden. Es bedarf keiner erneuten Übermittlung. Auch meine geschriebenen Worte abzuändern, ihnen einen neuen Rahmen zu verleihen und sie als scheinbar Neues den Menschen zuzutragen, kann keinesfalls die Früchte des Neuen gebären, da es sich hierbei um bereits übermittelte Botschaften handelt, die den Menschen schon zugetragen wurden. Hütet euch vor Übermittlungen, die immer nur Altes wiederkäuen und mit vielen Worten doch nichts Neues verkünden!

Um jenes Verständnis des Kristallchakras nunmehr zum Abschluss zu bringen, möchte ich hier noch einmal sagen, dass jene Struktur wahrlich in allem Lebendigen zu finden ist und sich durch alle Sphären des Seins hindurch ausdrückt.

Und doch ist jenes Strahlen einzig durch die Erweckung der reinen, bedingungslos erkennenden Liebe vollkommen eigenständig aktivierbar. Das damit verbundene hochenergetische Tor in euch, das zeitgleich geöffnet wird, koppelt an die bereits aktivierten und existenten Kristallebenen ebenso an wie an die Strukturen der neuen Menschheitsära sowie jene eures Heimatplaneten. Bedenkt dabei, dass das Heilen des Wissens der wahrhaftigen Struktur von Materie und das hiermit einhergehende Meistern der Polaritäten einen sehr umfassenden Einfluss auf jene Aktivierung des Tors in sich tragen. Richtet euer Sosein auf die neue Ordnung der Chakras in euch aus und vermeidet die bewusste Reaktivierung der alten Anordnung und Ausrichtung der Chakras, da sie euch immer wieder mit den alten Strukturen in Verbindung bringen. Auch wenn sich hier einige Gemüter schwer tun sollten, wisset, es ist Zeit, Raum für Neues zu schaffen, denn nur dadurch kann die Frequenz der neuen Menschheitsära, eures Heimatplaneten und die der höheren Sphären des Seins mit der Eurigen konform gehen.

Ich werde am Ende des Buches noch einmal eine kurze Zusammenfassung niederschreiben, damit ihr die Schritt-für-Schritt-Anleitung verinnerlichen könnt. Stellt euch am besten jenes Kristallchakra in einem unermesslichen Strahlen vor, als würdet ihr eine lichte Sonne in euch tragen. Wahrlich ist es sowohl von der Energiefrequenz als auch der Intensität in seiner vollkommenen Entfaltung und Aktivierung damit vergleichbar. Wie ein großer strahlender Stern strahlt jenes mächtige Energiezentrum in eurem Inneren und trägt seine Frequenz weit über die Grenzen eures irdisch materiellen Gefährts hinaus. Wenn ihr jetzt eure Augen schließt und einmal kurz innehaltet und sehr bewusst einatmet, so stellt euch dabei vor, wie sich durch jenen Atemzug das neu ausgerichtete Herzzentrum, euer Kristallchakra, ganz sanft und weit ausdehnt. Lasst es zu immer mehr Größe gelangen und seid euch

gewiss, dass euch dieses Zentrum schon ein Leben lang begleitet, nur habt ihr vergessen, jenen Schlüssel in euch zu nutzen.
Es gibt einige unter euch, die um diesen Schatz bereits wissen
und ihn nutzen, doch kommen sie immer wieder an die Grenzen des Scheiterns oder des Stillstands. Es mag sein, dass unter dem einen oder anderen Umstand hohe Frequenzen gehalten werden können, aber es bedarf einer wahrhaft beständigen
und allumfassend reinen Ausrichtung und Aktivierung, um
jenes Feuer in euch dauerhaft zu entfachen. Seid ihr vollkommen rein in eurem Herzen und gleichfalls in eurem Denken,
Fühlen und Tun, so wird sich jene kristalline Struktur in euch
ausdehnen und absolut eigenständig mit den höchsten Sphären des Seins verbinden, welche auf einer »Wellenlänge« mit
euch sind. Gleichzeitig werden sich die polaren Spiegelungen,
welche euch umgeben, in ihrer Frequenz verändern, und so
kann durch eure innere Heilung, ausgelöst durch gelebte Erkenntnis, äußere Heilung erfolgen.

Ich bitte euch darum, meine Worte mit offenem und reinem Herzen zu lesen, damit sie die Quelle der allumfassenden Liebe in euch erreichen können. Mögen meine Worte
euch aus allen Begrenzungen des materiellen Seins emporheben und die Pforten der Heilung für euch offenbaren. Mögen
euch stets Kraft und Zuversicht begleiten und die in euch ak-
tivierte, vollkommene und allumfassende Liebe mit reiner
Weisheit durchtränken. So werdet ihr getragen von dem kristallinen Strahlen des Neuen Morgens – hinein in eine
Menschheitsära der reinen Herzen und des vollkommenen
Mitgefühls! So sei es!

In tiefer und vollkommener Liebe,

Die wahrhaftige Beherrschung der Polaritäten

Geliebte Wesenheiten, aus den Tiefen meines Seins möchte ich abermals auf die Missstände aufmerksam machen, die euren inneren und äußeren Prägungen der gesellschaftlichen, dogmatischen Strukturen entspringen sowie jenen, die tief aus euren Zweifeln geboren werden. Das Wissen um Vollkommenheit und Leichtigkeit der Anwendungsweise der sieben kosmischen Prinzipien ist für euren Fortschritt innerhalb der Meisterschaft und des damit verbundenen Seelenwachstums unabdingbar. Wenn ihr dieses Wissen nicht meistert und euch immer wieder neu in den daraus resultierenden Verstrickungen und Blockaden verrennt, so könnt ihr diese keinesfalls dauerhaft wohltuend und positiv für euch nutzen. Ich bitte euch darum, jene Prinzipien weise anzuwenden und das damit verbundene Grundwissen zu vertiefen und zu festigen. Geht bitte erst einen Schritt weiter und arbeitet nur dann mit den

Werkzeugen, wenn ihr dies getan habt, denn sie sind mit den Energien verbunden, welche euch durch die Materie geleiten. Sie geleiten euch *auch* zur Meisterschaft innerhalb der Materie, um das Rätsel dahinter für euch zu lösen. Wisset, Menschen, dies ist der Sinn und Zweck eures Hierseins auf diesem Planeten: wahrhaftige Meister der Materie zu werden! Diese Meisterschaft darf jedoch keinesfalls für egoistische Zwecke genutzt werden, sondern einzig ihrem wahren Sinn und Zweck nach. Ihn zu entschlüsseln, dazu bedarf es, die vollkommene Anwendungsweise der kostbaren Schlüssel in Kombination zu bringen mit der Funktionalität eures Kristallchakras – um mit der Vollendung des Wissens um jenes Chakra das Tor in euch zu öffnen! Die zeitgleiche Verbindung mit eurem Stirnchakra sowie die Reaktivierung der Vollkommenheit eurer Zirbeldrüse und das Öffnen eures Kronenchakras aktiviert die ewig und niemals endende, bewusste Integrierung der höchsten Quelle allen Seins und eurer wundervollen Göttin der Materie, eures Heimatplaneten.

Wenn ihr euch nun auf die sieben kosmischen Gesetzmäßigkeiten ausrichtet, so entsteht hier bei vielen immer wieder ein erneutes Rätsel innerhalb der Umsetzungsfähigkeit der Gesetze. Sind jene aber nicht in euch geheilt, gelöst und erkannt, können sie ein ums andere Mal Irritationen und Fehlleitungen innerhalb eures neu ausgerichteten Kristallchakras verursachen, die sich dann im Außen beständig und vor allem beharrlich festigen. Euer Kristallchakra in der aktivierten Form intensiviert alle kosmischen Prinzipien um ein Tausendfaches und mehr. So sei jene erste Stufe des Wachstums innerhalb eures Seelenfortschritts innerhalb der kosmischen Prinzipien stets die, wahrlich zu heilen, und auf sie sollte all euer Streben zunächst ausgerichtet sein. Vor allem auf die damit verbundenen Schwingungsfrequenzen und gleichfalls erzeugten Resonanzfelder sollte eure äußerste Obacht gerichtet sein. Ihr müsst euch dessen wahrhaft bewusst werden, bevor ihr euer Kristallchakra noch weiter ausdehnt und auf die höchsten Sphären ausrichtet. Jenes Wissen sollte ebenso gemeistert und erkannt werden wie die Beherrschung der Polaritäten. Wisset aber auch, dass ein Rückschritt durch Nichterkennen oder das Versäumnis des Annehmens jener Gesetzmäßigkeiten euch keineswegs großen Schaden zufügen kann. Es wird euch lediglich in eurem Fortschritt zurückwerfen und immer wieder auf die damit verbundenen niederen Frequenzen bringen. Daher möchte ich euch hier bitten, energetisch noch einmal ganz bewusst gründlich und wachsam in all eurem Denken, Fühlen und Tun zu sein.

Werdet euch des Wissens der Gesetze bewusst, die sich durch alle Sphären des Seins erstrecken und sie erfüllen. Es hat seine Gültigkeit und bestimmt die Qualitäten des bewussten Seins ebenso wie die daraus resultierenden Spiegelungen. Ihr tragt dieses Wissen bereits in euch, und es bedarf keiner schwierigen Rituale oder quälenden Anwendungsweisen, um es zu aktivieren. Macht es euch leicht und lasst euch gesagt sein, dass es wahrlich nicht mühsam ist, sich mit jener Energie bewusst zu verbinden und sie zur vollkommenen Einheit und zum Einklang mit eurem Schwingungsfeld zu geleiten. Ihr macht es euch durch euer Denken oft schwerer, als es ist. Komplizierter Techniken bedarf es nicht, um dieses Wissen innerhalb eures Hier und Jetzt zur Vollkommenheit zu geleiten. Ihr könnt euch ihrer Wirkung nicht entziehen, denn sie wirken ununterbrochen in jedem einzelnen Augenblick und Atemzug eures Seins. Also wählt weise und entscheidet euch dazu, sie als bewussten Teil von euch zu integrieren und anzuerkennen. Sie sind weder zu beugen noch veränderbar. Sie sind stets an die Prinzipien der sieben Schöpfergötter gebunden, und sie halten derart die Ordnung innerhalb aller Zyklen und Dimensionen. Seid deshalb bereit, sie zur positiven Erschaffung all eurer Abläufe zu nutzen. Hierbei möchte ich euch noch einmal innig ans Herz legen, die Anwendung der damit verbundenen Energien auf der CD *Sinfonie der Schöpfung* für euch zu erfühlen und tief zu festigen. Sie ist von unermesslichem Wert, denn jene Sinfonie, jener Klang, der durch die vollkommen bewusste Erkenntnis jenes Wissens in euch ertönen wird, geleitet euch sodann mit dem Urklang der Schöpfung und dem Urklang der sieben Schöpfergötter der Zyklen absolut verbunden durch euer Leben. Durch jene bewusste innere Ausrichtung seid ihr in steter Verbindung zu allem, was ist, und die zeitgleiche Aktivierung all eurer inneren Klangmuster und Frequenzen wird euch wieder zu einem bewussten Teil jener Schöpfung werden lassen. Eure Wahrnehmungen und Bewusstseinsfelder werden sich gleichzeitig vollkommen eigenständig neu ausrichten.

Ich habe euch bereits intensiv und ausführlich die sieben Energien der Schöpfergötter übermittelt. Ihr könnt sie in meinem bereits vor ein paar Jahren herausgekommenen Buch *Thoth im Alltag* nachlesen, und ich bitte euch, sie noch einmal gründlich und gewissenhaft durchzugehen. Jenes Wissen, und die damit verbundenen Eigenschaften, ist gleichsam das Grundwissen für euren Seelenfortschritt und ein wichtiger Teil eurer Meisterschaft. Darin liegt tiefe und vollkommene Weisheit verborgen, die von euch mit dem Herzen ganz und gar erkannt und von euch in eure gelebte Realität integriert werden darf. Ich weise noch einmal darauf hin, dass es ein Grundwissen gibt, welches ihr zu beachten habt. Außerdem hat jeder Interessierte die Möglichkeit, in dem von mir übermittelten Arbeitsbuch nachzuschlagen, um jenes Wissen zu vertiefen und in ihr oder sein Leben zu integrieren – auch, wie sich jene Energien immer und immer wieder um euch erschaffen und ihr sie bewusst steuern könnt. Öffnet euch meinen Worten, damit ihr jene Prinzipien wahrhaft in Leichtigkeit in euch festigen könnt.

Wisset, dass es bei den sieben kosmischen Gesetzen vier Prinzipien gibt, die reines Grundwissen sind und nur einmal bewusst und wachsam gelesen zu werden brauchen, um gefestigt zu sein. Sie finden jedoch innerhalb eures Schöpfungsraums keine Anwendung als Werkzeug zum Erschaffen materieller Spiegelungen! Dies bitte ich euch innig zu beachten, da ihr euch sonst womöglich durch eure Erfurcht vor den kosmischen Gesetzmäßigkeiten den Weg für die Leichtigkeit versperrt. Es handelt sich hierbei um die Prinzipien der Geistigkeit, der Entsprechung, des Geschlechts und des Rhythmus, wobei letzteres während der Anwendung eurer Werkzeuge, welche euch durch die Materie geleiten, womöglich das Erste ist, das sich euch offenbart. Erkennt, wie ihr jenes Gesetz im täglichen Leben und in jedem einzelnen Augenblick eures Seins bewusst steuern könnt. Dies befreit euch von jeglichen illusorischen Fesseln materieller Spiegelungen. Unterschätzt keinesfalls das Prinzip des Rhythmus, denn es trägt einen wahrhaft wichtigen Schlüssel zu eurem gesamten Sein in sich, den ich euch innerhalb dieses Buches noch klar und deutlich erklären und darstellen werde.

Was ihr letztlich beherzigen und tief in euch lebendig halten solltet, sind das Prinzip der Polarität und das Prinzip von Ursache und Wirkung. Ihr setzt mit all eurem Denken, Fühlen und Tun eine Ursache, und die Wirkung wird durch die magnetischen und elektrischen Fluida eures feinstofflichen Körpers gesteuert und erschafft innerhalb des Schöpfungsraums und der Materie die entsprechende Spiegelung und zeitgleiche Reflexion. Geht ihr jetzt noch weiter, könnt ihr erkennen, dass gleichsam auch Ursache und Wirkung, jenes kosmische Prinzip, wahrlich reines Grundwissen ist, denn wenn ihr sodann abermals einen bewussten Atemzug weiter geht, seht ihr, dass es nur noch das Gesetz der Polarität und jenes der Schwingung gibt. Einzig durch eure bewusst und gezielt gesteuerte Schwingung könnt ihr die Polarität meistern. Das Gesetz der Polarität wird immer und ewig existieren, ihr könnt ihm keinesfalls entfliehen. Es erstreckt sich durch alle Räume und alle Zeiten hindurch, doch ist das, was ihr derzeit aus jenem Prinzip innerhalb eures Seins und der Materie erschafft, nicht von freudvoller Qualität. Ihr seid keinesfalls Meister der Materie, sondern bewegt euch eher als Opfer im Rahmen dieser Spiegelungen. Auch wenn ihr Zeiten der Glückseligkeit erlebt, in denen ihr von großer Freude und Leichtigkeit erfüllt seid, und eure Schöpfungen geprägt sind von wundervoller und unermesslicher Herzensenergie, so ist die Grundessenz dennoch, dass ihr stets und ständig innerhalb jener Polaritäten hin und her gerissen werdet.

Ihr findet euch dadurch ununterbrochen im Pendelschwung des Gesetzes vom Rhythmus wieder. Jenes Prinzip gilt es zu heilen und in einen vollkommen bewussten Zustand des Seins zu integrieren, und zugleich gilt es, sich von diesem Pendelschwung zu lösen und durch bewusste Anwendung zu transformieren. Wisset, Menschen: Hier ist ein kostbarer Schlüssel verborgen, denn wenn ihr euer Kristallchakra umfassend aktiviert habt, ist es unabdingbar für euch, das Gesetz der Polarität und das Wissen um die bewusste Anwendung der Schwingung gezielt steuern und halten zu können. Aus diesem Grund ist es mir ein großes Anliegen, euch jenes Werkzeug nicht nur als Wissen aufzuzeigen, sondern spüren zu lassen. Wenn ihr wachsam seid und euch im Denken und Fühlen neu ausrichtet, so werdet ihr erkennen, dass jenes Werkzeug euch bereits ein Leben lang begleitet hat. Ihr wart nur niemals bereit, es bewusst für euch anzuwenden, es auf eure jeweiligen zu erreichenden Ziele auszurichten und in seiner absoluten Funktionalität für euch zu nutzen. Ihr könnt damit schlicht alles erschaffen, doch immer nur zum höchsten Wohle. Jegliche niedere Ausrichtung würde euch allenfalls wieder in die entsprechende Schwingungsfrequenz bringen. Seid hierbei also stets wachsam und führt alles wahrlich immer nur zum Wohle von allem Lebendigen aus.

Solltet ihr jenes Werkzeug zu einem negativen und niederen Zweck einsetzen wollen, so werden sich die dadurch gesetzten Ursachen und Energien innerhalb eures Schwingungsfeldes entsprechend ausrichten und spiegeln. Seid weise und richtet immer alle Schöpfungen innerhalb eures Kristallchakras, eures wundervollen und neu ausgerichteten kristallinen Herzzentrums, ausschließlich auf die positiven Schöpfungen und Energien in und um euch aus. Seid ihr sodann mit jenem Wissen zu tiefer Weisheit gelangt, möchte ich euch darum bitten, euch noch einmal ganz bewusst dem Festigen der drei Prinzipien, den Gesetzen von Polarität, von Ursache und Wirkung und dem der Schwingung, zuzuwenden. Habt ihr jene Dinge wahrlich verinnerlicht, so werdet ihr euch abermals bewusst werden, dass sich alles in allem vereint und alles zu einem Ganzen wird. Dies beinhaltet auch das Wissen um die kosmischen Gesetze, die keinesfalls voneinander zu trennen sind. Sie sind auf immer und ewig vereint, und dank der lichten Transformation jenes Wissens könnt ihr wahrlich die Leichtigkeit der gelebten Weisheit erkennen und für euch anwenden.

Seid euch dessen bewusst, dass auch die gewonnene Erkenntnis all jener Prinzipien, welche euch immerdar durch die Sphären des Seins geleiten, gleichsam nur Grundwissen ist. Es ist das Gesetz der Polarität in seiner transformierten Form. Doch sollte es ein Werkzeug sein, das innerhalb eures Herzzentrums und der gelebten Erkenntnis wahrhaft transformiert wurde. Selbst das Gesetz von Ursache und Wirkung ist gleichsam nur Grundwissen, das von euch gefestigt werden sollte. Sodann, in eurer gebündelten, vollkommen bewussten, klaren und reinen gelebten Erkenntnis, geht ihr einen Schritt weiter. Richtet euch innerhalb eures Kristallchakras vollkommen bewusst und energetisch klar aus. Dann werdet ihr erkennen, dass ihr lediglich ein *einziges* Werkzeug in euch tragt. Es steuert euch mit jedem Atemzug, mit jedem Schlag eures Herzens, durch alle Muster, Verstrickungen, Freuden und Leiden und durch alle Spiegelungen, gleich welcher Struktur sie sein mögen. *Dies* ist das Werkzeug, das euch wahrlich zur gelebten Meisterschaft geleiten sollte – was nur möglich ist, wenn ihr die anderen Gesetze als Grundwissen behandelt und zur gelebten Erkenntnis gewandelt habt. Ich sage hier gezielt noch einmal: zur wahrhaftigen gelebten Erkenntnis!

»Wisset, Menschen, dass jede Erkenntnis, welche nicht gelebt wird, immer und immer wieder eine erneute Möglichkeit ist, sich von der Wahrheit zu entfernen.«

Es sollte euch ein lohnendes Ziel sein, dies vollkommen in euch zu meistern. Habt ihr sodann die Vollkommenheit innerhalb eures Kristallchakras erreicht, wird sich euch jene Pforte offenbaren, durch den reinen, bedingungslos und allumfassend liebenden Seelenklang in euch, jenen Klang der reinen Liebe, wird sich diese Pforte der höchsten Energie offenbaren, dass ihr in Einklang gebracht werdet mit allem, was ist. Es wird in euch und durch euch ein Lied der unendlichen Schöpfung erklingen. Mehr und mehr werdet ihr mit den anderen Sonnen, den anderen Blumen des Lebens zu einer vollkommenen Einheit verschmelzen. Ich bitte euch innig darum, keinesfalls daran zu zweifeln. Ist eure Herzfrequenz rein und habt ihr die damit verbundenen irdischen Prüfungen gemeistert, so ist dies ein vollkommen eigenständig und selbstregelndes Prinzip, und es wird euch die höchsten Sphären und das höchste Wissen sowie die vollkommene Weisheit offenbaren.

Wenn euer Kristallchakra in seiner Vollkommenheit rotiert und in euch erstrahlt, so ist die damit verbundene und freigesetzte Energie wundervoll und klar wie die eines ungetrübten reinen Kindes. Jene Frequenz offenbart sich keinesfalls durch spirituelle Worte oder Namen. Sie kommt einzig zustande, wenn die Energiefrequenz eures neu ausgerichteten und bewussten Kristallchakras vollkommen ist wie die eines Kinderherzens. Von den Flügeln der Liebe in Reinheit gehalten und durch das Strahlen eurer Seelenfrequenz und der Vollkommenheit der allumfassenden Liebe allem Lebendigen der Schöpfung gegenüber. Befreit euch augenblicklich von den Energien der steten Wertigkeitsszenarien, und ihr werdet sogleich eine deutliche Veränderung in eurem Schwingungsfeld wahrnehmen können. Ihr erschafft jegliche Disharmonien in und um euch herum durch diese Verhaltensweisen in euch. Erlöst euch von jener illusorischen Spiegelung der scheinbaren Gegensätze und findet Heilung in und um euch. Den Schlüssel dazu tragt ihr wahrlich in eurem Herzzentrum.

Hierauf sollte all euer Trachten und Sehnen ausgerichtet sein. Dies ist das höchste Ziel, das es innerhalb eures Seins zu erreichen gilt. Dies sind die Sehnsucht und das Ziel eures Seelenfortschritts. An jener wundervollen Pforte gewährt man euch lediglich Zutritt mit dem *Zertifikat* der gelebten inneren Reinheit eures vollkommenen Herzens, und der Schlüssel ist wahrhaft die *Frequenz des Gleichen*. Darum merkt euch meine Worte gut und geleitet sie zu meisterhafter Stärke. Ich bitte euch: Seht jene Spiegel der Einfachheit und der Leichtigkeit und erkennt, was sie euch sagen. Lauscht weise meinen Worten und erkennt die Einfachheit hinter allem. Erkennt, dass es wirklich nur einer bewussten, wundervollen und liebevollen Angleichung eurer Schwingungsfrequenzen bedarf. Ich habe euch all dieses Wissen um die Anwendung und bewusste Steuerung eurer körpereigenen Schwingungsfrequenzen übermittelt, und ich bitte euch zutiefst, diese gewissenhaft für euch anzuwenden und jene Einfachheit in euch zu festigen. Erkennt jedoch, dass es eine Aufforderung an euch selbst ist, euch mit stetem Fleiß und größter Sorgsamkeit auf das

Streben zum Positiven auszurichten, damit sich jene Siegel in euch wahrhaft öffnen können.

Ihr tragt den Schlüssel aller sieben Siegel in euch. Dennoch ist jener, welcher das kostbare siebente Siegel öffnet, das höchste Ziel eines jeden erwachten und weisen Meisters. Wenn ihr dann bereit seid, jene Pforte in euch zu durchqueren, so wird euch der Pfad innerhalb eures Kristallchakras nicht verwehrt. Ich geleite euch mit der Reinheit meines kosmischen Herzens und Seins in die Sphären von Himmel und Erde. Ich werde euch abermals in Leichtigkeit erklären, wie ihr die Polaritäten meistern und jene Gegensätze zu einem vollkommenen Ganzen verschmelzen könnt, wie ihr jene Frequenz und den Schlüssel, den ihr in euch tragt, bewusst zur Meisterschaft der Polaritäten einsetzen könnt. Wollt ihr jene Pforte, jenes Kristallchakra in euch beständig offen halten und mit der entsprechend hohen Schwingungsfrequenz ausgerichtet lassen, so bitte ich euch darum, die Disharmonien und Prüfungen in und um euch zu heilen. In jenen Phasen der Ausrichtung kann sich das kristalline Tor in euch immer wieder zusammenziehen und verschließen, doch ist dies gleichsam eine Phase der Schulung und des Wandelns in die gelebte Erkenntnis.

Es werden sodann wieder die alten Energiezentren aktiv, und jenes stete Hin und Her ist mit entsprechenden körperlichen sowie geistigen Unpässlichkeiten verbunden. Dies äußert sich in einem Frequenzmuskelkater, der durch die Differenzen innerhalb der Schwingungssequenzen zustande kommt. Ihr müsst es euch so vorstellen, dass ihr von einer sehr hohen und leichten Schwingungsfrequenz wieder in eine dichte, schwere zurückfallt, und das erschafft verschiedene Disharmonien innerhalb eurer körperlichen Spiegelungen. Hier sind wahrlich euer Fleiß und eure gelebte Erkenntnis unabdingbar. Beides gemeinsam zündet eure wundervolle und liebend reine Herzfrequenz, welche getragen ist von tiefer Ehrlichkeit und Reinheit und der Vollkommenheit innerhalb eures Seins sowie der bedingungslosen und allumfassenden Liebe zu allem Lebendigen der Schöpfung. Jene Energien und Frequenzen in euch vermögen diese Pforte zu öffnen. Wisset, dass es Menschen auf eurem Planeten gibt, die wahrhaft noch niemals spirituelle Worte gehört und gelesen haben, und doch tragen sie Reinheit und Vollkommenheit als natürlichen Ursprung ihres Seins bereits in sich und geleiten diese innerhalb ihrer Realität zu vollkommener Meisterschaft.

Sie sind die Stillen, sie leben zurückgezogen, und sie treten eigentlich niemals oder doch nur sehr selten in Erscheinung, und wenn sie es tun, so nehmt ihr sie kaum wahr. Sie existieren in ihrer Reinheit und Klarheit. Darum lasst bitte menschlichen Hochmut, Scheinheiligkeit und vorgetäuschte Frömmigkeit oder anderweitige, vom Ego gesteuerte niedere Energien der Selbstgefälligkeit fahren. Hier gilt es wahrlich, solches Verhalten zu erkennen und vollkommen in euch zu heilen und gleichsam zu transformieren. Befreit euch davon, denn dies sind keinesfalls die Frequenzen, welche euch zur Vollkommenheit eures Kristallchakras und der absoluten und beständigen Öffnung des Gleichen geleiten werden! Jene Pforte und jenes hochfrequente Energietor in euch werden sich derart keineswegs vollkommen offenbaren und euch mit den höchsten Sphären des Seins verbinden. Darum löst euch von all den menschengemachten Mustern und Verhaltensweisen.

Wenn ihr euch jetzt also auf die Schwingungsfrequenz in euch ausrichtet, wisst ihr doch um ihre Existenz innerhalb der Polaritäten, und ich möchte euch bitten, euer Augenmerk noch einmal ganz genau auf jene Polaritäten zu legen. Ich versuche hier so gut wie möglich durch Worte wiederzugeben, was ich bereits in einigen Seminaren als »kosmische Hilfekiste« an die Teilnehmer übermittelte. Das Gesagte ist davon nur ein kleiner Teil, doch lassen sich die anderen Hilfestellungen schwerlich in Form der Schrift mitteilen. Ich habe schon öfter versucht, diese Hilfemodule bildhaft darzustellen, und werde es hier durch die geschriebenen Worte, die ich an mein geliebtes irdisches Gegenüber übermittele, abermals versuchen. Denn auch jene, denen eine Teilnahme an den Seminaren nicht möglich ist, sollen diese Hilfestellungen erhalten. Es ist mir eine große Freude, euch allen die Möglichkeiten in ihrer Einfachheit zu übermitteln, und ich bitte euch, nach meiner schriftlichen Darstellung für einen Moment die Augen zu schließen, damit ihr euch jene von mir übermittelten Hilfemodule bildlich vorstellen könnt. Dies dient der Bemeisterung der Polaritäten und des Erwerbs der damit verbundenen Leichtigkeit, die Grundvoraussetzungen für ein harmonisches Schwingungsfeld sind. Aber bedenkt bitte meinen Rat: Könnt ihr Druck oder Zwang in euch wahrnehmen, so führt die Übung zu einem späteren Zeitpunkt aus und findet vorab erst einmal diese positive Schwingung in euch, bevor ihr euch jener Aufgabe widmet.

Stellt euch eine Röhre vor. Es ist eine längliche Plexiglas- oder Plastikröhre. Stellt sie euch rund oder auch eckig vor, dies ist im Grunde gleichgültig, es ist nur wichtig, dass ihr eine Röhre vollkommen klar vor eurem geistigen Auge sehen könnt. Jene Röhre ist mit einer strahlend klaren königsblauen, leuchtend schönen Flüssigkeit gefüllt. Dies ist die *Polaritätsröhre*, in der ihr euch befindet. Wisset, dass sie euch durch alle Sphären des Seins hindurch umgibt. Ihr könnt euch keinesfalls jener Röhre entheben und euch daraus befreien. Ihr werdet auf immer und ewig innerhalb jener *Polaritätsröhre* bleiben und sein. Sie dient euch bei meiner Übermittlung nur als bildhafte Vorstellung, um euch die Funktionalität jener Gesetzmäßigkeit vollkommen klar und einfach erklären zu können. Auch wenn ihr das damit verbundene transformierte Gesetz des Rhythmus erkannt habt und heilt und wahrlich Meister über das Gesetz der Polarität geworden seid, werdet ihr euch nach wie vor innerhalb der *Polaritätsröh-*

re befinden. Sie ist unmittelbar und untrennbar mit euch verbunden. Jetzt bitte ich euch, damit ihr die Wirkung jener Röhre verstehen könnt und ebenso, wie die Polarität funktioniert – auch wenn es sich für euch lustig oder für den einen oder anderen »kindisch« anhört: Versucht meiner Darstellung der für euch hilfreichen Werkzeuge zu lauschen. Genau hier an diesem Punkt der inneren Einkehr ist die Haltung eines kleinen Kindes der beste energetische Ausgangspunkt, um wahrhaft offen für meine Methode zu sein!

Stellt euch dabei vor, ihr seid eine gelbe Ente. Seht sie in einem leuchtenden Gelb vor eurem geistigen Auge. Ihr habt hin und wieder in euren Bädern solche kleinen lustigen Badeentchen stehen, oder wie auch immer ihr diese Enten nennen mögt. Also nehmt jene Ente mit in eure *Polaritätsröhre* und stellt sie euch bildhaft vor. Ihr seid jetzt die Ente innerhalb der Röhre und schwimmt auf der königsblauen Flüssigkeit und versucht, innerhalb der Polaritäten, die gleichsam immer und untrennbar miteinander verbunden sind, euer Leben zu meistern. Seht euch wahrlich als jene Ente an, die mit ihrem gelben Gewand innerhalb der strahlend blauen Polaritätsflüssigkeit schwimmt. Ihr schwimmt selbstverständlich immer durch euer bewusstes Wollen, Denken, Fühlen und Tun zur *positiven* Polarität hin. Jene Ente paddelt stets mit der größten Kraft und Anstrengung auf den für sie gewünschten *positiven* Pol hin, da dies die größte Sehnsucht ist: jene Vollkommenheit im Positiven zu leben und beständig zu erhalten. Euer gesamtes Sein ist auf den positiven Pol ausgerichtet, es sei denn, ihr sehnt euch bewusst nach dem negativen, dann könnt ihr diese Darstellung auch gern für jene Veranschaulichung einsetzen. Es mag solche Ausnahmen geben, aber ich richte meine Schilderung lieber gezielt auf die Ente des positiven Strebens aus. Die strebende Ausrichtung zum Negativen sei euch durchaus gestattet, weil auch dies der Vollendung von Meisterschaft dienlich sein kann. Wir wenden uns jedoch für meine Schilderung dem positiven Pol zu, der beim Großteil aller Schöpfungen der Antrieb aller gewünschten Manifestationen ist.

So ist euer Gesicht nun, wenn ihr euch als gelbe Ente wahrnehmen könnt, auf den positiven Pol ausgerichtet. Es ist für die meisten in der Regel ein Leichtes, dies zu tun, und einigen fällt es womöglich immer leicht. Doch möchte ich keinesfalls, dass ihr jetzt sagt, das kann ich schon längst, ich bin ja ein wahrhaftiger Meister der Polaritäten! Solltet ihr dieses Ziel bereits gemeistert haben, so verneige ich mich vor euch und gratuliere euch aus der Reinheit meines Herzens zu jenem wundervollen Seelenfortschritt. Ich möchte mich hier aber gezielt an jene wenden, die bei der einen oder anderen Gelegenheit immer und immer wieder an die *Grenzen* der gewünschten Manifestationen stoßen. All denen möchte ich nun durch diese bildhafte Vorstellung hilfreich meine Hände reichen und sie in die Einfachheit dieser Anwendungsweise geleiten, damit auch ihr Streben vom Scheitern befreit wird.

Seid jetzt bitte vollkommen offen im Herzen und gleichermaßen in eurem Kopf, denn ich möchte euch jene Darstellung übermitteln, die auf immer und ewig innerhalb aller Spiegelungen eures Seins ihre Gültigkeit hat; darum lauscht ganz gewissenhaft meinen Worten. Ich versuche, euch den energetischen Prozess so einfach wie möglich darzustellen und euch jenes Prinzip der Wahrnehmung zu erklären. Ihr seid also auf den positiven Pol ausgerichtet. Ihr *seid* jetzt jenes Entchen in der Röhre und auf den positiven Pol ausgerichtet. Mit aller Kraft, mit allem Wollen und Streben versucht ihr, euch auf den positiven Pol hin zu bewegen. Dabei ist es vollkommen gleichgültig, um welche Polarität es sich handelt. Es ist wahrlich *gleich gültig!* Das damit verbundene Verhalten muss gemeistert werden, um die energetischen Manifestationsprinzipien zu erfüllen. Wenn es euch lieber ist und ihr hinter dem Wort »müssen« Druck verspürt, so kann ich auch sagen, es sollte gemeistert werden. Wollt ihr wahrhaft Meisterschaft innerhalb der Materie erlangen, »muss« es gemeistert werden.

Jenes Entchen – also ihr – versucht nun, zum positiven Pol zu schwimmen. Da all sein Streben auf das Positive ausgerichtet ist, dies aber gleichzeitig mit der Angst und Sorge verbunden ist, dass es wieder zum negativen Pol zurückrutschen könnte, ist jenes Entchen desto mehr bestrebt, den positiven Pol zu erreichen. Mit aller Kraft und Macht, mit aller Anstrengung schwimmt es auf den positiven Pol zu. Es entsteht ein stiller, doch energetisch stets präsenter Kampf in dem Entchen. Was geschieht also in *euch*? Ihr erschafft in eurem Energiefeld durch eure magnetischen und elektrischen Fluida einen energetischen Gegenpol. Durch die vormals bereits mitgeteilten magnetischen und elektrischen Fluida innerhalb eures Seins steuert ihr geradewegs auf den gegenteiligen Pol zu. Obgleich die Ente sich mit aller Kraft und Ausrichtung auf den positiven Pol hin bewegt oder sogar bereits in der höchsten Schwingungsfrequenz des jeweiligen Pols befindet, fängt durch jene Verdichtung innerhalb der Schwingung die Röhre an, energetisch zu kippen. Ob die Ente nun will oder nicht, sie wird in den gegenteiligen Pol »rutschen«, da sie durch ihr Streben und Wollen, unbedingt und zwanghaft am positiven Pol zu verweilen, alle damit verbundenen Emotionen – die zumeist vollkommen unbewusst sind – intensiviert und verstärkt hat!

Auch wenn meine Darstellung in ihrer einfachen bildhaften Version euch womöglich komisch oder gar albern vorkommen mag, erfüllt sie doch den Zweck, euch aus euren komplizierten Denkmustern und Anwendungsweisen zu befreien und die Einfachheit der Bemeisterung von Polaritäten aufzuzeigen. Es steht euch frei, meine Darstellung als hilfreiche Möglichkeit anzunehmen. Es mag sogar sein, dass ihr sie als *weniger* spirituell oder lichtvoll empfindet oder bewertet. Lasst euch gesagt sein, dass ihr dann über die *Maßnahme der Bewertung* meiner Wortwahl *gestolpert* seid und euch in eurem Frequenzfeld entsprechend ausgerichtet habt. So können meine Worte keinesfalls euer Herz erreichen! Darum macht euch hier wahrlich frei und lauscht mit offenem Herzen meinen Worten, auch wenn diese in ihrem Ausdruck noch so verspielt erscheinen mögen. Folgt einfach weiter meiner Darstellung und der Geschichte des strebsamen Entchens: Es bekommt jetzt durch die Anstrengung seines Bemühens, vom negativen Pol zu flüchten, immer größer »angeschwollene« Paddelfüße. Die Füße schwellen mehr und mehr an, und dadurch muss es sich immer intensiver anstrengen, um jenen Schwung bewahren, jene Ausrichtung auf den positiven Pol beibehalten zu können. Der innere energetische Kampf wird immer und immer stärker, und was geschieht nun durch jenes energetische Gegengewicht, welches sich in euch aufbaut? Was geschieht durch jene magnetische Verdichtung, die sich in euch heranbildet?

Könnt ihr euch vorstellen, was jetzt geschieht? Es *muss* geschehen, denn ihr habt durch euren steten Kampf in euch, durch das stete »Ich will den positiven Pol erreichen«, ganz unbewusst, aber dennoch konstant und konsequent den Gegenpol verstärkt. Was geschieht nun mit dem Entchen? Es muss – ob es will oder nicht – auf den negativen Pol zurutschen. Ihr befindet euch in dieser blauen Flüssigkeit der *Polaritätsröhre*, und so wird das Entchen, da jene Röhre durch das energetische Gegengewicht kippt, zum negativen Pol rutschen. *Das ist eine bildhafte Darstellung eures menschlichen Verhaltens und die Erklärung für das ständige energetische Auf und Ab innerhalb eures Lebens.* Die unermüdliche Achterbahnfahrt der Gefühle und der Schöpfungen, der Ursachen und der Wirkungen und des Gesetzes von Rhythmus und Polarität, dieses ewige Hin und Her ...

Die Ente ist also gerutscht und findet sich energetisch am negativen Pol wieder. Was kann sie jetzt tun? Die Ente – der Mensch – versucht, wieder die positive Polarität zu erreichen. Sie atmet ein paar Mal tief durch, paddelt erneut gestärkt auf den positiven Pol zu. Dies gelingt der Ente auch ganz wundervoll und leichthin, sie ist voller Freude und Zuversicht. Sie wird immer leichter und leichter und beschwingter, alles funktioniert großartig, und dann kommt der leise Zweifel, dem störende Gedankenmuster folgen, Verhaltensweisen, die abermals daran gekoppelt sind, dass sich ein energetisches Gegengewicht bildet, das disharmonische Schwingungen verursacht, so dass die Ente ein weiteres Mal zum negativen Pol rutscht. – Dies ist ein kosmisches Gesetz, und es wird euch ein Leben lang und darüber hinaus begleiten. Seid endlich bereit, jene Gesetzmäßigkeiten für euch zu erkennen, anzunehmen und sie wahrhaftig in und um euch zu heilen! Das, was die Ente keinesfalls erreichen wollte, ist somit Bestandteil ihrer gegenwärtigen Spiegelung geworden. Spätestens hier an diesem Punkt angekommen, beginnen die Menschen, sich zu fragen, warum das Leben so hart zu ihnen ist oder warum sie einfach kein Glück haben oder warum ihnen dieses oder jenes immer und immer wieder geschieht, wo doch die anderen so viel Glück im Leben haben und es für sie von Leichtigkeit erfüllt ist. Die Traurigkeit und Hoffnungslosigkeit oder auch anderweitige Emotionen machen sich sodann im Herzzentrum bemerkbar. Alles ist schlecht, alles ist ungerecht, alles ist schwer und alles ist so unendlich unerreichbar weit weg von dem, was der jeweilige Mensch an diesem Punkt seiner emotionalen Innenschau für sich wahrnehmen kann.

Doch wie könnt ihr dies für euch tun, wie könnt ihr hierin in der Tat umfassende gelebte Erkenntnis erlangen, ohne dass ihr abermals immer und immer wieder in die negative Spiegelung gelangt? Wie könnt ihr wahrlich Meister über die Polaritäten werden und gleichsam Meister über Rhythmus und Schwingung? Ihr werdet auf immer und ewig innerhalb jener Röhre existieren, doch bestimmt ihr über den gelebten Grad eurer inneren Einstellung und der damit verbundenen Erkenntnis sowie über die Qualität eures Seins in jenen ewig existierenden Gesetzmäßigkeiten. Ihr bestimmt durch einen bewussten und entschlossenen Augenblick über die äußeren und inneren Spiegelungen, welche gleichsam vollkommen in Harmonie miteinander stehen. Das eine ist ohne das andere innerhalb des Ausdrucks keinesfalls existent. Einen entscheidenden Aspekt gilt es hier freilich zu erkennen: Seid ihr jene Ente, welche stets hin und her rutscht zwischen den Polaritäten, oder seid ihr jene andere Ente, welche konstant und ununterbrochen bewusst die Flüssigkeit, die ewige energetische Präsenz der Polaritäten, innerhalb dieser Röhre in der Waage hält?

Wisse, Mensch, dass all das in der Tat nur illusorische Spiegelungen sind, welche ihr aber bei der zeitgleichen bewussten Wahrnehmung augenblicklich abändern und neu ausrichten könnt. Schon ein einziger bewusster Atemzug mit der entsprechenden inneren Einstellung kann die Materie und die jeweiligen Spiegelungen um euch herum mit Positivem erfüllen. Ihr tragt die Macht und Kraft dazu in eurem Herzen, und wenn ihr mit den höchsten Energien aller Sphären des Seins in Verbindung treten möchtet, sei euch geraten, jenes Wissen in euch zur geheilten Anwendung zu geleiten, damit ihr meine Worte und die Weisheiten für die folgenden Schritte in die Vervollkommnung und Veredelung eures Seelenfortschritts denn auch nutzen könnt. Habt ihr die Meisterschaft innerhalb der Realität erkannt und gemeistert, so wird jene Röhre *keinesfalls* mehr »kippen«. Die Ente wird sich *keinesfalls* energetisch auf dem positiven Pol befinden, sondern in der vollkommenen Einheit jeglicher scheinbaren Gegensätze ruhen. *Sie* ist dann die ruhende Kraft, welche sich in der höchsten präsenten Schwingungsfrequenz einer jeden Polarität befindet, die jedoch frei ist von jedem

Pendelschwung des Prinzips des Rhythmus. Diese Ente weiß nun, dass sich gleichsam alles in allem eint und auf ewig zusammengehört. Dadurch wird das Gesetz der Polaritäten in der Tat geheilt und kann sich als eine transformierte Form des Seins offenbaren. Sind jene Polaritäten in euch wahrhaft geheilt, findet ihr euch augenblicklich außerhalb des Gesetzes vom Rhythmus wieder, obgleich nach wie vor die kosmischen Gesetze existent sind. Der Unterschied besteht nur darin, dass ihr jenes Wissen zur wahrhaftigen und gelebten Erkenntnis geleitet habt, und so wird dieses Prinzip transformiert und nimmt eine neue Form des energetischen Ausdrucks für euch an. Diese Transformation kann keinesfalls durch Lippenbekenntnisse oder scheinhaftes Tun vonstatten gehen. Sie offenbart sich einzig und allein durch euer reines Energiefeld in euch selbst, welches sodann neue Pforten der Weisheit für euch öffnet.

In allem solltet ihr erkennen, dass ihr jene Schlüssel zu allem Wissen, zu allem Gelingen und zu den höchsten kosmischen Energiefeldern des Seins und allen Sphären wahrlich *nur* in euch tragt. Eure Schwingungsfrequenz ist durch jene geheilte und gleichsam gelebte Erkenntnis immer auf die höchstmögliche Frequenz des entsprechenden Pols ausgerichtet. Dies geschieht vollkommen eigenständig, und ihr braucht euch keineswegs mehr auf die jeweilige positive Polarität zu konzentrieren, weil euer Wissen um jene Vollkommenheit in euch ein konstantes Schwingungsfeld erschafft. Es ist ein sich eigenständig regulierendes und anpassendes System. Aus diesem Grund weise ich auch immer wieder darauf hin, dass hier durch schöne Lippenbekenntnisse, Meditationen, die vielfältigsten Seminare und Zertifikate allein niemals bleibende Resultate erzielen werden können. Dies ist eine Meisterschaft, die euch niemand im Außen bestätigen und bescheinigen kann, da auch jener Zertifikat- und Auszeichnungswahn nur menschengemachtes Hab und Gut ist, das aber im Feinstofflichen und für die Pforten der wahrhaftigen Meisterschaft mitnichten von Bedeutung ist!

Hier besteht nur der Meister mit den reinsten und klarsten Energien, die in vollkommener Resonanz zu seinem Kristallchakra stehen. Jene Reinheit in euch sollte euch ein wahrhaft lohnendes Ziel sein, und hierauf sollte all euer Streben gerichtet sein. Es geht um die Meisterschaft des Herzens und des tiefen gelebten Wissens, dass sich alles in allem eint. Jenes Wissen schließt jegliche Muster des Niederen aus und umfasst alle Welten, die euch innerhalb der euch gespiegelten Realität umgeben. Wisset, Menschen, dass dies die Prüfungen eures Lebens sind. All jene, die euch tagtäglich als feinstoffliche Aufgaben innerhalb der Materie zugespielt werden, sind für den Fortschritt eurer Seelenfrequenz von oberster Priorität. Darin erlangt ihr tiefe Weisheit und die Veredelung innerhalb der Schwingungsfrequenz eurer Seelen. Es werden sich die Pforten der höchsten Energien in euch öffnen und euch mit unermesslichen Energien und Frequenzen sowie unbeschreiblichen neuen Weisheiten erfüllen, und so möchte ich euch noch einmal einen ganz wichtigen Merksatz übermitteln.

»Wisset, dass die Meisterschaft über das Prinzip der Polaritäten und die damit verbundene Schwingungsfrequenz ein Lied von unschätzbarem Wert entfacht: wenn der Mensch erkennt, dass auch durch scheinbar Negatives ihm wahrhaft nur Gutes widerfährt. Wisset um jene Wunder und seht, dass alles in euch jenes äußere Gebilde der Spiegelungen webt.«

So merkt euch denn, dass alles Existierende stets zwei gegensätzliche Seiten des Ausdrucks in sich birgt, wobei diese Extreme immer nur verschiedene Grade der gleichen Dinge sind. Sie bedürfen einander, um vollkommen zu sein. Wisset, dass sie zusammen ein vollkommener Ausdruck des Ganzen sind.

Wenn ihr wahrhaft erkennt, dass beide Seiten zueinander gehören, und aufhört, vor der negativen Seite, dem negativen Pol wegzulaufen und zu flüchten oder ihn gar verdrängen zu wollen, so werdet ihr tiefen Frieden und Glückseligkeit in euch wahrnehmen können. Ihr werdet spüren, dass ihr im Augenblick des bewussten Annehmens jenes Wissens und seinem Geleiten zur vollkommenen Erkenntnis vollkommene Heilung erfahrt und dass ihr durch jenes Annehmen gar nichts weiter zu tun habt. Ihr braucht dann eure Schwingungsfrequenz keineswegs mehr an den hohen positiven Pol anzupassen, denn der Akt jenes Augenblicks der Heilung erfolgt durch die Vollkommenheit im höchsten Grad der Schwingung und wird sodann transformiert.

Wisset, dass euch jener negative Pol immer verfolgen wird, wenn ihr ihn loswerden wollt, und dies mit einer geladenen magnetischen Anziehungskraft. Bedenkt meine Darstellung mit der Ente in der *Polaritätsröhre* und festigt sie in euch. Ihr habt jenem Pol allein durch eure innere Einstellung und die damit einhergehende Bewertung des gleichgültigen Umstandes jene magnetische Kraft und gleichzeitige Spiegelung verliehen. Ihr paddelt wahrlich mit euren Flossen hilflos und oftmals fast außer Atem ständig und stets auf den von euch gewünschten positiven Pol zu. Durch eure magnetischen, verdichteten Frequenzen und Resonanzfelder holen euch die scheinbare negative Realität und die damit verbundene Schwingungsfrequenz dann fast augenblicklich immer wieder ein. Ich bitte euch darum zu verstehen, warum dies geschieht und warum ihr die Gründe für das ständige Scheitern, die immer gleichen Muster und festgefahrenen Verhaltensweisen unablässig im Außen sucht, häufig Schuldzuweisungen vornehmt und euch ein ums andere Mal fragt, warum das Leben so hart zu euch ist. Warum ihr euch ständig und stets *solche Fragen* stellt! Ich bitte euch darum, euch davon zu erlösen! Menschen – erwacht! Das Leben ist keinesfalls hart oder ungerecht zu euch, und ihr werdet auch nicht vom Negativen verfolgt. Letztlich ist dies wahrhaft die Essenz und die Summe all dessen, was ihr innerhalb eures Energiefeldes durch euch selbst verursacht. Könnt ihr meine Worte verstehen und sie für euch in Leichtigkeit und bildhaft klar verständlich umsetzen? Könnt ihr verstehen, was ich euch damit zu übermitteln versuche?

Ich bitte euch darum, bei eurer Meisterschaft sehr gründlich zu sein, denn darin liegt der wichtigste Schlüssel für euren energetischen »Aufstieg«. Das Gesetz der Polarität und der damit verbundenen Schwingungsfrequenz sowie die vollkommene Reinheit und wahrhafte Meisterschaft in euch sollten geheilt sein. Die Polaritäten in euch sollten geheilt und transformiert sein. »Transformiert« heißt keineswegs, sie verdrängt zu haben, sondern als vollkommenen Teil des Ganzen anzuerkennen und in euch zu integrieren, die Flucht aus dem Niederen aufzulösen und zu meisterhafter Stärke zu geleiten. Ich bitte euch inniglich darum, euch Zeit für euch selbst zu nehmen, zu atmen und euch bewusst euer Innerstes und die damit verbundenen negativen Spiegelungen anzuschauen, die sich dem einen oder anderen offenbaren mögen. Seid dabei ehrlich und rein und nehmt eine *gründliche* Innenschau vor. Überprüft die durch euch gesetzte Ursache. Überprüft durch euer Fühlen ganz genau, wie sich die entsprechenden Fluida in euch aktivieren. Ich bitte euch inniglich darum, euch diese Zeit zu nehmen und präzise zu beobachten. Zeitgleiches Atmen intensiviert und verstärkt das Fühlen und die damit verbundene Emotion. Deshalb richtet euch bei einem Atemzug einmal auf den negativen Pol aus, atmet ganz bewusst ein, und dann wiederholt diesen Vorgang im Anschluss auch mit dem positiven Pol. Fühlt präzise, wo sich die Energie verdichtet und wie sie sich anfühlt, wenn sie leicht wird, also positiv. Festigt die dadurch gewonnenen Erkenntnisse tief in euch. Auch wenn ich hier die Bezeichnungen »negativ« und »positiv« aufgeführt habe, so bitte ich euch doch inniglich darum, jene Worte vollkommen wertfrei zu nehmen und nur als Tatsache der gespiegelten Realität zu betrachten. Die damit verbundene Emotion ist ein ganz wichtiger Schlüssel zur gelebten Erkenntnis.

Ich möchte an dieser Stelle auch noch einmal darauf hinweisen, dass es vorab unabdingbar für euch ist, eure Selbstliebe, die reine und wahrhaftige wundervolle Liebe euch selbst gegenüber, als Grundstein, als Voraussetzung für jene Meisterschaft anzuerkennen. Hier ist durchaus als oberste Priorität die Ehrlichkeit und Aufrichtigkeit in wahrhaftiger Liebe zu euch selbst zu vervollkommnen. Worte, die nicht im Einklang mit dem entsprechenden Gefühl stehen, können die Reinheit jener ehrlichen und wichtigen inneren Einstellung, jene wichtige Grundfrequenz, für euch keinesfalls offenbaren. Das vollkommene Anerkennen, die vollkommene und reine Liebe eurem körperlichem Gefährt gegenüber, ist unabdingbar und Grundvoraussetzung für das Erreichen der Vollkommenheit innerhalb eures Kristallchakras. Darum seid auch hier wahrhaft gründlich und gewissenhaft! Jene Worte hatte ich euch bereits übermittelt, und dennoch scheint es, so wie ich es aus meinen Sphären wahrnehme, kein Leichtes für den einen oder anderen zu sein, sich entweder völlig liebevoll anzunehmen oder auch frei von jeglichem Ego, von jeglicher überheblicher, negativ belasteter Selbstliebe. Die reine klare und gütige, in Demut vollkommene Herzensliebe euch selbst gegenüber, eurem Körper gegenüber, ist wahrhaft unabdingbar und Grundvoraussetzung.

Warum fällt es euch so schwer, euer wundervolles materielles Gefährt, euer Werkzeug und Fahrzeug, das eurer Seele vollkommen frei alle Wünsche und bedingungslos alle Vereinbarungen gewährt, zu lieben? Warum fällt es euch so schwer, zu erkennen, wie es euch in bedingungsloser Liebe durch die Materie geleitet? Warum ist es für euch so schwer, euch selbst anzunehmen und zu lieben? Wisset, dass jener wundervolle Körper, der euch trägt, nicht wertet, er ist so vollkommen und einzigartig, und wisset, dass es ihn wahrhaft nur ein einziges Mal gibt. Ihr seid *einzigartig* und dadurch ganz individuell wunderschöne und unermesslich geliebte Wesenheiten der Quellexistenzebene! Es gibt euch nur *ein einziges Mal* in diesem euch gespiegelten und dargestellten Ausdruck eures körperlichen Gefährts. Wie wundervoll, wie vollkommen, wie unermesslich ist jene Liebesschwingung der Quelle, um so ein vollkommenes, schönes Gefäß für euch zu offenbaren. Nehmt euch wahrhaft als das an, was ihr seid, in tiefer und reiner Liebe, und erkennt die Vollkommenheit innerhalb jeglicher Spiegelungen! Wertet keinesfalls über euer Sosein, da ihr euch sonst augenblicklich als Maßstab aller Dinge wahrnehmt. Ihr seht euch entweder als »schlechter« oder als »besser«, und jene Wertigkeitsszenarien sind die größten Hürden und Stolperfallen innerhalb eures Seins und Lebens. Hier legt ihr immer und immer wieder den energetischen Grundstein für die Spiegelungen im Außen, und diese fangen nicht bei der Meisterschaft im Außen an, sondern direkt innerhalb eures energetischen und feinstofflichen Gefährts.

Umso wichtiger ist es hier, Aufrichtigkeit und größte Sorgsamkeit sowie die absolut ehrliche und reine Liebe zu euch selbst zur Meisterschaft zu geleiten. Ihr seid der Schlüssel zu eurem Glück! Ihr seid die Schöpfer eures gespiegelten materiellen Seins. Kein Wesen im Außen ist »schuld« an einer niederen oder auch einer positiven Spiegelung. Das, geliebte Wesenheiten, seid wahrlich nur ihr durch euch selbst. Alle Prüfungen im Außen, die mit anderen Menschen in Verbindung stehen, sind solche, die ihr euch selbst kreiert und energetisch in die Gestalt gerufen habt. Aus diesem Grund ist es unabdingbar, schon am bewussten Beginn eines jeden Tages euer körperliches Gefährt und die damit verbundene Schwingungsfrequenz entsprechend positiv zu aktivieren. Immer und immer wieder darf ich vernehmen, dass der eine oder andere doch nicht ganz so sorgsam und aufrichtig zu sich selbst ist beim Ausrichten der Schwingungsfrequenz. Ich möchte deshalb noch einmal die wichtigen Schritte in aller Kürze für euch zusammenfassen, damit ihr sie wahrlich für euch zur vollendeten Anwendung geleiten könnt. Wisset, dass beim besten Willen kein Weg daran vorbeiführt, euch jener Prüfung eures Selbst und der damit verbundenen reinen und ehrlichen Liebe zu stellen, und daher bitte ich euch inständig, meine Worte zu verinnerlichen. Geht keinesfalls davon aus, dass ihr diese oder andere wichtige Schritte auslassen oder umgehen könnt. Dies würde die Energien in euch immer wieder stören; auch wenn ihr die positive Schwingung einen Augenblick lang halten könntet, würde sie durch die falsche innere Grundeinstellung doch nur von kurzer Dauer sein. Die Früchte der gelebten Erkenntnis können sich darin keineswegs offenbaren und neue Pforten der Weisheit öffnen.

Dies ist der wichtigste Schlüssel zu wahrhaftigem Glück, Zufriedenheit, Fülle und Gelingen in eurem Leben: *Selbstliebe*. Wenn ihr eure Selbstliebe missachtet, wird das immer wieder Widerstände im Außen erzeugen, die das spiegeln müssen. Richtet euer Augenmerk auf jene reine und ehrliche Liebe zu euch selbst und haltet sie stets frei von jeglichem egozentrischen Verstandesdenken. Gleichermaßen solltet ihr auch klare Grenzen in eurem Leben ziehen bei allen Begebenheiten, die euch nicht gut tun oder sich für euch nicht stimmig und positiv anfühlen, nicht im Einklang mit eurem Kristallchakra. Nur so können Menschen im Außen euch mit dem größten Respekt und der vollkommensten Wertschätzung begegnen, da ihr die entsprechenden Resonanzräume erschaffen habt. Seid hier also wirklich wachsam und gründlich und erkennt diese einfachen und dennoch grundlegend wichtigen Schritte innerhalb eurer Meisterschaft. Es ist die *Selbstliebe*, die reine und wahre Liebe euch selbst gegenüber, frei von egozentrischen Selbstverherrlichungen oder dergleichen: Die dadurch freigesetzte Energie, welche ich hier anspreche, ist rein, klar und keinesfalls von niederen Gedanken und Verhaltensweisen durchtränkt. Da kann sich wahrlich die Reinheit des Herzens im Außen widerspiegeln und die Vollkommenheit innerhalb der Selbstliebe offenbaren. Die Augen sind rein und klar, das Wesen ist offen und ehrlich und das entfachte, vollkommene Herzzentrum ist allumfassend liebend, natürlich und zart wie die Seele eines neugeborenen Kindes. Frei und offen im Herzen und in vollendeter Sinfonie mit dem Urklang der Quelle und von allem, was ist. Diese vollendete Liebe euch selbst gegenüber wird alle damit verbundenen Pforten der höchsten Energien in euch vollkommen eigenständig öffnen und die Frequenzen der Vollendung innerhalb der Prüfungen der Materie offenbaren.

Beginnt sofort damit, euch an jedem Anfang eures Tages mit reinem Herzen zu begrüßen und euer körperliches Gefährt in die entsprechende reine und wohltuend schwingende Frequenz zu bringen. Vollzieht jene Übung wahrlich gewissenhaft, denn durch eure damit verbundenen Emotionen werden augenblicklich die entsprechenden Spiegelungen innerhalb der Polaritäten aktiviert. Darum achtet genau darauf, wie euer Gefühl in jenem Augenblick der bewussten Wahrnehmung ist. Achtet besonders auf das Gefühl in eurem Bauch, weil sich die Energien in eurem Kristallchakra entsprechend ausrichten. Dort wird im Zusammenschluss mit der bereits innerhalb eurer Sphäre des Seins verbundenen höheren Schwingungsfrequenz in kürzester Zeit die entsprechende gespiegelte Realität erschaffen. Bedenkt: Die Frequenz und das Schöpfertum innerhalb eures Herzzentrums ist in der Tat um ein Tausendfaches höher, und so muss sich in Verbindung mit den Frequenzen der neuen Ära der

Menschheitsgeschichte alles viel schneller offenbaren und ein Erleben in Extremen bringen. Darum geht weise und umsichtig mit den euch gegebenen Werkzeugen um. Nutzt sie wie ein Meister und werdet nicht Opfer der Materie, denn letzteres ist wahrlich nur eine Illusion eures Verstandes, aber keinesfalls die Realität.

Fahrt sodann mit einem liebenden Blick in den Spiegel fort. Ich weise darauf hin, dass ihr dabei nackt und der Raum mit Licht erfüllt sein sollte. Nehmt euch wahr und dankt eurem Körper für seinen Ausdruck und dafür, dass er euer feinstoffliches Gefährt durch die Dichte der Materie geleitet. Sprecht ihm euren reinen und aufrichtigen Dank aus und fühlt jene Liebesfrequenz euch selbst gegenüber in eurem Kristallchakra. Fühlt hier sorgfältig hinein und überprüft gewissenhaft die damit verbundenen Emotionen. Könnt ihr euch selbst in aufrichtiger und bedingungsloser Liebe begegnen und eurem Körper danken? Wisset, dass es gleichgültig ist, in welchem äußeren Erscheinungsbild sich euer »materielles Gefährt« darstellt. Ich bitte euch inniglich darum, ihm dafür zu danken, denn alles, was ihr optisch wahrnehmen könnt, ist letztlich die Summe all dessen, womit ihr ihn beauftragt habt, euch zu spiegeln. Auch die Grundstruktur und Beschaffenheit eures Körpers ist von eurem wahren Selbst genau so, bis ins kleinste Detail, gewünscht worden, und seither führt euer körperliches Gefährt in tiefer und reiner Liebe all eure Wünsche zur vollsten Zufriedenheit für euch aus.

Wenn ihr euer materielles Gefährt vor dem Ganzkörperspiegel begrüßt habt, und dies vor allem in reiner Liebe tun konntet, so geht noch einen Schritt weiter. Betrachtet euer Gesicht und seht euch in die Augen. Seht wahrlich tief in eure Augen und sagt dann: »*Ich liebe dich.*« Sprecht diesen Satz ein paar Mal, fühlt in den gesprochenen Satz hinein und seid rein und ehrlich zu euch selbst beim Blick in eure Augen. Sprecht so lange, bis diese Worte zeitgleich mit dem Gefühl in vollkommener Harmonie schwingen. Beendet die Übung, die ich das »Frequenzfrühstück« nenne, mit den Worten: »*Ich bin in der vollkommenen und reinen Schwingungsfrequenz der bedingungslosen Liebe.*« Und atmet! Vergesst hier das Atmen nicht, denn jener bewusste Atemtransfer dient in der Tat als Verstärker jener Frequenz.

Falls jemand diese Worte als überflüssig betrachtet, so muss ich ihm mitteilen, dass er einem Trugschluss seines lärmenden Verstandes erlegen ist. Jene bewusste Wahrnehmung eures körperlichen Ausdrucks in vollkommener, bedingungsloser, ehrlicher und reiner Liebe ist und bleibt der erste und grundlegende Schritt bei allen Prüfungen und der damit verbundenen Vollendung der Meisterschaft innerhalb der Materie. Daran führt kein Weg vorbei, hier könnt ihr keine Abkürzung über die Flucht nach vorn nehmen. Am Ende wird sonst das Scheitern am eigenen Selbst und ein Mangel an wahrhafter Selbstliebe stehen, und dann können die Prüfungen keinesfalls zur beständigen Erhöhung der Schwingungsfrequenz führen.

Jene, welche hierin noch einmal einer umfassenderen Anleitung bedürfen, möchte ich bitten, die von mir bereits übermittelten Worte aus dem Buch *Thoth im All-Tag* gründlich zu studieren, denn dort habe ich euch einen großen Schatz an anwendbarem Wissen übergeben, das für eure täglichen Prüfungen in Einfachheit gedacht war. Aus den Tiefen meiner reinen Liebe kann ich euch diese Worte übergeben, doch anwenden müsst ihr sie für euch selbst. Ihr Menschen seid sehr oft abgelenkt und könnt die Einfachheit und Weisheit, die direkt vor euch liegen, nur schwer oder gar nicht erkennen. Merket, euer Körper wertet nicht, er ist frei von jeglichen idealistischen und irdisch-materiell getrübten Scheinbildern eures gesellschaftlichen Schönheitswahns. Er führt immer nur in vollkommener und bedingungsloser Liebe alle Forderungen von euch aus und spiegelt sie. Jetzt wird sich vielleicht der eine oder andere fragen, warum er dann nicht nur die schönen Dinge und Wünsche spiegelt. Die Antwort ist ganz einfach, und an diesem Punkt kommen wir auch wieder intensiver auf die Beherrschung der Polaritäten zurück, denn darauf sollte wahrlich euer ganzes Streben gerichtet sein: *Nur so offenbart sich vollkommene Meisterschaft.* Das Scheitern innerhalb der mit entsprechenden Schwingungsfrequenzen verbundenen Polaritäten kann euch nicht vom Gesetz des Rhythmus befreien. Doch liegt genau darin eine wichtige Erkenntnis hinsichtlich der Weisheit und eurer Meisterschaft verborgen. Sie führt über die gezielte Transformation der Polaritäten zur bewussten Steuerung der Schwingung und bewirkt das Ausschalten des Prinzips des Rhythmus. Der entscheidende Schlüssel, der von oberster Priorität ist und vollkommen verstanden und gemeistert werden »muss«, ist die Beherrschung der Schwingungsfrequenz, denn darüber steuert ihr alle Spiegelungen, Begebenheiten und Prüfungen durch alle Sphären des Seins hindurch. Bedenkt wahrlich, dass jegliches Scheitern immer als Ursache den Mangel an Selbstliebe in sich trägt. Pflegt und achtet den Tempel eurer Seele, damit sich jene vollkommene Liebesfrequenz euch selbst gegenüber auch im Außen widerspiegeln kann. Seid liebevoll zu euch selbst, achtet und respektiert euch selbst genau so, wie ihr seid!

Jene Gesetzmäßigkeit ist letztlich absolut klar und einfach anwendbar, doch wurde sie durch euer menschliches – oft sehr kompliziert strukturiertes und gesellschaftlich geprägtes – Verhalten deutlich erschwert, selbst wenn dies nur scheinbar der Fall war. Aus diesem Grund möchte ich euch abermals auf die Wichtigkeit der Ausrichtung innerhalb eures Kristallchakras hinweisen und euch innig darum bitten, meine Worte an euer *Herz* zu lassen und diese innerhalb eurer gelebten Realität zur Anwendung zu geleiten. Wenn ihr also darum wisst, dass das Kristallchakra in euch jene äußeren Spiegelungen entsprechend dem inneren Gefühl verstärkt und ausrichtet, so sollte dem wachsamen Adepten an dieser Stelle vollkommen klar sein, dass es hier gilt, jegliche Polaritäten keinesfalls durch die damit verbundenen Emotionen energetisch noch zu verstärken. Ein Meister wird sich immer den niederen Extremen zuwenden können, ohne sie energetisch noch zu verstärken. Er kann in ihnen immer klar und rein den vollkommenen Ausdruck und Zustand des Ganzen erkennen. Dank seiner bewussten inneren Einstellung kann er mit Hilfe des gleichzeitigen Annehmens und totalen Anerkennens der Vollkommenheit innerhalb der gespiegelten Möglichkeiten sein gesamtes konzentriertes geistiges Sein auf den gegenüberliegenden Grad aller Begegnungen transformieren – gleichgültig welcher Art. Er wandelt dadurch jegliche Gegensätze zu einem vollkommenen gleichgültigen Ausdruck im energetischen Gefüge der Schwingungsfrequenz. In jenem Augenblick geschieht etwas ganz Wundervolles, denn der Meister heilt hierbei alle niederen Spiegelungen und erschafft sich dadurch den »Himmel auf Erden«. Dies bedeutet einzig und allein, dass er alle materiellen Spiegelungen mit dem positiven Licht erfüllt und steuert. Er ist sodann Meister der Materie und richtet sein Schwingungsfeld stets zum höchsten Wohlergehen von allem Lebendigen der Schöpfung aus. Dies erlöst dadurch alle niederen Spiegelungen und Begebenheiten.

Wisset, dass es wahrlich unabdingbar ist, die Vollkommenheit innerhalb aller Grade der Polaritäten anzuerkennen und diese durch jenes gelebte Erkennen und zeitgleiche Anwenden innerhalb der gelebten Realität und der Schwingungsfrequenz zu transformieren. Jenes Anerkennen offenbart die Heilung und vollständige Transformation der scheinbaren Gegensätze, da sie immer zwei gegensätzliche Seiten des Ausdrucks in sich tragen, nicht mehr und nicht weniger. Diese Extreme sind aber nur verschiedene Grade der vollkommen gleichen Dinge. Das Einzige, was jene Ausdrucksformen in der untransformierten

Form in sich tragen, ist die sich sodann offenbarende unterschiedliche Schwingungsfrequenz. Ist eine Polarität zur Gänze geheilt und transformiert, wird der Meister keine Unterschiede mehr in sich vernehmen können. Sie bedürfen einander, um letztlich vollkommen zu sein. Das eine ist keinesfalls ohne das andere möglich, und zusammen sind sie ein vollkommener Ausdruck des Ganzen. Wenn ihr jene Tatsache und das energetische Gefüge dahinter absolut verstanden habt und erkennt, dass es keinesfalls möglich ist, vor dem negativen Pol zu flüchten oder ihn gar verdrängen zu wollen, dann kann wahrhaftige Heilung erfolgen.

Das stete Auf und Ab innerhalb eurer Spiegelungen geschieht tatsächlich nur durch euer stetes Bewerten sowie die Szenarien eurer Wertigkeitsdramen und Bemessungen. Prägt euch jenes Wissen gut ein, dass ihr den »negativen« Pol somit immer verstärkt, weil ihr ihn letztlich loswerden wollt. Ihr verdichtet eure magnetischen Fluida, und durch die hohe Energiefrequenz innerhalb eures Kristallchakras kommen die zündenden elektrischen Fluida zum Fließen, wodurch jenes energetische Gebilde die entsprechenden Resonanzräume mit den daraus resultierenden Spiegelungen erschafft. Dabei geht die Etablierung des gespiegelten und sich offenbarenden Pols beziehungsweise der jeweiligen Begebenheit innerhalb eures Seins als Präsenz immer auch mit einer Aktivierung der in euch schlummernden und oftmals unkontrolliert erfolgenden Bewertung des jeweiligen Umstandes einher.

Ich bitte euch an dieser Stelle, euch noch einmal die Darstellung mit der *Polaritätsröhre* und der darin befindlichen Ente geistig vor Augen zu führen. Nehmt jetzt die Sichtweise jener Ente ein und fügt der visuellen Vorstellung einen deutlich empfundenen polaren Zustand eurer Wahl hinzu. Fühlt und seht euch in der Tat als diese *Ente*. Ich weise darauf hin, dass es sich hierbei um eine von mir geformte Hilfestellung handelt, die mir eine große Unterstützung bei der Beherrschung der Polarität zu bieten scheint. Gleichzeitig soll euch dies helfen, die Anwendungsweisen der Polarität und euer damit verbundenes Fühlen, Denken und Tun sowie die zeitgleichen Wirkungsmechanismen der kosmischen Gesetze besser zu verstehen. Im Anschluss daran werde ich euch noch eine weitere Hilfestellung übermitteln, die aber erst nach dem erfolgten Verstehen und Annehmenkönnen der soeben vorgebrachten Erklärung angebracht erscheint. Bitte meidet hier ein zu schnelles Vorwärtsstreben, ohne alle wichtigen Schritte und Erkenntnisse in euch gefestigt zu haben. Es kann sich euch nur das Große und Ganze offenbaren, wenn ihr es euch erlaubt, eure Sichtweisen und euer Verständnis sowie die darin bislang noch enthaltenden alten Prägungen und Muster behutsam aufzulösen. Einzig dann kann sich wahre Weisheit in euch entfalten, denn diese wird immer durch die vollkommene gelebte Erkenntnis erlangt. Alles andere wäre eine Anhäufung von Worthülsen, die keinesfalls die Tiefen eures Seins erreichen können.

Das Kristallchakra ist nicht einfach »irgendein« Chakra oder Energiezentrum! Es ist der Schlüssel der höchsten zündenden Trägerenergie für die Toröffnung in die höchsten Sphären des Seins in euch, welche euch sodann erhebt. Jenes hochenergetische Kraftfeld in euch ist in seinem vollkommenen aktivierten Zustand in der Lage, euch mit den größten Energiezentren, den unermesslichsten Sonnen und Geisteszentren im gesamten Alles, zu verbinden sowie energetisch zu vereinen. Wisset, dass ihr auch hier das Prinzip der Entsprechung wiederfindet, und wer weise schaut, kann dabei die größten Sprünge innerhalb des Seelenwachstums machen. Ihr seid dann nicht nur Meister der Materie, sondern habt zudem die Meisterschaft der kosmischen Prinzipien in ihrer Anwendung außerhalb der euch gespiegelten Materie verstanden. Jenes Prinzip und die vollkommene energetische Ausrichtung innerhalb eurer Schwingungsfrequenz könnt ihr durch die Frequenzübung *Sinfonie der Schöpfung* noch bewusst verstärken und gezielt aufrechterhalten. Wer darin zu Leichtigkeit innerhalb der jeweiligen Schritte und Stufen gelangt ist, kann diese Übung auch abkürzen und individuell anpassen. Hier könnt ihr euren Bedürfnissen und eurem Zeitempfinden eine eigene Form verleihen. Wichtig ist nur, die Grundstufen und die entsprechenden Schwingungsfrequenzen bewusst in euch gefestigt zu haben. Jegliches darauf aufbauende »Frequenztraining« gestaltet sich nach eurem eigenen Ermessen und Wohlbefinden, und ihr seid darin absolut frei.

Seid euch also vollkommen bewusst, dass jene Frequenzen und die daraus resultierenden Gesetze stets präsent sind und durch alle Sphären hindurch wirken. Wisset auch um die Vollkommenheit innerhalb der Polaritäten und darum, wie ihr hierin Meisterschaft erlangt und diese auch beständig halten könnt. Die Schritte zum Ziel sind wahrlich leicht, doch ist es aufgrund eurer Kompliziertheit kein Leichtes, danach wieder Unbeschwertheit und Offenheit zu erlangen. Habt ihr jene Einheit in euch anerkannt und könnt die Vollkommenheit innerhalb der Polarität in euch annehmen, werdet ihr spüren, dass sich Angst, Sorge, Zweifel, Hass, Traurigkeit oder jegliche anderweitige polare negative Spiegelung in euch zu einem Ganzen vereinen. Wendet die nachfolgende Technik an, um jenes Gleichgewicht der euch innewohnenden Fluida bewusst zu wandeln und zur Vollkommenheit zu transformieren. Genau durch jene gelebte Erkenntnis findet nämlich die Vollendung innerhalb der Prüfungsstufe in euch statt. Eben das führt euch zur höchsten Meisterschaft.

Ruft euch an dieser Stelle abermals meine Beschreibung jener *Polaritätsröhre* in Verbindung mit der gelben Ente geistig vor Augen – es ist dies eine hilfreiche Darstellung eurer Präsenz innerhalb der Ebene der Materie und der Gesetzmäßigkeiten, in diesem Fall der Polarität. Stellt euch jetzt eine individuelle Begebenheit innerhalb eures Lebens vor und nehmt in der Visualisierung den Platz jener Ente ein. Fühlt euch inmitten jener Röhre, die gefüllt ist mit einem strahlend leuchtenden und klaren Blau. Fühlt intensiv in euer weit geöffnetes Kristallchakra hinein und werdet euch der dabei deutlich werdenden Emotion vollkommen bewusst. Atmet und fühlt sie ganz deutlich in euch, erspürt die damit verbundene Schwingungsfrequenz. Wie fühlt es sich an, wenn ihr ein gewünschtes Ziel erreichen wollt? Ist dies frei von Angst, Sorge und Zweifel? Könnt ihr die Reinheit jener Frequenz erspüren, oder schwingt noch der negative Pol bewusst in euer Frequenzfeld mit hinein?

Jetzt bitte ich euch, eine weitere ganz wichtige Übung vorzunehmen. Richtet euch nicht mehr auf den *positiven* Pol aus, sondern dreht euch – als Ente – innerhalb der Röhre um und blickt auf den *negativen* Pol. Nehmt dann ganz bewusst einen Atemzug und wandelt durch den folgenden Schritt die Schwingungsfrequenz jenes Pols: Springt mit großer Freude und Leichtigkeit in die negative, dem positiven Pol entgegengesetzte Energiefrequenz. Ihr könnt dies mit euren individuellen Worten mental oder auch laut verstärken und unterstützen, indem ihr beispielsweise sagt: »*Ich liebe dich, du Pol der Traurigkeit, schön, dass du da bist, ich freue mich so sehr!*« Diese Polarität könnt ihr durch alle negativen Bezeichnungen, die euch einfallen, ergänzen und ersetzen. Von oberster Priorität ist hier die sich daraus ergebende Schwingungsfrequenz in euch. Vollzieht diese Übung so lange, bis ihr über die Existenz jenes negativen Pols die damit verbundene Leichtigkeit und Freude erlangt habt.

Geht nun innerhalb eures weit geöffneten Kristallchakras ein paar Mal ganz bewusst von einem Pol zum anderen, schwingt hin und her. Bewegt euch in einem gleichmäßigen Pendelschwung von der einen Schwingungsfrequenz des gewünschten Pols zur jeweils entgegengesetzten Polarität und führt dabei gewissenhaft die eben geschilderte Übung aus. Ihr könnt euch dabei auch zur Visualisierung jener Pendelbewegung vor dem geistigen Auge vorstellen, wie ihr auf einer großen, weit schwingenden Schaukel sitzt und von einer Polarität zur entgegengesetzten schwingt. Fühlt euch dabei wie ein kleines freudiges Kind, das sich wahrlich offenen Herzens an der Schaukelbewegung erfreut. Jedes Mal, wenn ihr am intensivsten Punkt des jeweiligen Pols angekommen seid, nehmt ganz bewusst einen Atemzug und sagt sodann im Geiste: »*Ich bin in der vollkommenen und reinen Schwingungsfrequenz von ...*« An den drei Punkten des Satzes setzt ihr sodann die jeweilige, von euch in diesem Augenblick angestrebte Gefühlspolarität ein. Ich bitte euch, hierbei genau zu erfühlen, wie sich die unterschiedlichen Pole in euch ausdrücken. Fühlt, wie sich der negative Pol in euch anfühlt. Könnt ihr ihn spüren? Atmet und sprecht zur Verstärkung erneut den genannten Satz. Ich bitte euch darum, euch den Satzbau wahrhaft intensiv einzuprägen, denn er vermag euch ganz schnell und gezielt auf die jeweilige Schwingungsfrequenz zu geleiten!

Dies war ein von mir bewusst gewählter Weg der Hilfestellung, um euch jene Einfachheit der Steuerung der Schwingungsfelder nahe zu bringen. Jedoch umfasst gleichsam jene Einfachheit der von mir gewählten Schritte dennoch eine Reinheit innerhalb des gesprochenen Wortes. Wisset, dass eure Worte immer gleichzeitig auch an entsprechende Emotionen gebunden sind. Wenn ihr zum Beispiel zu euch sprecht »*Ich bin in der vollkommenen und reinen Schwingungsfrequenz von Freude*« und ihr zeitgleich aber ein Gefühl habt, welches erfüllt ist von Zweifel und Sorge, so wird euch genau jener Pol gespiegelt werden, der eurer jeweiligen Emotion entspricht. Aus diesem Grunde bitte ich euch auch immer wieder, sehr gründlich und gewissenhaft innerhalb eurer Meisterschaft und aller darin erforderlichen Prüfungen und Schritte zu sein. Strebt keinesfalls einfach nur vorwärts und lasst hier wichtige Erkenntnisse einfach aus oder versucht sie zu überspringen. Ihr werdet sodann immer und immer wieder letztlich an den Punkt zurückkehren, wo jene Disharmonie in euch die Dichte der Fluida eures Energiefeldes beeinflusst und formt. Daher bitte ich euch abermals, fühlt bewusst in die Intensität des negativen Pols in euch hinein und atmet. Dabei ist es gleichgültig, um welche Polarität es sich hier handelt. Dies steht euch immer frei, ihr habt die Wahl und könnt euch in allen Bereichen eures individuellen Seins prüfen und zur vollendeten Meisterschaft geleiten. Seid ihr an jenem Punkt in euch angelangt, so atmet bewusst und fühlt.

ൠ Ist jener Atemfluss nunmehr eher schwer und fühlt sich die Energie verdichtet an? Atmet und intensiviert abermals ganz bewusst. Spürt gewissenhaft alle euch begegnenden Pole durch und erkennt hierin, wovor ihr euch noch fürchtet oder wovor ihr womöglich Angst und Sorge habt. Sprecht zum Intensivieren den von mir übermittelten Satz und atmet anschließend ganz bewusst. Jener Atem ist ein zündender Antrieb für die daran gebundenen Frequenzen und Wahrnehmungen. Wie fühlt sich jene Schwingung jetzt für euch an und was könnt ihr in euch wahrnehmen?

ൠ Erspürt die damit verbundenen Emotionen in euch, denn das daraus resultierende Wissen ist für den Fortschritt innerhalb eurer Meisterschaft unabdingbar. Wenn ihr an dieser Stelle bewusst atmet, könnt ihr dann jene Polarität in euch ganz bewusst erfühlen? Erinnert euch an die Übung der Ente und richtet euch jetzt in Freude auf den negativen Pol aus. Wie fühlt es sich für euch tatsächlich an? Prüft es genau und wiederholt gegebenenfalls.

ൠ Könnt ihr jene Frequenzen innerhalb eures Kristallchakras, eures neu ausgerichteten Herzzentrums, bewusst und klar wahrnehmen? Wie genau nehmt ihr jene Schwingungsfrequenz in euch wahr? Ist dieses leicht und lichtvoll, oder fühlt sie sich nieder und schwer an? Zieht sich eurer Kristallchakra zusammen, oder werdet ihr ganz weit und leicht?

Vergesst hierbei keinesfalls zur Intensivierung den bewussten anschließenden Atemzug nach oder während des Aussprechens der Polarität und das gleichzeitige bewusste Erfühlen jenes Pols innerhalb eures weit geöffneten Kristallchakras. Ich rate euch dazu, den genannten Satz sodann stets nochmals zum Intensivieren zu wiederholen und abermals in euch zu fühlen. Ihr werdet, wenn ihr dies gewissenhaft vollzieht, eine ganz wichtige Erkenntnis erlangen und durch euren Schritt in den negativen Pol bei der so bewahrten Grundeinstellung wahrhaft verstehen, dass beide Pole nur zwei verschiedene Ausdrucksformen und Extreme des Gleichen sind, und in der Freude darüber etwas ganz Entscheidendes in euch aktivieren. Ihr transformiert dann gleichsam mit der Frequenz des positiven Ausdrucks die Schwingungsfrequenz des niederen Pols. Dabei bilden eure energetischen, derzeit noch getrennt wirkenden Chakras eine energetische Einheit und verschmelzen zu der Funktionalität, die dadurch eine neue Qualität eurer Energiezentren offenbaren. Vollkommen eigenständig aktiviert jenes konstante Frequenzfeld in euch auf diese Weise die Verbindung und Neustrukturierung mit eurem Stirnchakra, die daran gebundene Funktion der Zirbeldrüse und euer Kronenchakra. Jene Konstellation offenbart anschließend einen neuen Zugang, und ihr könnt durch euer bewusstes Streben eine kosmische Einheit mit dem Erdherzen, eurer Heimatsonne und der Ur-Zentralsonne allen Seins bilden.

Hier öffnet sich ein Tor der unbegrenzten Möglichkeiten, und dies, geliebte Wesenheiten, ist ein wahrhaft lohnendes Ziel. Alle irdischen Besitztümer und Werte verlieren ihre Bedeutung, und jene Einheit offenbart die Leichtigkeit innerhalb der freien Wahl der Möglichkeiten der gespiegelten Materie. Ihr seid sodann »Meister der Materie« sowie »Adepten der großen Zyklen und Sonnen«. Ihr bildet eine ununterbrochene Einheit zu den höchsten geistigen Zentren, da ihr eurem inneren geistigen Zentrum, eurer strahlenden Sonne und gleichsam vollkommen aktivierten Blume des Lebens, zu seiner ursprünglichen Kraft verholfen habt. Ihr habt eure Sichtweise verändert, weg von der scheinbaren Wichtigkeit der gespiegelten Materie, hin zur Bewusstheit über die Macht der geistigen Sonnenzentren!

Alles andere hat nach wie vor seine Beständigkeit, nur habt ihr eure damit verbundene Sichtweise vollkommen geheilt und transformiert. Wie ich schon zum Ausdruck gebracht habe: Ihr werdet sodann keinesfalls mehr Opfer der Materie sein, sondern ihr Meister! Ich bitte euch darum, hier wahrlich vollkommen gewissenhaft und gründlich zu sein. Nehmt euch die Kinder eurer Ebene zum besten Beispiel. Sie erlernen ebenfalls erst das Alphabet und lesen dann ganze Bücher und können sie anschließend auch klar und deutlich verstehen. Gleichermaßen solltet auch ihr erst einmal das ABC des wahrhaftigen Wirkens der kosmischen Prinzipien erlernen, und danach könnt ihr das Große und Ganze auch für euch verstehen und innerhalb der gelebten Realität zum Ausdruck geleiten. Jedoch kann ich euch hier an dieser Stelle einen wichtigen Hinweis offenbaren, falls ihr nunmehr in Sorge fallt, diese Prüfungen nicht zu bestehen. Wenn ihr vollkommen die Klarheit und Reinheit der Liebesfrequenz innerhalb eures Herzzentrums entfacht, so werden sich alle Pforten der Weisheit für euch öffnen. Ihr braucht letztlich nichts weiter zu tun, als die reine Liebe zu allem Lebendigen zu leben, wobei ihr selbst an erster Stelle stehen solltet.

Bei euch ist die Wurzel der reinen Liebesfrequenz zu setzen, und alle daraus resultierenden Handlungen und Begebenheiten werden sich sodann immer zum höchsten Wohle ausrichten. Ihr seid der reine und unermessliche Kelch der Liebe, und wenn ihr diese an andere weitergebt und die damit verbundene Frequenz in die Weiten des Alles strahlt, so wird jene überfließende Liebe Gleiches zu euch zurückbringen und ihr könnt den Fluss nochmals verstärken und intensivieren. Jener ist ein niemals endender Fluss der Fülle und Freude, und euer höchstes Augenmerk soll auf das Erreichen dieser Liebesfrequenz in euch gerichtet sein. Es ist dabei keinesfalls ratsam vorwärts zu eilen und sich den nächstgelegenen Zielen übereilt zuzuwenden. Ihr werdet immer und immer wieder an jenen Punkt der energetischen Einkehr und Prüfung in euch angelangen und ihn so lange wiederholen, bis ihr erkannt habt, dass ihr jenen Schlüssel der höchsten Pforte und Erkenntnis in euch tragt. Jenen kostbaren Schlüssel der vollendeten Frequenz tragt ihr *nur* innerhalb eures weit geöffneten, vollkommen reinen und bedingungslos liebenden Kristallchakras. Doch jenes mächtige Energietor und zündende Verbindungsmodul zu allen Energiezentren und höchsten Sphären des Seins tragt ihr *wahrlich* in euch – und darum bitte ich euch abermals um die Gründlichkeit und Reinheit eures Seins und die damit verbundene Meisterschaft. Werdet zu Meistern der Materie und erkennt euer wahres geistiges Potenzial und die daraus resultierende Verbindung zu den höchsten Energiezentren des Seins. Und wisset, dass dies in keinem Zusammenhang steht mit dem innerhalb eurer Überlieferungen und Fehlprägungen fest verhafteten Fehlwissen, dass der Mensch sich die Erde und ihre Bewohner zu Untertanen machen soll.

Durch eine solche Auffassung hielt schon zu alten Zeiten der Schatten des Niederen seinen Einzug, und niemals – wahrlich niemals – steht ein derartiges Verhalten für das Wohlergehen eures Seelenfortschritts sowie die Achtung und den Respekt gegenüber allem Lebendigen. Niemals hat eine so geformte Seele nach dem Verlassen ihres irdischen Gefährts die Möglichkeit, die Pforten und Energietore in die höheren Sphären des Seins zu durchschreiten. Sie ist gebunden an die Schwingungsqualitäten der Dichte und Materie und darf hier immer und immer wieder die Runden der Erkenntnis und der steten Wiederkehr durchleben. Ein Aufsteigen in die höheren Sphären des Seins ist jedoch vollkommen ausgeschlossen. Dies ist ein stark verbreiteter und gezielter Irrglaube, der ganz bewusst durch die Oberhäupter vieler Religionen verbreitet wird, um euch weiterhin an die euch bislang bekannte Ebene des Seins zu binden! Hier wird euch nach eurem Ableben keinesfalls ein »Gott im Himmel« empfangen. Auch wenn meine Worte nunmehr von einigen mit einem Aufschrei der Ablehnung empfangen werden, so ist es doch die Sprache der Wahrheit und keinesfalls mein Ziel, euch mit Trugbildern, die eurem Ego schmeicheln, zu nähren. Nicht jedem wird diese Wahrheit gefallen, aber es steht euch frei, mit eurem Herzen zu wählen! Entscheidungen, die aus wahrhaft reinem Herzen getroffen werden, sind niemals und zu keinem Zeitpunkt des Seins geprägt von niederem Verhalten anderer Wesenheiten und Ausdrucksformen des Lebendigen der Schöpfung gegenüber! So ist es ohne Wenn und Aber!

Wisse, Mensch: Dies ist eine Tatsache, und auch wenn euch die Verlockungen der Materie und des gesellschaftlichen Denkens, Fühlens und Tuns womöglich von jener Erkenntnis immer und immer wieder durch lockende Versuchungen und die Vernebelung der Klarheit eures Strebens im Herzen abbringen, so ist jene Tatsache doch unumstößlich. Der Mensch wird erkennen, dass der Schlüssel, der euch die Freiheit und die höchsten Energiezentren in euch sowie die Verbindung mit den höchsten Frequenzen und Sphären des Seins offenbaren wird, sich einzig und allein durch jene Pforte, durch jenes hochenergetische Tor in euch, offenbaren wird. Die Stolperfalle für die Menschheit liegt hierin: die Reinheit und Klarheit eines unschuldigen Kinderherzens wiederzuerlangen.

»Jene höchste Pforte, die es für euch innerhalb der Meisterschaft der Materie zu erreichen gilt, ist wahrlich nur mit dem Zertifikat des reinen und klaren Herzens zu erreichen, und der Schlüssel dazu ist die Frequenz des Gleichen!«

Jener zündende Frequenzfunke der gelebten Reinheit und Weisheit ist der Schlüssel zur vollkommenen Öffnung der Pforte in euch. Jenes Energietor ist ganz leicht und einfach zu öffnen, doch durch die oftmalige Trübung all eurer menschlichen Verhaltensweisen hält die Öffnung innerhalb einer Phase des liebevollen und bewussten Miteinanders oft nur kurze Zeit an. In dem Augenblick, in dem erneut niedere Verhaltensweisen, Gedanken und Gefühle in euch präsent sind, schließt sich jenes Tor in euch wieder. Derzeit geschieht jene Öffnung unbewusst, und der Mensch ist sich des Ausmaßes der daraus resultierenden Möglichkeiten noch keinesfalls bewusst, auch wenn es stets mit einem unermesslichen und unbeschreiblich erhebenden und schönen Gefühl im weit geöffneten Herzzentrum verbunden ist. Doch wenn ihr dies wahrnehmt: Seid hier bescheiden und weise und wandelt keinesfalls als schon gestandene Meister innerhalb eurer Sphären des Seins. Meidet jegliche selbst verherrlichende Verhaltensweise und sagt nicht von euch, dass ihr bereits in Vollkommenheit jenes Energietor in euch aktiviert habt. Meidet alle menschlichen Verhaltensweisen und Charakterzüge wie Eitelkeit, Hochmut und Scheinheiligkeit. Sie werden euch keinesfalls jene Pforten öffnen! Die Energien, die euch womöglich in eurem Eifer begegnen werden, sind jene der Verblendung und Täuschung. Der Frequenzschlüssel des Energietors, das sich in der Vollkommenheit eures Kristallchakras offenbart, reagiert wahrlich nur auf die Reinheit, den Sanftmut und die liebevolle Demut der Schöpfung und allem Lebendigen gegenüber. Einzig der Klang der reinen und vollkommenen Liebesfrequenz vermag jenen Frequenzfunken zu entfachen.

So ist es unabdingbar für euch, jene Erkenntnis über die Funktionalität und Existenz des Kristallchakras in euch zu festigen und als Ist-Zustand anzuerkennen. All jenen, die das Grundwissen und die damit verbundene Schulung für die Aktivierung der jeweiligen Schwingungsqualitäten innerhalb eures Kristallchakras und der jeweiligen Polaritäten in diesem Augenblick noch nicht vollkommen umsetzen können oder hierin noch einer intensiveren Erkenntnis bedürfen, möchte ich raten, entweder die Worte auf der CD *Urton-Frequenz der Seele* oder auch die *Sinfonie der Schöpfung* zu studieren, da hier die bewusste Steuerung der jeweiligen Frequenzfelder genauestens geschult wird. Auf ihnen habe ich die dazu erforderlichen energetischen Schritte bereits detailliert übermittelt, damit ihr jene Schwingungsfelder und Pole vollkommen klar und deutlich innerhalb eures Kristallchakras wahrnehmen könnt. Diese Schritte sind zur tiefen gelebten Erkenntnis wahrlich unabdingbar, damit ihr jenes Wissen der Wahrnehmung in der Tat vollkommen in euch festigen könnt. Nur jenes Realisieren der gefühlten Pole in euch kann zur gelebten Erkenntnis und letztlich zur Neuausrichtung innerhalb eurer energetischen Zentren führen.

Ihr werdet hier an diesem Punkt der bewussten Erkenntnis bemerken und deutlich spüren, dass das Kristallchakra nicht nur der Träger der Wir-Frequenz ist, sondern gleichsam auch der Transformator zur Heilung der Polaritäten. Jene Transformation dient der bewussten Ausrichtung und Wahrnehmung, dass sich alles in allem eint und ein ungetrennter Teil des Ganzen ist und es an jenem energetischen Punkt der Ausrichtung vollkommen *gleich gültig* ist, in welcher Form und

Intensität sich der jeweilige Pol seinen Ausdruck sucht. Durch diese bewusste Wahrnehmung werdet ihr augenblicklich keine unterschiedlichen Schwingungsfrequenzen mehr beim inneren Auspendeln und zeitgleichen Atmen in euch vernehmen können. Ist alles in euch zu einem energetischen Ganzen vereint, so wird sich jeder Pol *immer* vollkommen anfühlen, wobei es wahrlich *gleich gültig* ist, ob dieser positiv oder negativ ist. Könnt ihr meinen Worten folgen und sie in eurem Herz klar und deutlich verstehen? Könnt ihr jenen Worten in Leichtigkeit folgen? Sollte dies in euch auf Widerstand stoßen, so bitte ich abermals um die Schulung in euch durch das bewusste Auspendeln der jeweiligen Frequenzen. So lange, bis ihr eine Einheit in euch erfühlen könnt.

Ich weise vorsorglich darauf hin, dass es dabei von oberster Priorität ist, gründlich vorzugehen und ehrlich zu euch und euren jeweiligen Spiegelungen und Begebenheiten zu sein. Dies ist zum klaren Erkennen und Wandeln und der entsprechenden Transformation des Zustands in die Auflösung des Gesetzes vom Rhythmus unabdingbar und kann keinesfalls umgangen werden. Wollt ihr jenes Ziel in euch erreichen und die Spiegelungen im Außen sowie im energetischen Innen zur meisterhaften Stärke und zu gewissenhaftem Können wandeln, ist dieser Schritt unerlässlich für die Reinheit der Prüfungsstufe und der dadurch gewonnenen Transformation des jeweiligen polaren Zustands. Dies war schon zu damaligen, alten Zeiten ein ausgesprochen anspruchsvoller Schritt innerhalb der Schulen der Weisheit und des Wissens der wundervollen Adepten. Nicht alle erreichten gleich beim ersten Prüfungsschritt jenes hohe Ziel, so dass sie die Stufen der Erkenntnis und Weisheit wiederholen mussten. Wisset, dass jene bewusste Transformation die Kraft in sich trägt, euch von der Illusion des Todes, des Vergehens und Verlustes eures irdisch-materiellen Gefährts durch Zerfall zu erlösen. Es ist dies der Schlüssel zu ewigem Leben, da ihr in der gelebten und transformierten Erkenntnis über die Polarität des Todes in euch gewandelt werdet.

Hierin ist die höchste Prüfung der Meisterschaft innerhalb der Materie zu erzielen, denn dies ist der Schritt aus den Fesseln der illusorischen Spiegelungen, die euch stets und ständig der Spirale des Vergehens, Geborenwerdens und Todes entheben und euch zu ewigem und selbstbestimmtem Sein innerhalb der Materie sowie den höchsten Sphären des Seins geleiten. Jene Loslösung aus der Illusion des Todes und dem Zerfall eurer Körper ist durch dieses hochenergetische Tor, dem Kristallchakra in euch, zu erreichen. Jedoch ist dies bei eurem jetzigen Streben nach der Vervollkommnung eures Kristallchakras keinesfalls als oberste Priorität zu betrachten. Strebt auf eurem Weg nicht nach den innerhalb eurer Gesellschaft geprägten Bewertungs- und Zertifikatswahnsinnigkeiten. Jene Meisterschaft und die damit verbundenen Prüfungsstufen und Pforten der jeweils gelebten Weisheiten und Erkenntnisse sind durch keine Wesenheit im gesamten Alles künstlich oder gar in Wort und Schrift zu besiegeln. Dies ist in der Tat eine Meisterschaft eurer Herzen und eures jeweiligen Schwingungszustands. Hierin offenbart sich die alleinige Tatsache, dass ihr Schüler und Prüflinge eures eigenen und ursächlich durch euch geschaffenen Prüfungsraums seid.

Nur ihr könnt durch die Reinheit innerhalb des jeweiligen Schöpfungsraums, die Stufe der entsprechenden Meisterschaft und des daraus resultierenden Bestehens einer Prüfungssequenz in und durch euch selbst eure Schwingungsfrequenz erkennen und zertifizieren. Versteht ihr meine Worte und könnt ihr sie annehmen? Könnt ihr erkennen, dass – auch wenn diese Worte auf Unverständnis stoßen und bei dem einen oder anderen sogar Zorn und Ablehnung hervorrufen – dies letztlich doch die Sprache der Reinheit und des Ist-Zustandes innerhalb der kosmischen Prinzipien und Gesetze ist? Ihr könnt, wenn dies eurem Wohlergehen dienlich ist, so viele Seminare und Schulungen besuchen, wie ihr mögt. Jedoch nehmt davon Abstand, euch im Anschluss in meisterhafter Sicherheit zu wiegen, nur weil ihr jetzt ein Schriftstück euer Eigen nennt, welches das Bestehen jener Prüfung für euch bestätigt. Für sich genommen ist dies doch nichts als Schall und Rauch, denn wenn ihr jene Prüfung nicht beständig im Rahmen eurer körpereigenen Schwingungsfrequenz und der jeweiligen Prüfungsräume gehalten und zur gelebten Erkenntnis geführt habt, ist das Zertifikat allenfalls dem Schmuck eures Scheins dienlich. Keinesfalls entspricht es eurem tatsächlichen Zustand innerhalb eurer Schwingungsfrequenz und eurem Seelenfortschritt. Wie gesagt, Mensch: Dies ist bestenfalls dem Schein dienlich, keinesfalls der Reinheit der jeweiligen Herzensprüfung sowie der Meisterung innerhalb der jeweiligen Polaritäten und Prüfungsmuster.

Wisset aber auch, selbst wenn ihr in der nachfolgenden Zeit eures Lebens wieder einmal über eine Prüfung »stolpern« solltet, dass ihr dies nicht als Scheitern zu bewerten braucht. Erhebt euch als gestandener Meister und wandelt es in wahrhaftige Stärke, indem ihr augenblicklich den kurzzeitig auftretenden Zustand des Negativums transformiert und ihm erneut die Schwingungsfrequenz des Vollkommenen zusprecht. Jenes Prüfungsspektrum habt ihr euch wahrlich selbst kreiert, und es wird ein ums andere Mal zu gegebener Zeit in eurer Realität in Erscheinung treten. Auch wenn ihr bereits auf der höchsten Stufe der gelebten Erkenntnis angelangt seid, wird euch auf jener hohen Stufe des Bewusstseins – und gerade dann – noch die größte Prüfung der jeweiligen Qualität gespiegelt werden. Dies ist eine Gesetzmäßigkeit, um die Reinheit und vollendete Weisheit innerhalb der Begebenheit zu erreichen. Es gibt keine für alle Wesenheiten gültige Wegbeschreibung zum jeweiligen Ziel, weil die Spiegelungen immer individuell und einzigartig aufeinander abgestimmt sind. Das Leben und ihr selbst seid so facettenreich und so unermesslich vielseitig wie die Realitäten und Spiegelungen innerhalb des gesamten Universums. Dies ist die Vollendung innerhalb des Alles: das Erkennen, dass es kein zweites Mal jenes Wunder des einzigartigen Seelenplans gibt. Genießt all eure Spiegelungen und wandelt sie gewissenhaft als wahre Meister. Nicht, indem ihr in ein tiefes Loch fallt und in den Fluss des ewigen Jammerns geratet. Lasst euch nicht vom Sog des scheinbar Niederen einfangen und überreden, unfähig zu sein, wie ein kraftvoller Adept und Meister aufzustehen, sondern transformiert und wandelt auf der Stelle die Negativität jedweder Art in euch im Rahmen jenes Prüfungsspektrums.

Wisset, ihr Menschen, nur allein durch das augenblickliche Erkennen des Zustands verändert sich sogleich die damit verbundene Schwingungsfrequenz. Ihr befindet euch in dieser Erkennungsphase in einem energetischen Schweberaum der Möglichkeiten, und es ist durchaus weise, das von mir übermittelte Wissen sodann auch wahrlich anzuwenden und bewusst innerhalb eures Kristallchakras zu erfühlen und die damit verbundenen Frequenzen umzukehren, anzuheben und auszugleichen. Seid ihr innerhalb jener Prüfungen zur Meisterschaft gelangt und wendet diese beständig an, werdet ihr feststellen, dass die Frequenzen des Negativen bereits für euch fühlbar werden, lange bevor sie innerhalb der Spiegelungen der Materie Bestand annehmen. Wisset: Ein wahrer Meister kann die Wirkungen auf all seine eventuellen Ursachen schon weit vor dem Aussenden jener Energien beeinflussen und gewissenhaft umwandeln und steuern.

Dies ist einfach eine euch innewohnende Weisheit, die ihr als Hellfühligkeit oder auch Hellsicht bezeichnet. Jene Fähigkeit ist in euch mehr oder weniger stark ausgeprägt, doch wirkt dieses energetische Pendel, das Werkzeug zum Erfühlen des Möglichen innerhalb eures Schöpfungsraums, durch all eure feinstofflichen Energiezentren und euer Kristallchakra oder auch Herzzentrum. Seid ihr diesbezüglich klar und rein und vor allem offen ausgerichtet, so dient euch jenes Zentrum als Navigationsgerät durch all eure Realitäten und Begebenheiten. Ihr könnt auf diese Weise immer die für euch erforderliche Polarität, die dazugehörige Emotion und die für euch frei gewählte Qualität des zum Ausdruck geleitenden Schwingungsfeldes erkennen. Ihr bestimmt sodann frei durch eure Wahl und Entscheidung die Qualitäten des jeweiligen gespiegelten Ausdrucks innerhalb der Materie.

Auch wenn ich mich wiederhole, möchte ich hier abermals darauf hinweisen, dass die innere Grundeinstellung eures Kristallchakras und die reine ehrliche Selbstliebe in der Tat ursächlich über die daraus resultierende Qualität der Spiegelungen entscheidet. Ist keine reine Liebe zu finden, wird die Qualität der Schwingungsfrequenz innerhalb der Realität sich entsprechend verhalten und als sichtbare Spiegelung ausrichten. Ihr seid die Schöpfer all eurer Spiegelungen in der gelebten Realität, und wenn euch das Gespiegelte nicht gefällt oder euch traurig, krank, unglücklich und in der ganzen Palette des Niederen schwer und energetisch dumpf macht, so ist es an euch, durch das gezielte Erkennen, dass es wahrlich nur eines bewussten Augenblicks des Wahrnehmens bedarf, sowie einen anschließenden tiefen Atemzug und die folgende Neuausrichtung innerhalb der Polaritäten samt der zeitgleichen Erhöhung der Schwingungsfrequenz eine andere Realität herbeizuführen. Dies wird vielleicht nicht mit einem Fingerschnippen die sichtbare Spiegelung verändern, aber ihr habt eure innere Einstellung jener Begebenheit gegenüber verändert und diese fühlt sich in eurem Energiefeld nun leicht und wohltuend an, so dass sich das Niedere, das ich hier energetisch vollkommen wertfrei benenne, innerhalb jener Resonanzräume zum Positiven wandeln kann. Ihr atmet und erhebt euch bewusst energetisch aus der niederen Polarität – durch das Anerkennen und vollkommen wertfreie Wahrnehmen jenes Zustandes.

Geliebte Adepten und Meister der neuen Menschheitsära, ich bitte euch bei all eurem Denken, Fühlen und Tun, gründlich und gewissenhaft die Prüfungen eures Lebens zu meistern und hierbei keinesfalls ungeliebte Hürden und Disharmonien innerhalb eures Lebens überspringen zu wollen. Wisset, ihr Menschen, dass alles, wahrhaft alles innerhalb eurer jeweiligen Spiegelungen einen tiefen Sinn und Zweck für euch beinhaltet, den ihr nur zu erkennen braucht und zur gelebten Erkenntnis wandeln solltet. Seht euren irdischen Auftrag keinesfalls als Strafe oder Wirken im niederen Sein an, sondern erkennt, dass jedes Extrem des Niederen das Geschenk der höchsten Erkenntnis und der daraus resultierenden transformierten Frequenz des vollkommenen Positiven in sich trägt. Ändert eure innere Einstellung und vorgefasste Meinung, dass alles Niedere und angeblich Negative »schlecht« und überwindenswert sei. Seht, worauf ich mit meiner Schilderung hinaus möchte! Seht, was für ein Geschenk der größten, unermesslichen Erkenntnis jene Worte in sich tragen! Seht und erkennt, dass wahrlich das größte Geschenk der wundervollsten Prüfungen eures Lebens im Niederen zu finden sind! Nicht die von euch so ersehnten schönen, leichten und wohltuenden Ziele sind es, die den Fortschritt eurer Seele gebären! Nein, es sind die niederen Seinszustände, die wahrlich Großes in sich tragen! Sie sind es, welche die höchsten Energien in euch zum Vorschein bringen und diese sodann innerhalb eures Schwingungsfeldes offenbaren. Wisset, ihr Menschen: Das Schöne und Vollkommene ist nur durch die Erkenntnis der reinen Freude und des Annehmens der niederen Polarität möglich.

Seid wahrhaft weise und geleitet das übermittelte Wissen zur gelebten Meisterschaft. Wandelt jegliche scheinbar niederen Zustände und Spiegelungen zu freudvollen Prüfungen innerhalb der Erkenntnis und des Wissens um das Wandeln und Transformieren von Polaritäten. Das Geschenk des Loslösens aus dem Prinzip des Rhythmus und die jeweilige Meisterschaft in eurem Schöpfungsraum sollte ein durchaus lohnendes Ziel sein. Merkt euch gut, dass ihr innerhalb des scheinbar Niederen die größten Freuden eures Seins erlangen könnt! Wenn ihr diese Erkenntnis gleichzeitig mit dem Werkzeug des transformierten Heilens der jeweiligen Polarität anwendet, sind euch bleibender Fortschritt und wahre Meisterschaft gewiss, und beides wird sich sodann mehr und mehr in und um euch festigen. Ihr werdet erkennen, dass ein wahrer Meister sich stets in Freude und absoluter Leichtigkeit »negativen Extremen« jedweder Art zuwenden kann, ohne diese energetisch zu verstärken. Aufgrund der umfassenden Reinheit seines Wissens kann er durch seine vollkommen bewusste innere Einstellung jene Extreme energetisch stets in die positive Entsprechung und damit verbundene Schwingungsfrequenz und daraus resultierende Spiegelung wandeln.

Mögen meine Worte euer Herz erreichen und euch die wundervollsten Pforten der gelebten Erkenntnis offenbaren. Mögen euch Leichtigkeit und Vollendung durchfluten und euch in die höchsten Sphären des Seins geleiten. Möge euch stets die Reinheit eures Herzens führen, und mögen euch alle Spiegelungen des Niederen keinesfalls als Schatten, sondern als große Freude im jeweiligen Schöpfungsraum begegnen. Findet Freude und Leichtigkeit innerhalb der Spiegelungen des Niederen und erkennt, dass sie das größte Potenzial der Transformation in sich tragen. Nutzt meine Worte weise, auf dass sie die reinsten Pforten in euch öffnen und sodann die höchsten Energietore in und um euch offenbaren. So sei es!

In tiefer und vollkommener Liebe,

Partnerschaften und ihr Wirken innerhalb der Seelenfrequenz

Da es jetzt wahrlich von oberster Priorität für euch ist, von allen dumpfen und belastenden Strukturen abzulassen und euch auf das höchste Wohlergehen auszurichten, möchte ich hier einige Informationen zu euren partnerschaftlichen Spiegelungen und Begebenheiten übermitteln. Dies scheint mir wichtig zu sein, da sich bei vielen Menschen hinsichtlich des menschlichen Miteinanders die meisten Fragen ergeben. Derartige Situationen bedürfen nunmehr einer gezielten Heilung und Klärung, und so erlaubt mir bitte eine kurze Darlegung, damit ihr die erforderlichen Schritte reinen Herzens für euch wählen könnt. Fühlt immer die Wahrheit in eurem Herzen und lasst ab von niederen Schwingungen und Verhaltensmustern. Sie sind euch derzeit keinesfalls dienlich und blockieren eher die jetzt von euch erzielbare vollkommene, reine Liebesfrequenz innerhalb eures Herzzentrums.

All eure Partnerschaften sind »Verabredungen«, die ihr weit vor eurer Inkarnation mit anderen geliebten Wesenheiten getroffen habt. Besonders im Rahmen enger Partnerschaften habt ihr ganz spezielle Pläne und Aufträge im feinstofflichen Sein kreiert, die sich euch im Laufe des Lebens offenbaren. Dann kommt es zu jenen Prüfungen, die durch die präsenten energetischen inneren Einstellungen hervorgerufen werden, bei denen stets Personen mit entsprechenden Resonanzräumen innerhalb eurer gespiegelten Realität Gestalt annehmen und sich begegnen. Es gibt langfristig wirksame Begegnungen und Verabredungen, die dem Seelenplan entsprechend erlebt werden, aber auch flüchtige Begegnungen, die nur die jeweiligen Prüfungsperioden, gemäß der inneren Einstellung, umformen und abändern; dies geschieht durch Angleichung an die Resonanzstruktur der gespiegelten Begegnung.

Dabei können sich nur Menschen im Herzen oder auch in der Seelenfrequenz begegnen, die von der magnetischen und elektrischen feinstofflichen Energie her die gleiche Struktur- und Klangessenz aufweisen. Alle anderen Menschen und Begebenheiten berühren euch keinesfalls wahrhaft im Herzen. Ihr nehmt sie zwar in dem einen oder anderen Augenblick wahr, aber sie gehen nicht in Resonanz mit eurer Frequenz. Aus diesem Grund ist auch jede Partnerschaft, die nicht auf der Basis jenes Einklangs gründet, von kurzer Dauer oder wird für beide Seiten ein Gebilde von unharmonischen Differenzen und problematischen Energien. Ihr solltet deshalb Partnerschaften stets aus der Sicht der energetischen Grundstrukturen überprüfen und euch fragen, ob diese miteinander konform gehen. Sind hier Schwingungsdissonanzen zu erkennen, die sich innerhalb eures klaren und reinen Kristallchakras als verdichtete Energie erfühlen lassen, wird jene Partnerschaft entweder die daraus resultierenden und immer wiederkehrenden Schwierigkeiten und Ungleichheiten spiegeln, oder es kommt zu einem ständigen gegenseitigen Aufreiben aufgrund der miteinander unstimmigen Energien.

Ihr werdet euch sodann niemals wirklich wohl und leicht fühlen, und alles Disharmonische wird auf jenem disparaten energetischen Gebilde aufbauen. Allerdings bitte ich euch, jene reine Herzens- und Seelenfrequenzliebe keinesfalls mit der innerhalb eurer Ebene des Seins so präsenten »Verliebtheit« zu verwechseln. Es sind zwei ganz unterschiedliche energetische Ausdrucksformen. Verliebtheit offenbart sich fast ausschließlich durch eine energetische Überreaktion, die kurzzeitig und meistens durch optische oder akustische Reize hervorgerufen wird. Diese verursachen innerhalb eurer Sinne eine energetische Verwirrtheit, die einen Impuls an euer Herzzentrum sendet, den ihr als »Verliebtheit« deutet. Es spricht daraus im Grunde eine Vernebelung eurer Sinne. Diese können euch dann – zumal eure Seelenfrequenz gleichzeitig immer und immer wieder »eindeutige« Signale durch euer Herzzentrum sendet, die sich in einem entsprechenden Bauchgefühl widerspiegeln – zu dem Glauben veranlassen, ihr hättet die wahrhaftige und erfüllende Liebe gefunden.

Dies ist aber auf einen Trugschluss eurer vernebelten Sinne zurückzuführen und wird über kurz oder lang die entsprechenden Disharmonien innerhalb der Partnerschaft offenbaren. Sie werden in Erscheinung treten *müssen*, wenn die Seelenfrequenz eures Gegenübers nicht mit eurer im Einklang steht. Versteht ihr meine Worte, und könnt ihr sie in eurem Herzen nachvollziehen? Könnt ihr jenem Wissen Beachtung schenken und es in eurem Leben zur Vollendung geleiten? Nur dann könnt ihr wahrhaft wohltuende und erfüllende Partnerschaften erleben. Ich bitte euch daher inständig, euch auf die vollkommene Ausrichtung jenes Energiezentrums in euch zu konzentrieren und hier mit wahrhaft meisterschaftlichem Fleiß vorzugehen, weil sich dadurch die Qualität eures erfüllten und vollendeten Lebens offenbart. Ich weise vorsorglich darauf hin, dass dies keinesfalls heißen soll, ihr mögt alle eure derzeit bestehenden Partnerschaften auflösen! Dies sollte nur in vollkommener und gegenseitiger Liebe und Wertschätzung geschehen, wenn sich stets und immer wiederkehrende Schwierigkeiten nicht wohltuend und erfüllend auf euch auswirken.

Befindet ihr euch in einer energetisch sehr aufreibenden Partnerschaft, so bitte ich euch darum, in vollkommener Liebe euch selbst gegenüber zu prüfen, was euch dazu bewegt hat, diese Partnerschaft einzugehen, und was der Beweggrund für jenes unwillkürlich erscheinende Verhalten ist, weiterhin in beidseitigem Unglück leben zu wollen. Ich sage hier bewusst »beidseitig«, weil auch euer Partner nicht vollkommen vom Glück erfüllt ist. Oft wird aus Angst und Sorge oder aus Gewohnheit heraus künstlich an unbefriedigenden Zuständen festgehalten. Dabei solltet ihr alle Begebenheiten in tiefer und ehrlicher Liebe, euch selbst gegenüber sowie zum Wohle der daran beteiligten Personen, prüfen und sodann das aufrichtige Gespräch suchen. Ihr werdet alsbald erkennen, dass der Ruf eurer Seelenfrequenz, den ihr laut und deutlich innerhalb eures Kristallchakras vernehmen könnt, euch zu den wundervollsten Zielen geleiten kann. Auch wenn jener Ruf euch bittet, die reine und ehrliche Liebe euch selbst gegenüber zu leben und Disharmonien innerhalb eurer gespiegelten Realität aufzulösen, sollte stets die Sprache des liebenden Herzens der Urgrund eurer Rede sein. Ihr werdet dann jegliche disharmonische Spiegelungen in der Partnerschaft liebevoll aufzulösen verstehen, ohne anderen Menschen etwelchen Schaden zuzufügen.

Beachtet bei euren Übermittlungen, dass die durch den Verstand und das verletzte Ego gebildeten Worte oft nur Schmerz, Leid und Traurigkeit gebären. Sie sind erfüllt von der niederen Frequenz, des Gefühls der Verletztheit, der

Schuldzuweisungen und des Zorns. Befreit euch davon und erkennt, dass ihr – solltet ihr euch innerhalb einer disharmonischen Spiegelung befinden – die Ursache all dessen selbst in euch gesetzt habt. Dies sage ich vollkommen wertfrei und in dem klaren Wissen, dass die bestehende Partnerschaft auch ein Gebilde an Prüfungen, Ungleichheiten und Mangel an Selbstliebe in euch selbst offenbaren wird. Selbst flüchtige Begegnungen sind für beide Seiten hier von Wichtigkeit. Erkennt dies und seht, dass auch jene Pfade des Lebens innerhalb eurer Realität immer einen Sinn und Zweck haben. Nichts geschieht einfach so, ohne dass zuvor eine energetische Ursache gesetzt wurde. Auch diese Begegnungen sind die Früchte eurer innerlich ausgesendeten entsprechenden Energiefrequenz. Sie sind eure gespiegelte Realität, die durch eure dadurch gesetzten und geformten Resonanzräume in eurem Leben in Erscheinung treten muss. Das soll aber keinesfalls heißen, dass jene kurzzeitigen Beziehungen nicht auch etwas Gutes und Positives haben. Es können sogar durch neue Erkenntnisse und wahrgenommene Chancen neue Frequenzen geformt werden, welche sodann in einer gleichschwingenden und harmonischen Seelenfrequenz ertönen und sich neu ausrichten.

Dies ist aber nur möglich, wenn beide Partner offen und ehrlich aufeinander zugehen, sich in reiner Selbstliebe für die reine gegenseitige Liebe öffnen und jene Strukturen des Herzens gemeinsam neu formen. Dazu müssen sie bereit sein. Doch besteht hierbei die Möglichkeit, sich in jedem Augenblick seines Seins neu zu entscheiden und energetisch entsprechend auszurichten. Wisset also, ihr Menschen: Wollt ihr jene Vollkommenheit in euch erreichen, sollte der Schlüssel der Erkenntnis stets die Reinheit innerhalb eurer Seelenfrequenz sein – dies sollte als Grundstein, als Basis, gelebt werden. Merket: Die vollkommene Liebe im Außen kann sich nur durch die Reinheit der Liebe zu euch selbst offenbaren. Alles andere wird immer wieder Disharmonien widerspiegeln müssen. Was könnt ihr also tun? Auch hier ist die Antwort ganz einfach. Werdet klar und rein innerhalb der Energiestruktur eures Kristallchakras und wendet die dadurch gewonnene Erkenntnis auch auf die Partnerschaften innerhalb eures Lebens an. Vervollkommnet das daraus resultierende Wissen, denn so könnt ihr euch viele Umwege auf dem Weg zu eurem wahren Seelenpartner ersparen. Es gibt sehr viele Menschen unter euch, die ein ganzes irdisches Leben für dieses Bemühen aufgewendet haben, ohne einem solchen Gleichklang jemals begegnet zu sein. Sie haben sich mit unharmonischen Energiefrequenzen »zufriedengegeben«, doch spiegelt sich jene Disharmonie in jedem einzelnen Augenblick ihren Seins wider.

Jenes Ungleichgewicht ist in ihrem Herzzentrum gespeichert, und ohne wirklich zu wissen, dass es in ihnen existiert, wirkt es still und energetisch hoch präsent. Dabei offenbart es jene innere Unausgeglichenheit und energetische Zerrissenheit im Außen. Zerrissenheit ist hier der richtige Ausdruck, weil die von der Seelenfrequenz in Reinheit empfangenen Signale verdrängt wurden und sich innerhalb der Fluida zu starken Strömungsdisharmonien verdichteten. Sie stehen im steten Widerspruch zur Schwingung der Seelenfrequenz, können schlimmstenfalls den körperlichen Zerfall der Zellstruktur bewirken oder auch die Entartung des Zellcodes und sein jeweiliges Verhalten auslösen. Eure Körper erkranken sodann, da ihr die Signale eures Seelenrufs in euch verdrängt oder missachtet habt.

Wisset, dass alle energetischen feinstofflichen Disharmonien sich innerhalb der gespiegelten Räume einen Ausgleich suchen müssen. Ihr erschafft durch euer damit verbundenes Verhalten konstante Resonanzräume, welche die magnetischen Fluida verdichten, worauf der energetische Impuls innerhalb eures Seins den Funken der gespiegelten Materie erschafft. Ihr gestaltet durch euren Impuls den euch zugeteilten Schöpfungsraum mit Formen und Begebenheiten aus. Nur durch eure energetischen Impulse bildet ihr jegliches Geschehen innerhalb der gespiegelten Materie. Der reine Klang eurer Seelenfrequenz wird unterdrückt und die Klarheit seines Strahlens gebrochen. Eure Seele wird vom Fluss eures vollkommenen Seelenklangs abgetrennt oder mit disharmonischen Schwingungen durchsetzt. Sie befindet sich somit nicht mehr im lichten und frei fließenden Energietransfer. Die Energie stockt und muss Blockaden innerhalb der zellularen Ebenen formen. Diese offenbaren sich sodann, früher oder später, durch die Erkrankung eures körperlichen Gefährts. Auch tief verdrängte und weit weggeschobene, meist gar nicht mehr wahrgenommene Disharmonien kann man hier entdecken. In dem Schwingungsfeld eurer Seelenfrequenz könnt ihr alles Verdrängte wiederfinden und erkennen.

Befindet sich euer Körper nicht im Einklang mit seiner Seelenfrequenz, erzeugt eine solche dissonante Begebenheit Barrieren innerhalb der Strömungsgeschwindigkeit und erschafft verdichtete Disharmonien. Daher ist es innerhalb eurer Ebene auch weit verbreitet, zu sagen: »Ist die Seele krank, so erkrankt der Körper.« Der Mensch kennt viele Weisheiten und Sprüche des Wissens, aber zur Anwendung geleitet er sie letztlich sehr selten oder eher nie. Sie sind wie Worte im Wind, schön und leicht zu sprechen, jedoch verhallen sie am Ende des Tages ungehört. Sie können sich nicht wirklich in eurem Sein festigen und in den Tiefen der gelebten Erkenntnis offenbaren. Mit jenen Worten verhält es sich oftmals genauso wie mit der Verliebtheit. Sie erfüllen vorübergehend die Sinne und den Geist, doch können sie genauso schnell wieder vergehen wie die Verwirrtheit eines Herzens, ohne bleibenden Einklang mit eurer Seelenfrequenz herzustellen. Daher ist es auch so wichtig, die Wahrheit in diesen Worten, die ich euch übermittle, zu erkennen und diese dann zu festigen.

Begegnet den Menschen und allem Lebendigen der Schöpfung mit größtem Respekt und höchster Achtung. Wisset, dass wenn ihr in die Augen eures Gegenübers blickt, ihr immer in das Herz der Quelle und ihren ureigenen individuellen Ausdruck seht, den sie sich für ihre Erfahrungen erwählt hat. Und wenn ihr auf disharmonische Spiegelungen in der Partnerschaft stoßt, findet in euch stets die liebende Ruhe und den Frieden. Dann werdet ihr spüren, dass euer Gegenüber ebenfalls Heilung erfahren darf und kann, was nicht nur euer Resonanzfeld mit den wundervollsten Energien und Frequenzen erfüllt – durch euren liebevollen Umgang anderen gegenüber wird jene Rückkopplung der Energie auch unermesslich wohltuend für alle Beteiligten sein. Dabei ist es gleichgültig, ob es sich bei dem anderen um einen Menschen oder ein Tier handelt. Seht immer in eurem Herzzentrum ganz klar, dass ihr eins seid. Noch die scheinbar individuellste Ausdrucksform innerhalb eines anderen Körpers ist immer mit euch verbunden. Auch wenn ich hier das Eins-Sein beschreibe, so bedeutet dies doch, dass jeder für sich seinen individuellen Ausdruck innerhalb der Materie erfährt und lebt. Jeder für sich. Findet darin Klarheit für euer Denken, Fühlen und Tun, und ihr werdet bestens vorbereitet sein auf jene Energien der neuen Ära der Menschheitsgeschichte.

Wisset: Jene allumfassende Einheit, die vollkommene Achtung einem anderen Wesen gegenüber sowie der Respekt und die reine Liebe sind für jene neue Bewusstseinsebene unabdingbar. Ohne sie wird sich stets erneut Trennung und Täuschung ereignen und keinesfalls jene Stufe des Seins eintreten, die ihr zu erreichen wünscht. Der Schlüssel hierzu findet sich in der reinen Liebe gegenüber allem Lebendigen. Darin gründet sich die Reinheit der neuen Ära des Seins und Ausdrucks. Sie ist die Ära des reinen Herzens, der allumfassenden reinen Liebe und des Friedens. Ein jeder von euch sollte sein Energiefeld entsprechend ausrichten und vorbereiten, damit sich die neue Schwingungsfrequenz in euch gebären und festigen kann. Jene irdisch-materielle, partnerschaftliche Heilung ist der erste Schritt, der sodann die kosmische Heilung innerhalb der Partnerschaft offenbart und ebnet. Darum seid gewissenhaft und rein im Herzen. Strebt stets zur ehrlichen Reinheit gegenüber allem Lebendigen. Seid stets ein geliebter und respektvoller Teil jener wundervollen Göttin, die euch auf ihrem Leib trägt. Achtet sie stets in reiner Liebe und integriert jene Bewusstheit klar und makellos in euer Herzzentrum. Sie wird jene Reinheit spüren und euch als einen vollkommen verbundenen und reinen Teil ihres Selbst annehmen.

Verbindet euch auch mit eurer Heimatsonne sowie der Quellexistenzebene und seht sie gleichsam als einen lebendigen und bewussten Teil eures Seins an. Berührt sie in tiefer Dankbarkeit in eurem neu ausgerichteten Herzzentrum, eurem Kristallchakra, und schafft dadurch einen steten und ununterbrochenen Fluss der niemals endenden Einheit, dann werden auch sie spüren, dass ihr ein vollkommen bewusster Teil ihres Ausdrucks seid. Jene Verbindung ist für euch von größter Wichtigkeit, da diese energetische und geheilte Ausrichtung euch in den kommenden Phasen des Wandels innerhalb eures energetischen Ausdrucks immer wieder einmal auf der richtigen Frequenz ausrichtet. Ihr braucht sodann nichts weiter eigenständig zu tun, als nur jene Ausrichtung der dankbaren Liebe innerhalb eures Herzzentrums und der kristallinen Herzen eures Heimatplaneten, eurer Heimatsonne und der mächtigen Quellexistenzebene allen Seins zuzulassen. Dies sind die wahrlich wichtigsten Schritte, welche es jetzt für euch zu vervollkommnen gilt. Ich werde euch die dazu erforderlichen Übungen und Schritte noch übermitteln und bitte euch darum, diese, wenn möglich, täglich in euren bewussten Energieaufbau mit einzubeziehen. Ihr seid dann immer bestens auf alle euch begegnenden Prüfungen und

Anforderungen des Wandels vorbereitet, und je eher ihr jene Meisterschaft des Wandels in euch bewusst festigt, desto leichter und schneller können sich die neuen Frequenzen und Strukturen in euch festigen und gleichsam euer gesamtes Sein an jene Neuausrichtung angleichen.

Mögen eure Herzen zu einer kosmischen Einheit erstrahlen und euch in der neuen Ära der Menschheit erwachen lassen. Mögen eure Herzen weit geöffnet sein für die Worte, die ich jetzt an euch richte und die euch die Pforten in die höchsten Zyklen weisen. In tiefer und vollkommener Liebe offenbare ich euch mein liebendes Herz, auf dass ihr jene Ära der reinen Herzen mit den Qualitäten eines wahrhaftigen Meisters mitbegründen könnt. So sei es!

In tiefer und vollkommener Liebe,

Die wahrhaftige Beherrschung der Schwingungsfrequenz

Habt ihr die vorherigen Schritte sorgfältig und gewissenhaft studiert und diese zur tiefen gelebten Erkenntnis geleitet, so steht euch nun das vollkommene Potenzial der mächtigsten Beherrschung der Schwingungsfrequenz zur Verfügung. Doch wisset: Wenn ich von »Macht« oder »mächtig« spreche, soll es sich keinesfalls um jene niedere und sich über andere Wesenheiten und Begebenheiten erhebende Macht handeln, gemeint ist vielmehr die Kraft und reine Steuerung jener Potenziale in eurem bewussten Wirken. Auch diese sollte gewissenhaft gemeistert und vor allem immer nur zum Positiven eingesetzt werden. Es ist deshalb unabdingbar, das voranstehende Wissen um die Reinheit der Herzensenergie und die daraus resultierende Aktivierung des reinen Potenzials eures Kristallchakras zur Vollendung geleitet zu haben. Wisset, dass alle niederen Beweggründe der Steuerung eurer

Schwingungsfrequenz und der zeitgleichen Ausrichtung auf die gespiegelten Realitätsräume immer vollkommen rein und ehrlich sein sollten, weil sonst augenblicklich das Niedere jenes Energietor in euch verschließen würde und ihr wieder zurückgeworfen würdet innerhalb der Frequenzen der *alten Welt*. Jene Welt ist mit einer niederschwingenden Frequenz erfüllt, die sodann konform ginge mit eurer Schwingung, welche sich anhand eurer meist negativ ausgerichteten Denk- und Verhaltensstrukturen eine gleichgeartete Energieform suchen würde.

Ihr würdet sodann auf Menschen und Begebenheiten treffen, die euch keinesfalls gut täten oder dem eigentlichen Ziel eures Strebens angemessen wären. Dies ist eine Prüfung, die ihr euch durch euer niederes Handeln, Fühlen und Denken selbst auferlegt. Deshalb bitte ich euch inständig: Wenn ihr die höheren Energiestrukturen bereits in euch vernehmen konntet und spürt, wie sich Großes um euch herum ereignet, so falls keinesfalls mehr in niedere und unreine Herzensmuster zurück. Bleibt wahrhaft rein, ehrlich und liebevoll, denn nur so kann sich jene Vollkommenheit der Toröffnung der höchsten Energiefrequenz in euch offenbaren und auch beständig halten. Wisset außerdem, ihr Menschen, dass mit jener bewussten Vollkommenheit und dem steten Halten jener hohen Energiefrequenz zeitgleich sich auch im Stillen eine weitere energetische Prüfung ereignet.

Diese ist jedoch wahrlich im Stillen zu finden und wird sich von euch nicht bewusst wahrnehmen lassen. Hier erfolgt das stete energetische »Feintuning« eurer feinstofflichen Membranen und eures Energiefeldes. Die Schwingungsfrequenz ist die eine Ausdrucksform, welche einen Teil eures Energiefeldes darstellt, doch setzt sich eure reine Energiestruktur noch aus anderen Komponenten zusammen, die unabhängig von der Frequenz eurer körpereigenen Schwingung präsent sind. So gibt es die Membranen, die eure Energiezentren miteinander verbinden. Die Form und Beschaffenheit eures Energiefeldes, verbunden mit der Ausdehnung eures feinstofflichen Seins und der veränderbaren Schwingungsfrequenz, leitet euch letztlich nur durch die jeweiligen Formen der verschiedenen Dimensionen und Sphären. Die Schwingungsfrequenz ist das Steuerungsmodul für die Beschaffenheit materieller Erscheinungsformen sowie der Qualitäten der jeweiligen Resonanzräume. Sie ist einzig dem gespiegelten Schöpfungsraum in Form eurer Anwendungsweise dienlich. Eine weitere Bedeutung hat sie in diesem Zustand nicht. Doch sehen wir uns jetzt einmal das Zusammenspiel der Schöpfergötter in Bezug auf eure körpereigene Schwingungsfrequenz an, denn darin offenbaren sich wichtige Erkenntnisse für einen strebenden Meister.

In tiefer und vollkommener Liebe,

Siegel der Schöpfergötter und ihr Wirken auf die Schwingung

Mehr Einfluss auf die Qualität eures Seelenfortschritts nehmen die Beschaffenheit eures Energiefeldes und eure individuelle Ausdehnung in Zeit und Raum. Deshalb empfehle ich euch stets, die vollkommene Erkenntnis im Rahmen des Prinzips der Entsprechung zu suchen, denn nur durch jenen Schlüssel lässt sich die Einheit in der Wahrheit des Ganzen erlangen. Nur durch jene Pforte der Weisheit kann sich der Raum selbst ausdehnen und in all seinen Möglichkeiten erfahren. Nur hierin ist die Einheit von Mikrokosmos und Makrokosmos zu finden, und es ist einfach unabdingbar, dieses in Vollkommenheit innerhalb der gelebten Realität zur tiefen Erkenntnis zu geleiten. An dieser Stelle möchte ich euch darum bitten, die Frequenz des zweiten und fünften Schöpfergottes für jene Stufe zu nutzen und diese gewissenhaft zur Vollendung zu bringen. Die Frequenz des zweiten Schöpfergottes ist fest verbunden mit der Klangstruktur eurer Seelenfrequenz und der in euren Seelenplan integrierten Erkenntnis, welche wie folgt lautet: *»Ich bin der Wächter der Reinheit meines Herzens und meines Zugangs in die höheren Zyklen des Seins. Gelebte Erkenntnis befreit meine Seele aus der Bindung der magnetischen und verdichteten Materie.«* Während die Frequenz des fünften Schöpfergottes gleichsam die Erkenntnis in sich trägt: *»Ich bin der Wächter der Unendlichkeit und der dazugehörigen Räume. Ich erschaffe den Raum für die Begebenheiten, damit ich mich ausdehnen und erfahren kann.«*

Atmet und fühlt die jeweilige Frequenz in euch und fühlt auch, wie sie sich ausdehnt. Spürt jene Frequenz ganz klar und deutlich und erkennt, dass diese Formel das Wissen und die Weisheit über die Präsenz der vertikalen Räume erschafft sowie die Erkenntnis, dass die linearen Räume im Grunde nur der Orientierung und Ausdehnung eurer Seele dienen. Ebenso gilt es zu erkennen, dass einzig für den Seelenfortschritt eures Seins die vertikalen Zeitgefüge existieren, die nur scheinbar voneinander getrennt sind. Alle gespiegelten Realitäten und Räume existieren allein im JETZT und offenbaren ihre Präsenz auch nur im JETZT. In Wahrheit gibt es keine Zeit, und die Zeitfrequenz und ihre Bemessung innerhalb des Vergehens eurer Körper habt ihr durch euer gesellschaftliches Massenschöpfertum selbst kreiert. Sie ist keinesfalls die Spiegelung der Wahrheit. Darin seid ihr einer Illusion erlegen! Die genaue Aktivierung sowie zeitgleiche Wahrnehmung der Frequenz der sieben Schöpfergötter wurde detailliert im Buch *Thoth im All-Tag* beschrieben.

Wisset, dass die Frequenzen der beiden Schöpfergötter für euch innerhalb eures jetzigen Seins von oberster Priorität sind. Der zweite Schöpfergott ist jene Energiefrequenz, welche gleichsam der Wächter über die Reinheit eurer Herzen ist, und nur jene Schöpfungsstufe ermöglicht es euch, die energetische Pforte in eurem Herzzentrum zu durchschreiten.

Indessen aktiviert die Frequenz des fünften Schöpfergottes die Pforten, welche die Unendlichkeit und die dazugehörigen Räume erfassen. Jene Schöpfungsstufe und Frequenz offenbart euch die Ewigkeit allen Seins. Lebt ihr die daraus resultierende Erkenntnis, so ermöglicht euch das die Befreiung aus den von euch erschaffenen, illusorischen Spiegelungen des Todes. Es ist die tiefe Erkenntnis der unverrückbaren Tatsache, dass ihr selbst ganz allein – eingebunden in den Fluss der ewigen Sinfonie der Schöpfung – die Räume für all eure Begebenheiten erschafft. Diese sind frei von Begrenzungen im menschlichen Tun, weil die Schöpfung sich darin unendlich ausdehnen kann. Ich bitte euch innig darum, das hier übermittelte Wissen wahrlich in euch zu festigen, da ich euch damit einen sehr kostbaren Schlüssel für all euer Streben übergebe. Hieran könnt ihr erkennen, dass es unabdingbar für den Fortschritt eurer Seele ist, die Vollkommenheit allen Seins anzuerkennen, und dass diese sich in den Strukturen der vertikalen Räume offenbart – wenngleich die linearen Schöpfungsräume der Ausdehnung und des Seelenwachstums eures Seins ebenfalls sehr dienlich sind.

Die gelebte Erkenntnis darüber, dass alle Räume in Wahrheit zeitgleich existieren und nur scheinbar voneinander getrennt sind und sich somit der irdische *Faktor Zeit* für eure Ebene des Seins lediglich als eine Form der Orientierung darstellt, wird euch sodann von allen festgefahrenen Strukturen eures bisherigen Seins befreien. Sie stellen nur eine illusorische Spiegelung für das Formen der jeweiligen Qualität der materiellen Begebenheiten dar. Noch einmal möchte ich gezielt darauf hinweisen, dass das euch so vertraute Vergehen eurer irdischen Körper nichts anderes ist als eine vorgefertigte Massenspiegelung auf eurer Ebene des Seins. Es ist keinesfalls eine Tatsache! Die Dauer eures sehr kurzen Lebenszyklus habt ihr alle gemeinsam kreiert und erschaffen. Ihr seid darin einer Massenhalluzination erlegen, die nicht dem Tatsächlichen entspricht. Ihr habt diesen Zustand eures Lebens als gegeben angenommen und lebt jenes Wirken innerhalb der Materie jetzt schon seit vielen Generationen und Inkarnationen. Doch selbst diese *Zeit* ist im Grunde ein kurzes Wirken eures irdisch-materiellen Wesens innerhalb eurer Ebene der Dichte und Materie. Öffnet euer Herz und lasst Neues und längst Vergessenes wieder für euch zu, denn der Wandel wird euch zur Überwindung von Tod geleiten. Heilt die Polaritäten – und jene Unsterblichkeit, die ebenfalls Teil der Illusion ist, wird für euch zur gelebten Realität.

In tiefer und vollkommener Liebe,

Heilung der Polarität und die Pforte der Unsterblichkeit

Mit einem einzigen bewussten Schritt der Erkenntnis und der Neuausrichtung innerhalb eurer Wahrnehmung könntet ihr euch von eurem kurzen Lebenszyklus loslösen und eigenständig die Dauer eurer Anwesenheit bestimmen. Allerdings ist dies innerhalb eurer jetzigen Phase auf eurem Heimatplaneten wahrlich eine große Herausforderung, denn ihr seid umgeben von Menschen und Begebenheiten, die in jenen Strukturen mit all ihrer energetischen Präsenz gefangen sind und diese als gegeben hinnehmen. Ihnen zu entwachsen erfordert eine entsprechende und konstant wachsame Schwingungsfrequenz, und ihr müsstet euch einer Flut energetischer Fremdeinflüsse stellen. Doch sollte dies eine freudvolle Prüfungsarbeit darstellen. Ich weise vorsorglich darauf hin, dass es nun von oberster Priorität für euch ist, die Vollkommenheit innerhalb eures Kristallchakras zu erreichen. Hierauf sollte euer Fokus als Erstes gerichtet sein und nicht auf die Unendlichkeit oder die längere Lebenszeit innerhalb eures jetzigen körperlichen Gefährts. Dennoch werde ich euch tiefer an die Wahrheit über das Leben und den daran gehefteten Schatten des Todes innerhalb eures Zyklus heranführen und versuchen, euch den damit verbundenen Schrecken zu nehmen, um die daran gebundene Schwingungsfrequenz in euren Energiefeldern zu transformieren.

Wisset, dass ihr den Schrecken und Schmerz, den ihr mit dem Tod verbindet, erst durch die Abtrennung von der Vollkommenheit eurer DNS-Struktur in euch gefestigt habt. Der irdische Tod in der von euch wahrgenommenen Form ist eine illusorische Massenspiegelung und hat ihren dunklen und schmerzlichen Schatten des Negativen erst durch eure gesellschaftliche Prägung erhalten. Vielleicht hat der eine oder andere von euch schon einmal das Trennen seines Selbst vom irdischen Gefährt gesehen und bemerkt, dass die letzten Atemzüge gar nicht mit Schmerz verbunden sind. Im Augenblick der Loslösung von der materiellen Leibesform empfindet die Seele Freiheit, Liebe und Vollkommenheit. Sie spürt das wahre Leben, die wahrhaftige Präsenz ihres Seins in ihrem unendlichen Ausdruck der Liebe. Es ist ein Übergang der Freude und eine Wiedergeburt ins Leben. Jene körperliche Wahrnehmung ist in der Tat eine Illusion. Obgleich sie eurer Ausdehnung und Freude dienlich ist, ist sie eine Spiegelung eures geistigen Zentrums und eures wahrhaftigen Selbst. Dies soll jedoch keineswegs zum Ausdruck bringen, dass ihr nicht wirklich hier und jetzt existiert.

Ich bitte euch jetzt, meinen Worten sehr genau zu lauschen, da sich in ihnen eine äußerst wichtige Botschaft verbirgt, die ihr offenen Herzens annehmen solltet. Wenn ich euch weiter von der sogenannten Spiegelung berichte, so meine ich damit die lebendige Präsenz eures Selbst, die geprägt ist durch eure tiefen Ängste und Sorgen um das Vergehen eurer Leiber und die damit verbundenen Verlustängste in Bezug auf eure Liebsten. Ich möchte euch bitten, genau darin endlich Klarheit zuzulassen. Lasst die Wahrheit an euer Herz, damit ihr innerhalb jener materiellen Spiegelung in Freude und Leichtigkeit euer Sein zum Strahlen und zur Vollkommenheit geleiten könnt. Erlöst jegliche Sorgen in Bezug auf Verlust durch Krankheit, Unfall und das Vergehen des Körpers. Eben dadurch erschafft ihr erst die Trennung und die entsprechende Spiegelung, die ihr doch eigentlich nicht erleben wollt, und ihr schmückt diese Spiegelung mit dem Gefühl der endgültigen Trennung. Wenn ich euch jetzt sage, dass eure Liebsten – dabei ist es vollkommen gleichgültig, ob es sich um Mensch oder Tier handelt – überhaupt nicht weg sind von euch. Nur ihr erschafft diese Spiegelung der Trennung in euch, und ich kann euch wahrhaftig sagen: Sie sind nach wie vor am Leben!

Dennoch sollte jetzt all euer Streben auf das Erreichen der neuen Menschheitsära, der *neuen Welt* ausgerichtet sein. Wisset, dass alles andere sich zu gegebener Zeit vollkommen eigenständig offenbaren wird. Konzentriert euch auf das Setzen eures *energetischen Fingerabdrucks* innerhalb jener neuen Schwingungspräsenz eures Heimatplaneten. Dies ist das höchste Ziel eures jetzigen Strebens, und die daraus resultierenden wohltuenden Spiegelungen werden wahrlich eurer größten Herzensfreude dienen! Der Fokus sollte hier auf der Ausrichtung und Vervollkommnung eures reinen Energiefeldes liegen, und es sei nur kurz angemerkt, dass jene Vollkommenheit zugleich das Geschenk der höchsten Transformation eurer zellularen Ebenen beinhaltet, was vollkommen eigenständig eine Verjüngung und Neuausrichtung eures materiellen Gefährts offenbaren wird. Dabei sei euer Streben bitte nicht auf die Verjüngung eures Körpers selbst ausgerichtet, sondern auf die Reinheit eurer Herzensqualitäten sowie auf das vollkommene Wissen, dass sich alles in allem eint und ein ewig ungetrennter Teil des Ganzen ist. Im Rahmen jener

Erkenntnis findet auch die Transformation innerhalb der polaren Gegensätzlichkeiten statt. Wie ihr an meinen Worten klar erkennen könnt, sind dies in der Tat alles sich vollkommen eigenständig heilende und transformierende Begebenheiten, die vollkommen frei von einem zwanghaften Streben nach spirituellem »Aufstieg« geschehen. Sie sind auch ganz und gar frei von kostspieligen Seminaren und Zertifikaten, sondern offenbaren vielmehr ihre Präsenz an der schlichten Reinheit eures Seins. Dies könnt ihr, geliebte Wesenheiten, wahrlich nur durch euch selbst realisieren.

Um jenen Zugang zu den höheren Zyklen sowie der vollkommenen Reinheit eures Herzens erreichen zu können, ruft die Frequenz und den Klang des zweiten Schöpfergottes in euer Kristallchakra, und ihr werdet klar und deutlich spüren, dass die daraus gewonnene Erkenntnis eure Seele von den Bindungen der magnetischen und verdichteten Materie befreit. Dies ist der Wächter eures eigenen Fortschritts und der Reinheit eures Herzzentrums. Jenes Erreichen der jeweiligen Schöpfungsstufen und der dazugehörigen Frequenz des jeweiligen Schöpfergottes könnt ihr auch der *Sinfonie der Schöpfung* entnehmen. Es sind wahrlich kostbare Schlüssel für euren Seelenfortschritt, die ihr gewissenhaft anwenden solltet. Dabei kann keinesfalls geschummelt oder vorwärts geeilt werden. Die gründliche und ehrliche Meisterschaft ist unabdingbar – und sie ist vollkommen leicht und einfach in und durch euch zu erreichen! Erreicht darin diese Leichtigkeit, und ihr werdet wundervolle Resultate vernehmen. Doch möchte ich hier noch auf ein weiteres, wichtiges Zusammenspiel innerhalb eures Schwingungsraumes aufmerksam machen, das keinesfalls unerheblich ist und das ihr wirklich und wahrhaftig zur Vollkommenheit geleiten solltet.

In tiefer und vollkommener Liebe,

Wahrhaftige Selbstliebe und ihr Wirken auf die Schwingung

Hier an dieser Stelle möchte ich sodann eure Sicht auf ein unabwendbar wichtiges Verhalten lenken, welches innerhalb eurer Ebene des Seins sehr beliebt und auch allgegenwärtig ist und dennoch einen ungebundenen Einfluss auf die dauerhafte Öffnung eures Kristallchakras und die Erhöhung eurer körpereigenen Schwingungsfrequenz hat. Sie offenbart sich innerhalb eurer steten Wertigkeitsszenarien, über die ich schon ausführlich in meinen vorangegangenen Werken gesprochen habe. Auch für mein unendlich geliebtes und reines irdisches Gegenüber gab es an der einen oder anderen Stelle immer wieder kurze Wirrungen, die einer Klärung bedurften. Es war für mich kein Leichtes, sie in der Schulung über ihre eigene Wertschätzung, Selbstliebe und Selbstachtung zu unterstützen und zu führen. All jene Schatten der energetischen Überzeugungsmuster aus alten Tagen waren oftmals zu präsent, um sie innerhalb ihres reinen Seins erreichen zu können. Ich schreibe dies hier an euch ganz bewusst nieder, da ich weiß, wie viele Menschen genau an jener inneren Hürde zu scheitern drohen.

Es ist wahrlich unabdingbar für euch, die Selbstliebe, Selbstachtung und Wertschätzung als Basis für alle weiteren Prüfungen innerhalb eures Lebens zu meistern und diese ehrlichen Herzens zum Abschluss zu geleiten. Wisset, dass ihr durch den Maßstab eures eigenen Selbst immer und immer wieder in jene Bewertungsmuster hineingezogen werdet. Sie erzeugen entsprechende Disharmonien und keinesfalls transformierte Heilung innerhalb der Polaritäten. Könnt ihr verstehen, warum hier keine Heilung und Transformation zu meistern ist? Ihr seid der Schlüssel dazu, und ihr müsst als Erstes zu euch selbst liebevoll und ehrlichen Herzens sein. Nur dann könnt ihr in weiteren, darauf aufbauenden Schritten der Meisterschaft Großes bewirken. Ohne bei euch als oberster Priorität und Prämisse den Grundstein in Vollkommenheit gelegt zu haben, kann ein Gelingen innerhalb eurer Meisterschaft bestenfalls teilweise und vorübergehend möglich sein. Jener Schritt der Achtung und Liebe euch selbst gegenüber ist in der Tat die erste Stufe und Grundvoraussetzung für jeden weiteren Schritt innerhalb eurer Meisterschaft. Aus diesem Grund weise ich abermals darauf hin, beim ersten Blick oder Wahrnehmen eurer körperlichen Präsenz an jedem Beginn eures Tages in höchstem Maße liebevoll zu euch selbst zu sein.

Euch in reiner Liebe wahrzunehmen und hierbei vollkommen ehrlichen Herzens zu sein ist unabdingbare Voraussetzung. Keinesfalls könnt ihr mit falschem Schein die entsprechende und erforderliche Schwingungsfrequenz erzeugen, denn jene Meisterschaft ist eine Prüfung eures reinen Herzens und der vollkommenen Liebesfrequenz. Alles weitere offenbart sich aus den daran gebundenen und gelebten Qualitäten vollkommen eigenständig. Einzig die Energiepforte in euch kann und wird sodann jenes Tor öffnen und beständig halten und festigen. Falls jetzt bei dem einen oder anderen ein innerer Aufschrei entwichen ist und ihr euch sagt, dass ihr euch nicht lieben könnt, da ihr euch als weniger schön oder weniger liebenswert erachtet, so möchte ich euch bitten, diesen Schatten wahrlich ein für alle Mal loszulassen. Sprecht kein Urteil über euer wundervolles körperliches Gefährt, denn es ist einzigartig und in seinem Ausdruck unermesslich schön! Kein zweiter macht dieselben Erfahrungen wie ihr, und aus eben dieser Sicht solltet ihr die Einzigartigkeit eures Seins ehren und wertschätzen. Liebt euch als das, was ihr seid, und hört auf, über euch ein Urteil zu sprechen. Wisset, dass körperliche, scheinbare Disharmonien und Einschränkungen letztlich innerhalb ihrer einzigartigen Schwingungs- und Erfahrungsqualität ihr höchstes und vollkommenes Potenzial für die Qualitäten eures Seelenfortschritts in sich tragen.

Wisset gleichermaßen, dass jene Spiegelungen, die sich erst durch euer unbewusstes energetisches Schöpfertum innerhalb der Materie offenbaren, keinesfalls von Dauer sein »müssen«. Damit sind jegliche disharmonische Spiegelungen eures körperlichen Gefährts gemeint. Bedenkt meine Worte, die ich einst an euch richtete, und festigt sie bewusst in euch: Euer Körper ist eine Spiegelung eurer geistigen Vorgaben, und diese nehmen sodann innerhalb der Materie ihre Form und Gestalt an. Euer Körper liebt euch vollkommen und führt eure geistigen Vorgaben, die durch euer Schwingungspotenzial gesteuert werden, alsbald innerhalb der Materie für euch bedingungslos aus. Er wertet nie und nimmer und führt all eure Wünsche immer in Vollkommenheit für euch aus. Wenn ihr also stets und ständig über euer äußeres Erscheinungsbild, eure körperliche Struktur und Statur mit euch auf energetischem »Kriegsfuß« steht, so wird die daran gebundene Energieform letztlich innerhalb der Materie ihre Präsenz offenbaren.

Ihr könnt also – solltet ihr euch zu dick oder zu dünn oder anderweitig nicht ansehenswert fühlen – diese Erscheinungsform wandeln! Hierzu bedarf es nur, dass ihr eurem Körper stets ehrlich empfundene Dankbarkeit entgegenbringt, ihn liebt in seiner vollkommensten Form und seinem wahrhaftigen Ausdruck. In jenem bewussten Streben und Tun kann euer körperliches Gefährt so seine wahre Erscheinungsform zum Ausdruck bringen. Dies umfasst auch die bewusste und eurem Körper in der Tat wohltuende Nahrungsaufnahme. Ausführlicher werde ich in dem Kapitel *Die Illusion vom unschönen Körper* darüber sprechen, denn die Art und Weise der Nahrungsaufnahme sowie das energetische Zusammenspiel der daraus resultierenden Frequenz sollte hierbei ebenfalls Beachtung finden. Pflegt und ehrt euren Körper und geht liebevoll mit ihm um. Schätzt und achtet ihn, und er wird euch mit seiner strahlenden Präsenz und Vollkommenheit durch die Spiegelung der materiellen Ebene tragen. Ich bitte euch, an dieser Stelle kurz innezuhalten und euch eurem körperlichen Gefährt zuzuwenden. Schließt für einen Moment die Augen und werdet innerlich ganz still und ruhig. Atmet und spürt in euch hinein und genießt mit jedem Atemzug die Präsenz eures lebendigen Ausdrucks, erlaubt euch individuell eine Phase der bewussten Innenschau. Empfindet Dankbarkeit und seid euch im Jetzt vollkommen bewusst, dass jener Ausdruck, jene Präsenz ein ganz wundervolles Geschenk und kostbares Hab und Gut ist.

Die Materie durch euren Körper zu erfahren ist ein wahrhaftiges Geschenk. Festigt jene innere Wahrnehmung in euch und öffnet sodann wieder die Augen und berührt euer Gefährt mit den euch zur Verfügung stehenden Sinnen. Was euch euer Sinnesspektrum auch offenbaren mag, der Fokus eurer individuellen Wahrnehmung möge doch einzig und allein auf das Erreichen des inneren Friedens, der Dankbarkeit und Liebe für euer Sosein gerichtet sein, denn diese sind von höchster Bedeutung. Ich bitte euch, jenen Dank und die damit verbundenen Wahrnehmungen so oft wie möglich in euer Bewusstsein zu holen und darin Beständigkeit zu erzielen. Die hieraus resultierende körpereigene Schwingungsfrequenz wird die Pforten der vollkommenen Liebe in und um euch offenbaren. Bleibt darin wahrlich beständig, und euer inneres sowie äußeres Strahlen wird unermesslich sein. Eure zellularen Ebenen werden heilen und sich neu ausrichten und einhergehen mit der Toröffnung der höchsten Energiefrequenz in euch. Das ist ein wahrhaft lohnendes Ziel, und ich reiche euch in tiefer Liebe die Hände und bitte euch, diesen Schritt in Freude und Leichtigkeit zu gehen, denn das Ziel wird mit euren menschlichen Worten nicht zu beschreiben sein. Es ist in seiner Frequenz der Freude wahrlich unermesslich und wundervoll.

Doch möchte ich mich nunmehr wieder der Schulung eurer Schwingungsfrequenz zuwenden und hierauf euer Augenmerk lenken. Wenn ich euch die Beherrschung der Schwingungsfrequenz erkläre, sollte jedem weisen Adepten und strebenden Meister augenblicklich auffallen, dass genau *darin* die Wurzel allen Scheiterns innerhalb jenes Prinzips zu finden ist: Ist die Schwingung nicht ausgeglichen und vollkommen, kann sich darauf auch keine Meisterschaft aufbauen und der Adept wird sich immer und immer wieder am Punkt der inneren Einkehr und der niederen, durch ihn selbst erzeugten Schwingungsfelder und Frequenzen wiederfinden. Er wird nicht umhinkommen, den Grundstein in sich selbst zu legen und die größten Ziele daran auszurichten. Wie innen so außen und umgekehrt! In dieser Formulierung ist die vollkommene Wahrheit über jenes Prinzip zu finden. Es versetzt mich oftmals in Staunen und Verwunderung, wie viele Menschen eine Abneigung und Missachtung der eigenen Schönheit in sich tragen, erfüllt von steten Selbstzweifeln und Selbsthass. Sie sind verblendet durch die Spiegelung eures gesellschaftlich festgefahrenen Idealbildes über die äußere, scheinbar vollendete Struktur von Schönheit, welche stark die Energien reduziert, die vom strahlenden Glanz der Vollkommenheit ausgehen, und sie dumpf macht. Dies ist mit einer Massenhalluzination zu vergleichen und geht einher mit eurer Auffassung und inneren Bewertung, was ihr als schön erachtet und als solches bewertet werden kann. Erkennt ihr die damit verbundene und daraus resultierende Schwingungsfrequenz in euch? Spürt ihr, was ihr durch jenes fremdgesteuerte und verblendete Gebilde in euch verursacht? Versteht und erkennt ihr, dass sich aus jener energetischen Verstrickung in euch – und sei sie noch so versteckt und klein – keinesfalls die Struktur der Vollkommenheit und der reinen Liebesfrequenz entfachen kann?

Ihr Menschen, ich bitte euch aus den Tiefen meines reinen liebenden Herzens, erkennt den Trugschluss und den absichtlich zur Blendung auf euch geworfenen Schatten des Niederen, der euch von jenem Energietor fernhalten will. Ihr folgt dem falschen Pfad, der euch immer und immer wieder vom Tor der Freiheit, der höchsten Energie in euch und dem Entfachen der höchstmöglichen Ziele abhält. So kommt ihr keinesfalls zur vollkommenen und vor allem anhaltenden Öffnung eures Kristallchakras. Es wird sich mit jeder Bewertung über euren körperlichen sowie geistigen Ausdruck und bei allen anderen Wertigkeitsszenarien innerhalb eurer Seinsebene immer wieder verschließen. Auch wenn ihr erfolgreiche Strecken eurer Meisterschaft durchlauft, wird euch der kleinste disharmonische Zustand innerhalb eures Energiefeldes doch ein um andere Mal eine neue Runde der Erkenntnis und Prüfungen durchleben lassen. Ihr werdet stets von Neuem an jenem Punkt der Innenschau und des ehrlichen Erkennens in euch ankommen. So komme ich noch einmal auf die bewusste Steuerung der Schwingungsfrequenz zurück und bitte euch innig darum, jene Schritte in euch zur gelebten Erkenntnis zu geleiten, damit sie weitere Schlüssel in euch offenbaren mögen. Ich gebe euch hier noch einmal eine Zusammenfassung des Wichtigsten meiner diesbezüglichen Worte:

1. Fangt als Erstes wahrhaft gründlich mit eurer reinen Liebe euch selbst gegenüber an. Erblickt euch im Spiegel und dankt eurem Körper für seine bedingungslose Liebe euch gegenüber und dafür, dass er euch durch die Materie geleitet. Solltet ihr innerhalb eurer Sinneswahrnehmung anders ausgerichtet sein, findet einen für euch passenden Weg, euch in reiner und aufrichtiger Selbstliebe begegnen zu können. Begrüßt euch in vollkommener und reiner Liebe und gewährt eurem Körper ein strahlendes Lächeln aufrichtiger Reinheit. Blickt euch sodann in die Augen und seht die Schönheit eures Seins und eurer Seele. Vergesst nie, euch in die Augen zu blicken und mit einem »Ich liebe dich« anzusprechen, bei dem die gesprochenen Worte und das dazugehörige Gefühl in völligem Einklang sein sollten. Nur dann ist es ehrlich und rein, wenn die Harmonie im Klang eurer Worte fühlbar ist. Atmet und fühlt die Harmonie und beendet jene Begrüßung mit dem Satz: »Ich bin in der vollkommenen und reinen Schwingungsfrequenz der bedingungslosen Liebe.« Es sei hier angemerkt, dass Emotionen, die von Eitelkeit und Selbstüberschätzung durchsetzt sind, keinesfalls etwas mit reiner Selbstliebe zu tun haben. Ich spreche hier von der klaren und reinen Frequenz der aufrichtigen Liebe und damit verbundenen Ehrlichkeit und Aufrichtigkeit euch selbst gegenüber. Wenn ihr diese Prüfung gemeistert habt und euch als vollkommen und wundervoll liebt und wertschätzt, so wendet euch dem nächsten Schritt zu.

2. Seht in euer direktes Umfeld sowie alle Spiegelungen, die euch im täglichen Leben begegnen. Es gibt welche, die euch sehr nah und persönlich betreffen, und welche, in die noch andere Menschen mit eingebunden sind. Aus all diesen Begebenheiten ergründet ihr eure vollkommen wertfreie innere Einstellung, *ohne* dabei in ein Energiefeld des Verdrängens oder Wegschauens zu geraten. Dies wäre nämlich keinesfalls von einer reinen Frequenz erfüllt. Ich bitte euch, bei all diesen Schritten gewissenhaft vorzugehen und immer gleichzeitig in die Frequenz eures Kristallchakras zu gehen, um stets auch die damit verbundene Emotion zu erfühlen. Diese Schritte sind sehr wichtig, da sich nur durch die darin erlangte Klarheit die Transformation der Polaritäten offenbaren kann. Folgt an jener Stelle noch einmal den Worten aus dem vorangegangenen Kapitel Die *wahrhaftige Beherrschung der Polaritäten* und verinnerlicht das darin übermittelte Wissen.

3. Wenn ihr darin vollkommenes Verständnis erlangt habt, wendet euch dem nächsten Schritt zu und erfühlt in der jeweiligen Begebenheit die tatsächliche Schwingungsfrequenz in euch. Je mehr ihr euren Fokus darauf richtet, desto stärker könnt ihr die magnetischen und elektrischen Fluida innerhalb eures Energiefeldes wahrnehmen. Ihr entwickelt sodann eine vollkommene Wahrnehmung eures feinstofflichen und grobstofflichen Körpers. Jenes Erfühlen der jeweiligen Schwingungsfrequenzen setzt voraus, dass die Polaritäten innerhalb des Kristallchakras gewissenhaft ausgependelt wurden. Das bewusste Fühlen ist hier von oberster Priorität. Zum Intensivieren ist es ratsam, anschließend immer einen bewussten Atemzug zu nehmen. Dieser dehnt den Raum für die energetische Wahrnehmung noch mehr aus und macht

das Fühlen noch klarer. Wendet dann meine Worte zum Transformieren der Polarität an und wandelt sie in euch zur vollkommenen Einheit.

Sind jene Schritte gemeistert, habt ihr den Grundstein für die Beherrschung der Schwingungsfrequenz gelegt. Dies ebnet sodann den Pfad zur Vervollkommnung und wahren Meisterschaft. Ihr könnt jene ersten wichtigen Stufen keinesfalls überspringen, da sich nur hierauf die reine Schwingungsfrequenz der Selbstliebe offenbart, die zum Aktivieren aller anderen Stufen unabdingbar ist. Daher wählt weise und eilt nicht voran. Auch ein flüchtiges »Abhandeln« jener Prüfung würde euch keine bleibenden Früchte gelebter Erkenntnis offenbaren, sondern den Schatten des Verdrängens der Ehrlichkeit in euch zum Vorschein bringen. Dies hätte wiederum das Verschließen des Kristallchakras zur Wirkung, und ihr müsstet abermals von vorn anfangen. So ist es wahrlich weise, bei all dem gewissenhaft, liebevoll und ehrlich zu sein. Ich bitte euch inständig, diese Prüfung der Liebesfrequenz vor euch selbst nicht als leidvoll oder mühselig zu betrachten, da euch dies in eine niederschwingende Energie versetzen würde. Und wenn ihr erkennt, dass ihr innerhalb einer Prüfung scheinbar einen »Fehler« gemacht habt: Seid liebevoll zu euch selbst.

Die Erkenntnis und das gleichzeitige Wahrnehmen jenes vermeintlichen Rückschritts ist im Gegenteil eigentlich immer ein Fortschritt, weil die solchermaßen erkannte und gewandelte Energie stets ein wahrhaft großartiges Potenzial an Wachstum beinhaltet. Jede Erkenntnis erwächst aus einem scheinbaren Fehltritt, und so gehen diese beiden Schritte immer konform miteinander, um euch zum größten Gelingen und Seelenwachstum zu geleiten. Seid wahrhaft dankbar für jede Hürde, welche ihr erklimmen könnt, denn sie geleitet euch zu meisterhafter Stärke. Die größten scheinbaren Probleme beinhalten auch die wundervollsten Frequenzen tiefer Erkenntnis, sofern diese von euch geheilt und erkannt wurden. Deshalb bitte ich euch, wachsam und weise zu sein und die euch innewohnenden Frequenzpendel genauestens wahrzunehmen und zu beobachten. Darin offenbaren sich für euch jegliche Wahrheit und die jeweils besten Resultate, die im Einklang mit eurem Seelenklang und Lebensziel stehen.

Kein Mensch im Außen vermag zu sagen, welcher Weg genau der richtige für einen anderen ist, weil jeder immer nur seinem eigenen Pfad der inneren Weisheit folgen kann. Beschreitet deshalb stets den für euch entscheidenden und vollkommenen Weg des Herzens, trefft eure Wahl mit der Frequenz eures Kristallchakras, und ihr werdet auf dem Pfad eurer individuellen Weisheit wandeln. So könnt ihr auch eure körpereigene Schwingungsfrequenz steuern und sie gleichsam erspüren. Ihr könnt euer Energiefeld wahrnehmen und es gezielt auf die von euch gewünschten Zustände und Spiegelungen innerhalb der Realität ausrichten. Darin offenbart sich vollkommenes Schöpfertum innerhalb der Materie – und ist dieses Wissen auf die Frequenzen der Schöpfergötter ausgerichtet, können sich für euch Pforten der unendlichen Weisheit und des *Ganzen* offenbaren. Vollbringt als Erstes die Meisterschaft innerhalb der Materie, bevor ihr euch zu größeren Zielen drängen lasst. Wisset, dass jegliche Schulen der Weisheit stets Schritt für Schritt und Stufe für Stufe durchlaufen wurden. Niemals wurde auch nur ein Schritt der gelebten Erkenntnis ausgelassen. Selbst wenn die Spiegelungen individuell für jede Wesenheit sind, ist die damit verbundene Stufe doch stets die gleiche und baut sich nach ein und demselben Klangprinzip der Seelenfrequenz auf. Darin ist der Pfad des Wachstums immer gleich. Nur die jeweiligen Prüfungsmuster, Lebensziele, Erfahrungswege und Erkenntnisse sind einzigartig. Die daraus resultierende stufenweise Angleichung an die höchsten Sphären des Seins und des Seelenfortschritts folgen hingegen einem vollendeten Klang der Schöpfung und sind *immer gleich*.

Ich bitte euch für ein besseres Verständnis und zur Schulung der intensiven Wahrnehmung und Bewusstwerdung jener Beherrschung der Schwingungsfrequenzen darum, konsequent mit den unterschiedlichsten Frequenzen »zu spielen«. Zieht euch am besten mit geschlossenen Augen an einen ruhigen Ort zurück, an dem ihr euch wohlfühlt, und »frequentiert« gezielt in die jeweilige Schwingungsfrequenz des Endzustandes hinein. Hierbei atmet bewusst und erspürt genau jene Schwingungsfrequenz und festigt die sich dabei ergebende Wahrnehmung. An früherer Stelle habe ich euch bereits die Struktur eines Thoth'schen Lehrsatzes übermittelt, den ihr für jede individuelle Schwingungsfrequenz anwendet solltet. Jedoch steht es euch frei, einen eigenen Weg zu finden, jede Frequenz bewusst wahrnehmen zu können. Diese Variante, die ich euch im vorherigen Buch als Arbeitshilfe übermittelte, schien mir einfach die leichteste zu sein. Es ist aber kein *Muss*, nur ein *Kann*.

Sagt laut für euch, wenn ihr euch in die entsprechende Schwingungsfrequenz bringen wollt: »*Ich bin in der vollkommenen und reinen Schwingungsfrequenz von ...*«, und wenn ihr den Satz in der für euch zutreffenden individuellen Formulierung zu Ende gesprochen habt, so atmet und spürt in euer weit geöffnetes Kristallchakra hinein. Ich empfehle immer gern, den Satz zum Intensivieren zu wiederholen, so lange, bis ihr die Frequenz bewusst in euch spüren könnt. Ihr könnt jene Sätze individuell formulieren, doch sollte der Anfang immer gleich aufgebaut sein, da ihr auf diese Weise sehr schnell Ergebnisse erzielen könnt. Darum hier noch einmal zwei Beispielsätze, um euch den Aufbau zu verdeutlichen:

Ich bin in der vollkommenen und reinen Schwingungsfrequenz von ...
Freude und Leichtigkeit. (Atmen und fühlen!)

Ich bin in der vollkommenen und reinen
Schwingungsfrequenz von ...

Missgunst und Neid. (Atmen und fühlen!)

Dies sind nur Beispielsätze und Polaritäten, welche ihr je nach Belieben individuell austauschen und ergänzen könnt. Beim Einsetzen der jeweiligen polaren Begebenheiten ist euch die freie Wahl des Schöpfungsraums gegeben. Hier könnt ihr nach Belieben die gewünschten Polaritäten wählen und alsdann durch bewusstes Aussprechen den genauen Schwingungszustand in euch erfühlen. So könnt ihr immer erkennen, was euch nicht gut tut oder was für euch richtig oder falsch ist. Es gibt nur die *eine* gültige Antwort auf all eure Fragen und jeweiligen Begebenheiten, und sie ist an der Qualität der inneren Schwingung zu erkennen. Ignoriert ihr die damit verbundene Frequenz und wählt dennoch den Pfad gegen die sich offenbarende Schwingungsqualität, wird euch über kurz oder lang der Weg des Erkennens aufsuchen, und ihr werdet feststellen, dass, wenn ihr gleich eurem inneren Gefühl gefolgt wärt, ihr euch oft unbequeme Pfade hättet ersparen können. Hierbei handelt es sich aber lediglich um die ersten Schritte zur Beherrschung der Schwingungsfrequenz, wiewohl sie als Erstes zu meistern und zur gelebten Erkenntnis zu geleiten sind. Ohne jene Stufe des wichtigen und unabdingbaren Seelenwachstums wird der nächste Schritt immer nur verzögert, teilweise oder sogar überhaupt nicht in Erscheinung treten können!

Erinnert euch an meine Worte: Die jeweiligen Schritte offenbaren stets die dazugehörige Stufe der Erkenntnis. Diese ist immer gleichbleibend, die Schritte jedoch müssen individuell gemeistert werden, und zwar ebenso gewissenhaft wie gründlich. Deshalb gehört zu jeder Stufe auch ein *Frequenzraum*, welcher mit der Sinfonie der Schöpfung übereinstimmen muss, um die jeweiligen Oktaven des Klangs erklimmen zu können. Letztlich ist das Umsetzen und Anwenden jenes Wissens im Grunde vollkommen einfach und klar, aber ich *muss* euch die Worte auf diese Weise übermitteln, damit ihr versteht, dass ihr hier keinesfalls voranstürmen solltet. Dennoch ist es geradeso einfach wie das klare und reine Atmen, das ungetrübt direkt von der Quellexistenzebene durch euer gesamtes Sein strömt.

Nehmt noch einmal ganz genau und intensiv die bewusste Wahrnehmung der elektrischen und magnetischen Fluida in euch wahr und festigt diese in euch. Jene Werkzeuge, die euch dabei dienlich und hilfreich sind, habe ich euch durch das Auspendeln der Polaritäten als ersten Schritt bereits übermittelt. Dieses Wissen bitte ich zu festigen, da es als erste Schritte für euch wichtig ist. Sie sind auch der Grundstein für alle weiteren Erkenntnisse innerhalb eures Strebens. Wisset, dass es einen tiefen Sinn hat, warum ich euch die *Polaritätsröhre* mit einer strahlenden blauen Flüssigkeit dargestellt habe, denn jenes Wasser bringt euch auch mit den Eigenschaften der magnetischen Fluida in Verbindung. Jenes Prinzip eurer körpereigenen Energien beherrscht die Elemente des Wassers und die elektrischen Fluida, denn die positiven Erschaffenden entstammen dem Element des Feuers und der höchsten geistigen Sonnenenergien allen Seins. Sie sind das Zentrum eines jeden geistigen Ursprungs. Hierin liegt ein kostbarer Schlüssel der Erkenntnis verborgen, welchen ihr noch zu gegebener Zeit weise in euch zur bewussten Anwendung geleiten werdet.

Das gelebte Wissen eines Meisters offenbart sich in der vollkommenen Anwendung der Weisheit über die Beherrschung der Elemente und ihrer Wirkungsweise innerhalb eures grobstofflichen und feinstofflichen Gefährts sowie aller euch umgebenden Spiegelungen und Realitäten. Wisset, dass dies in seiner Anwendung weder schwierig noch kompliziert ist, sondern klar und einfach. *Wasser* verbindet euch mit den kühlen Eigenschaften des offenbarenden magnetischen Fluidums in euch und ist auch Hauptbestandteil eures körperlichen Seins. *Feuer* offenbart die Intensität der elektrischen Fluida in euch, und *Luft* ist der zirkulierende Ausgleich beider Elemente; sie steht zugleich für die bewusste Transformation innerhalb der Schwingungsfrequenzen. Das Element *Erde*, also alle materiellen Spiegelungen und die sich euch darstellende Materie, offenbart sein Wissen und Wirken durch die magnetischen und elektrischen Fluida. Wenn ihr also die Beherrschung der Polarität in euch zur Vollendung geleitet habt und sodann bei der Beherrschung der Schwingungsfrequenz angelangt seid, ist es wahrlich ein Leichtes, sie durch das Hinzufügen eurer vollkommenen Geistespräsenz und elektrischen Frequenz eures Seins bewusst und auf dem Wege der Steuerung eurer Atmung auch gezielt zu beeinflussen.

Hier noch einmal kurz zum Verinnerlichen:

Wasser = magnetisches Schöpfertum innerhalb aller Spiegelungen der Materie

Feuer = elektrisches Schöpfertum innerhalb alles geistig Erschaffenen

Luft = beeinflussende Steuerung der jeweiligen Qualitäten der Spiegelung durch die Atmung und daraus resultierende Schwingungsfrequenz

Erde = Wissen um die Anwesenheit der magnetischen und elektrischen Fluida und bewusste Steuerung der jeweiligen Spiegelung durch das Element Luft

In der Kurzfassung ist dies leicht zu verstehen. Ihr wisst um jene Grundform und ihre Anwesenheit innerhalb der *Polaritätsröhre*. Durch die bewusste Steuerung eines elektrisch bewusst geladenen Atemzugs, angefüllt beispielsweise mit der Frequenz von Freude, wird die Schwingung des niederen Pols zugleich transformiert und ausgeglichen. Voraussetzung für diesen Schritt ist allerdings die bewusste und gelebte Erkenntnis, dass beide Pole und Extreme als ein vollkommenes Ganzes vereint sind und immer nur einen anderen Ausdruck des gleichen Zustandes darstellen. Darum sei hier an dieser Stelle nochmals darauf hingewiesen, zunächst die ersten Schritte einer Beherrschung der Polarität wirklich gewissenhaft zu meistern und zur gelebten Erkenntnis zu geleiten. Ihr werdet sodann alle weiteren Schritte in Leichtigkeit und vor allem offenen Herzens vollenden.

Ihr nehmt also zur Meisterung jener Stufe wahrhaftig nur *einen* bewussten Atemzug innerhalb der euch gleichermaßen bewussten Anwesenheit in der Polarität. Durch die vorangegangene Erkenntnis über die Ganzheit der sich offenbarenden Extreme habt ihr die Transformation und Heilung aller euch gespiegelten Zustände erreicht. Dadurch ist es nun ein Leichtes, auf dem Wege der Atmung eure körpereigene Schwingungsfrequenz sowie die Frequenz und elektrischen Fluida der eurem Kristallchakra, eurer Blume des Lebens, innewohnenden Sonnenenergie zu steuern. Wisset: Jenes angewandte Wissen birgt eine vollkommen eigenständige Reaktivierung eurer DNS-Struktur. Jene Reaktivierung kann und wird nur durch aufrichtiges, ehrliches Umsetzen aller Weisheiten in der gelebten Realität erfolgen. Dies ist ein sich vollkommen eigenständig regelndes Prinzip, welches den Gesetzmäßigkeiten aller geistigen Prinzipien folgt. Durch jene Schritte wird eine Ausdehnung und Vorbereitung zum Ankoppeln ans universelle Einheitschakra eingeleitet. Wenn sich eure Energiezentren mit der kosmischen Seele vereinen, offenbaren sich immer größere Erkenntnisse über die Zyklen der Schöpfung und aller Sphären des Seins.

Dies dient auch als vorbereitende Meisterschaft zur Integration und Aktivierung der Sonnenenergien und Frequenzen *aller* existierenden Blumen des Lebens und zur dadurch erfolgenden Bewusstwerdung über das Gesetz der Entsprechung innerhalb des Mikrokosmos und des Makrokosmos. Hierin findet ihr stets jegliche Antworten, die ihr zum Verständnis der universellen Abläufe benötigt. Bedenkt bei allem, dass es die für euch grobstoffliche und feste Spiegelung der Materie in der Tat *nicht* gibt; sie ist allenfalls eine illusorische Auffassung eures Verstandes sowie aller gesellschaftlich geprägten Überzeugungsmuster eures Seins. Wenn ihr euch von ihnen löst, könnt ihr die Leichtigkeit des großen Ganzen in und durch euch erfahren und wahrnehmen. Erlöst euch von jeglichen starren Verhaltens- und Glaubensmustern und gestattet euch den Blick in die wahre Realität des Ganzen.

Alles ist freischwingende Energie, die entzündet wird von den Sonnen innerhalb des euch umgebenden *ALLES*. Ihr seid ein fester Bestandteil jener Sonnenfrequenz, jener alles erschaffenen Schöpferenergie des Universums. Ihr seid jene Schöpfer innerhalb der gespiegelten Räume und Formen. Ihr seid die Erschaffer der euch umgebenden Sinfonie der Möglichkeiten, und nur ihr könnt euch durch bewusstes Erkennen von dem steten Hin und Her innerhalb der Polaritäten befreien, sie sodann bewusst durch eure gezielte Steuerung der Schwingungsfrequenz zu neuen Seinsqualitäten geleiten, ihnen neue Formen zusprechen und abermals mit dem Glanz eurer Energie krönen. Deshalb ist es unabdingbar zu erkennen, dass ihr die Macht jener Energieform in euch tragt, die ihr derzeit jedoch keinesfalls bewusst steuert und zum steten höchsten Wohlergehen einsetzt. Vielmehr bewegt ihr euch bisher eher als Opfer innerhalb jener gespiegelten Frequenzräume. Seid euch bewusst, dass ihr jenes Tor der höchsten Energie in euch tragt und euch seine Steuerung obliegt – und dass ihr darauf all euer Streben ausrichten solltet, um es gewissenhaft und beständig zu erhalten.

Nur *ein* bewusster Atemzug ist nötig, und ihr könnt die Präsenz in euch spüren. Ich rate euch, anfangs eure Augen geschlossen zu halten, um diese später zu öffnen, im Anschluss an die ersten bewussten Schritte, damit ihr euch innerhalb der euch umgebenden materiellen Spiegelungen orientieren und immer zu eurem höchsten Wohle ausrichten könnt. Um jene bewusste Aktivierung in euch noch gezielter üben zu können, habe ich euch die Worte an mein geliebtes irdisches Gegenüber übergeben, die ihr der CD *Sinfonie der Schöpfung* entnehmen könnt. Durch sie könnt ihr eure körpereigene Schwingungsfrequenz steuern lernen, die Polaritäten erkennen und heilen sowie die tiefe gelebte Erkenntnis erlangen, dass sich alles in allem eint und ein ewiger Teil des Prinzips der Entsprechung und des Ganzen ist. Hier findet ihr die Schlüssel zur gelebten Anwendung innerhalb des Mikro- und Makrokosmos, und mit ihrer Hilfe könnt ihr jene vormals erwähnten Schritte gezielt üben und zur Meisterschaft geleiten. So werden sich eure Intuition und die damit verbundene Hellsichtigkeit, Hellfühligkeit und allgemeine Wahrnehmung vollkommen auf die reine und wahrhaftige Präsenz allen Seins ausrichten, nämlich auf die *reine Schwingung*.

Merket: Materie ist nur geronnener Geist, und die geistige Präsenz bestimmt Form und Beschaffenheit der materiellen Spiegelung. Das Wissen, dass jener Geist alles Materielle und Feste erschafft und die jeweiligen Spiegelungen innerhalb der Ebene des Werdens offenbart, hat oberste Priorität und vollkommene Gültigkeit. Wenn ihr hierin zur gelebten Erkenntnis gelangt seid, offenbart sich auch, dass ihr alle materiellen Spiegelungen jedweder Art bewusst beeinflussen könnt. Wisset, dass das Universum, wie auch euer körperliches Gefährt, keine Unterschiede macht und sich die entsprechenden Schwingungsmuster und Schöpfungen eures Geistes immer innerhalb der materiellen Spiegelungen in der entsprechenden Gestalt offenbaren *müssen*. So sind alle Spiegelungen stets die jeweiligen Qualitäten eurer

Geistespräsenz und dessen, was ihr ihnen energetisch an Gestalthaftigkeit zubilligt. Deshalb ist die Beherrschung der Polarität und des damit verbundenen Wissens unabdingbar und sollte von euch in vollkommener Liebe und Leichtigkeit gemeistert werden.

Durch die Präsenz innerhalb der Materie offenbart das Prinzip von Ursache und Wirkung seine Gesetzmäßigkeit, und so werdet ihr immer und immer wieder unbewusst in jenem Muster »gefangen« sein. Darum bitte ich euch inständig, nicht länger »Opfer« der Materie zu sein, indem ihr jene genannten wichtigen Schritte der Erkenntnis außer Acht lasst. Das dadurch erschaffene Schwingungsfeld macht keine Unterschiede, weil sich alles in allem eint. Der Geist formt durch die elektrischen Fluida und die entsprechend eurer inneren Einstellung geformten magnetischen Frequenzen die resultierenden Spiegelungen. Ich bitte euch wahrlich, jenes Wissen zur gelebten Anwendung zu geleiten und immer weise und bewusst eure Fluida zu steuern. Verwendet sie zur steten Formung positiver Spiegelungen und Begebenheiten und werdet euch dieser mächtigen innewohnenden Energiefrequenzen, eures Schwingungsfeldes und der damit verbundenen Schöpferkraft *vollkommen* bewusst und wendet sie unablässig für euch sowie für alles Lebendige an!

Versucht jene Meisterschaft erst im Kleinen und steigert euch sodann zu immer größeren Herausforderungen. Wisset bei diesem Schöpfungsprozess, dass auch die Gesunderhaltung eures körperlichen Gefährts nicht dem Zufall überlassen ist und ihr darauf einen direkten Einfluss ausübt. Deshalb bitte ich euch stets, auf euer Herz zu hören und euch mit lichtvollen Frequenzen zu umgeben, die ebenso eure Leiber erfüllen. Ihr könnt klar und deutlich spüren, dass die Frequenzen des Todes, des Leids, des Grauens und des ständigen Verdrängens all jener dunklen Schatten in euch keinesfalls die Weisheit und die lichtvollen Frequenzen in euch offenbaren können! Selbst wenn Fehlinterpretationen innerhalb eurer Seinsebene hier anderes verkünden wollen, erschafft jenes Leid doch immer nur die Schwingungsfrequenz des Leidens in euch. Wenn diese nicht innerlich in Erscheinung tritt, so wird sie sich im Außen ihren Ausgleich suchen. Alle durch euch gesetzten Ursachen werden und müssen sich stets einen Ausgleich innerhalb der Ebene des Werdens suchen.

Merket also: Der Geist erschafft die Materie und entspricht damit der Ebene des Wirkens, und die Spiegelung der jeweiligen Wirkungen ist als Ebene des Werdens zu verstehen.

Jene Wahrheit über die Ebene des Wirkens und ihr unendlicher Ausdruck innerhalb der Ebene des Werdens sind wahrlich unermesslich und facettenreich wie die Unendlichkeit der gespiegelten Räume und Realitäten. Dennoch existiert keine weitere Ebene außerhalb jenes Wirkspektrums. Der Mensch ist stets versucht, durch seinen Verstand die Begebenheiten immer noch komplizierter zu gestalten, welche sodann durch wissenschaftliche Rechenarten und Formeln oder dergleichen ein Gebilde undurchschaubaren Chaos verursachen. Dies geschieht durch die stete Möglichkeit der Komplizierung des menschlichen Verstandes. Je mehr ihr euch von der Klarheit und Reinheit eures Herzens entfernt, desto entfremdeter werden die Spiegelungen des Tatsächlichen. Wisset, dass Präzision der Schöpfung durch das Strahlen der Einfachheit gekrönt ist – dies zu erkennen, ist jedoch für einen »erwachsenen« oder besser noch »entwachsenen« Menschen schwer zu erkennen. Der Mensch ist der Reinheit des Herzens und seiner unendlichen Möglichkeit, das Ganze in Klarheit zu erfassen, »entwachsen«. Er muss wieder zum Ursprung seiner Wesensform zurückkehren und die wahren Schwingungsqualitäten des reinen Herzens für sich zurückerobern. Dazu bedarf es lediglich eines bewussten Augenblicks gelebter Erkenntnis, und er wird all jenes Wissen in vollkommener Freude und Leichtigkeit leben können und umsetzen. *Ihr werdet es leben können und umsetzen!* Sollten sich meine Worte jetzt vielleicht schwierig anhören, so ist dies ein Aufbäumen eures lärmenden Verstandes und ein klares Zeichen, dass ihr einen wichtigen energetischen Druckpunkt in euch aktiviert habt. Schenkt eurem Verstand in diesem Augenblick einen tiefen Atemzug des Friedens und der Zuversicht und wisset, ihr werdet mit Sicherheit jene Hürden meistern. Dies sage ich euch ganz klar und ehrlich, da ich weiß, dass ihr jene Einfachheit erreichen werdet. So wird es sein, und so ist es!

Wenn euer Geist sich für die Wahrheit öffnet und die Ohren bereit sind zu hören, dann kommen die Worte, die den Geist mit Weisheit erfüllen werden.

Wisset nunmehr, dass euer Sein in der Tat eingebunden ist in den Urklang der Schöpfung und sich dadurch all eure Begebenheiten innerhalb der darin existierenden sieben kosmischen Gesetzmäßigkeiten offenbaren. Diese sind immer fest verankert im unendlichen Fluss der kosmischen Prinzipien und können nicht für die eine oder andere menschengemachte Bequemlichkeit verdrängt oder gar schöngeredet werden. Sie müssen und werden Disharmonien erschaffen, darum sei euch hier abermals geraten, immer lichtvoll und gütig sowie reinen Herzens zu handeln. Dies schließt aus, anderen Wesenheiten im Universum Schaden oder Leid zuzufügen, gleichgültig, in welcher Art und Weise! Bedenkt dabei, dass das Verhalten eines Großteils der Menschheit ein Prüfstein für die bevorstehende Kontaktierung der euch umgebenden anderen Welten und Dimensionen ist. Seid gewiss, dass jenes schattendurchtränkte Verhalten keinesfalls die Tore und Pforten zu anderen Ebenen des Seins öffnen wird.

Dies ist in der Tat eine Schutzfunktion für jene höher schwingenden Welten und Wesen. Sie leben jene Einheit, die vollkommene Harmonie, die reine Herzensliebe, den vollkommenen Respekt, die Achtung allem Lebendigen gegenüber, und vor allem sind sie absolut befreit von jeglichem Hierarchieverhalten, Bewertungsszenarien und anderen niederen Energien und Verhaltensweisen. Aus diesem Grund ist jenes feinstoffliche und energetische Tor in *euch* zu finden. Es stellt eine Art höchste Prüfung eures Selbst und der Reinheit eures Seins dar. Einzig hierüber könnt ihr durch die Pforten der reinen und klaren Qualitäten eures Schwingungsfeldes in jene Regionen eintreten.

Wisset auch: Als die Schriften eurer Ebene des Ausdrucks mit dem Schatten des Verderbens durchtränkt wurden und sich die Lehren scheinbarer Häuser der Heiligkeit auf eurem Planeten erhoben, breitete sich bewusst gesteuert der Schatten der Versklavung eurer Seelen unter der Menschheit aus. Er erschloss sich alles wie ein flächendeckendes Virus, das die Bindung eurer Seelen an die Versklavung eures strahlenden Wesens ständig verstärkte. Jene Machenschaften offenbaren nur das Niedere, das großen Schaden über alle Wesenheiten eures wundervollen Heimatplaneten bringt. Fühlt in euer Herz! Sind einige *wirklich* der Auffassung, dass sich durch jene dichte und mit Leid erfüllte Frequenz der Glanz der höchsten Energietore und Frequenzen offenbaren wird? Sind jene *wahrhaft* der Meinung, dass ihnen ein Durchschreiten mit dem Zepter der Scheinheiligkeit, der Zerrissenheit im Herzen und der Frequenz des Niederen gewährt wird? Sind jene Menschen *tatsächlich* überzeugt, dass die menschengemachten Strukturen des niederen Manipulierens ihre Wirkung offenbaren können? *Nein!* Jene Energietore werden keinesfalls den Zutritt gewähren, da sie in den Kristallchakras dieser Menschen den Schlüssel der Reinheit nicht aktivieren konnten. Seid euch dessen bewusst: Ihr tragt jenen Schlüssel in euch! Jener Frequenzklang eines geheilten kristallinen Herzens, das in völligem Einklang mit der Sinfonie des reinen Einsseins ertönt, ist wundervoll und von unermesslichem Wert, denn es vermag jene Energietore und Pforten in die höchsten Sphären des Seins augenblicklich zu öffnen!

Solange sich jene vom Blut anderer Seelen nähren, sich über andere Wesenheiten erheben, sie bewerten, ausgrenzen, verachten, und seien die Zeichen in ihnen auch noch so gering und klein, solange werden ihre eigenen Seelen jenen Schatten tragen. Wie viele Festlichkeiten eurer Seinsebene werden mit dem Tod unschuldiger Tierseelen geschmückt? Je unschuldiger das Tier, desto heiliger der Akt der Festlichkeit! Ich möchte hier nicht weiter ausführen, um welche geliebten Tiere es sich dabei handelt, doch dürfte es jedem von euch klar sein, was ich zum Ausdruck bringen möchte! Welch wahrhaft wahnhafte Scheinheiligkeit des Verderbens hat seinen Schleier über die Menschheit gelegt, und wie viele Menschen sind jener Dunkelheit verfallen?! Durch die fehlende innere Reinheit ihres Kristallchakras werden sie jenes Tor keinesfalls öffnen können. Und doch könnt ihr dieses Tor öffnen! Ihr tragt den zündenden Schlüssel der Reinheit eures Herzens und eurer Schwingungsfrequenz in euch, *ihr allein* – und *ihr allein* könnt die Freiheit, die Liebe und das Tor in euch aufschließen. Deshalb schaut in die euch umgebende Welt und erkennt, wo euch noch Prüfungen schulen wollen und ihr eure Meisterschaft in der jeweiligen Begebenheit erlangen könnt.

Lasst ab von Missgunst, Neid, Hass und Lästereien; diese üben großen Schaden auf euer Energiefeld aus und treiben euch in die Dichte des Stillstands innerhalb eurer Meisterschaft! Lasst ab davon, euch mit anderer Menschen Hab und Gut zu versehen, oder um es mit euren Worten zu sagen, »sich mit fremden Federn zu schmücken«! Entstammen jene Energien und Begebenheiten nicht der Klarheit eurer Spiegelungen, so fällt auch jenes Verhalten, bedingt durch die individuellen Frequenzmuster eines jeden einzelnen Wesens, verdichtend auf jene zurück. Lasst ab davon, über andere Menschen und Wesen mit niederen Emotionen herzuziehen oder auch nur entsprechend zu denken! Auch vorgespielte Toleranz und Liebesgüte wird letztlich innerhalb eures Energiefeldes die tatsächliche Frequenz erfassen und aufzeichnen. Daher meidet vorgetäuschte Frömmigkeit und Scheinheiligkeit, dies ist keinesfalls mit der Reinheit eines liebenden Herzens gleichzustellen und wird auch niemals die Schwingungsqualitäten der höheren Stufen erreichen und offenbaren.

Seid stets gütig und freundlich gesinnt und spürt jene ehrliche Freundlichkeit auch wahrhaft in eurem Herzen. Lacht, so oft ihr nur könnt, jedoch über schöne Dinge und nicht aus niederen Beweggründen, vor Schadenfreude oder anderweitig von negativer Energie durchtränkt. Haltet stets die ehrliche und gütige Reinheit eures liebenden Herzens und wisset: Wie ein anderer Mensch oder ein anderes Wesen auch zu leben beliebt, ihr habt nicht das Recht, jenes Verhalten oder Sosein zu bewerten! Dies ist ein Charakterzug, der wahrlich nur im Menschen präsent ist. Diese Haltung ist in keinem anderen Wesen zu finden, darin sind die Menschen Meister! Erkennt vollkommen die Prinzipien der Schöpfung und welche Auswirkungen sie auf euer Sosein haben. Erkennt die Vollkommenheit alles Lebendigen in reiner Ehrlichkeit an und offenbart sodann über jene tiefe, neugewonnene energetische Frequenz in eurem reinen liebenden Herzen das Tor der höchsten Energie in euch selbst. *Ihr* seid der Schlüssel, und *ihr* tragt ihn schon ein Leben lang in euch!

Seht, dass wahrlich alles ein fester Bestandteil der kleinsten Teilchen und Strukturen im gesamten Ganzen ist. Alles ist ein untrennbarer Teil jener vollendeten Schwingung, welche Räume, Realitäten und Zeiten gestaltet. Nicht nur die Menschen, sondern alle existierenden Wesenheiten. Dabei ist es gleichgültig, ob sie im vertikalen oder im linearen Zeitgefüge ihren Ausdruck finden. Fühlt in eurer reines liebendes Herz und spürt die Anwesenheit des Ur-Schöpfers in jedem Augenblick des Seins. Erkennt, dass alle Spiegelungen jedweder Art euch stets dazu aufrufen, wachsam zu sein und durch bewusstes Erkennen sofort veränderbar sind. Wenn ihr sie in eurem Innern erlöst und positiv wandelt, wird jede Erkenntnis eine Quelle der Erhöhung eurer körpereigenen Schwingungsfrequenz und der umfassenden Öffnung des Energietores in euch sein. Steter Wandel und Erkenntnis im Herzen werden euch immer durch die daraus resultierende Bewusstseinserhöhung großes Potenzial an innerem wie äußerem Wachstum schenken. Jedes Mal, wenn ihr in euch die jeweilige Schwingungsfrequenz der Polarität (= Spiegelung) erkennt und diese sodann wandelt und transformiert, erhöht und heilt ihr die damit verbundene Begebenheit sowie aller darin verstrickten weiteren Realitätsmuster. Dies wird auch Bande durchtrennen und lösen, die euch an alte, längst vergangene Emotionen binden, von denen ihr es nicht erwartet hättet. Sie werden dann vollkommen eigenständig durch eure innere und reine Heilung transformiert und aufgelöst. Ja, ihr seid wahrlich die Meister über all eure Schöpfungen und die entsprechenden Spiegelungen.

Doch nun möchte ich abschließend euer Augenmerk noch einmal auf die bewusste Steuerung und Beherrschung des Prinzips von Schwingung legen. Ihr tragt wahrlich in allen Bereichen eures Lebens jenen Schwingungstransformator in euch, und ich bitte euch darum, ihn sofort bewusst und weise einzusetzen. Erlöst euch von Trübsal und gestattet euch hier und jetzt, eure Schwingung auf die Frequenzen der Liebe und Freude zu erheben. Ihr gestattet damit dem entsprechenden Resonanzraum, sich an eurer Frequenz neu auszurichten. So habt ihr zu jedem Augenblick eures bewussten Seins die Möglichkeit, innerhalb jeder Begebenheit der materiellen Spiegelungen tatsächlichen Wandel zu bewirken.

Einzig durch eure vollkommene Ausrichtung innerhalb des weit geöffneten Kristallchakras könnt ihr dann mit nur einem einzigen bewussten Atemzug alles wahrnehmen. Die Schwingungsfrequenzen eurer Partnerschaften sowie eure Prüfungen und auch die darin enthaltenen Lösungswege werdet ihr erkennen und anwenden. Ihr werdet spüren, was nicht eurem Seelenfortschritt dient und wo Fremdenergien und Fremdbeeinflussung am Wirken sind. Ihr werdet fähig sein, durch die bewusste Steuerung eurer Schwingungsfrequenz und dem gezielten Hinzunehmen der elektrischen Fluida innerhalb eures Kristallchakras jegliche Disharmonien und Störfelder augenblicklich in euch zu transformieren und zu heilen. Wie ihr Menschen in der Materie so schön sagt: »Gefahr erkannt, Gefahr gebannt.«

Das Kristallchakra ist zwar der Navigator für die euch umgebenden Prüfungen und Begebenheiten, doch ist es auch ein Tor, das euch die Möglichkeit offenbart, mit den höchsten Energiezentren aller Sphären des Seins anzukoppeln und weiteres Wissen und individuelle Weisheit zu erlangen. Wie ich euch schon vor vielen Jahren mitteilte, strahlt eine enorm hochfrequente Energie, ein kosmischer Kalibrierungs- oder Informationsstrahl, wie ich ihn auch nannte, auf euren Heimatplaneten ein. Jene Frequenz geht von der Ur-Quelle allen Seins aus, und sie vermag nunmehr über euer weit geöffnetes und reines Herzzentrum euer körperliches und geistiges Gefährt gleichermaßen zu erheben und anzukoppeln an die höheren Energien des Seins. Es verhält sich wie bei einem energetischen *Frequenzfahrstuhl*, in den ihr jetzt durch euer Kristallchakra mit Leichtigkeit eintreten könnt.

Erinnert euch an meine Worte bezüglich der hohen Frequenz, welche von jenem kosmischen Strahl ausgeht. Sie ist die höchste Energie, die im gesamten Universum existiert, und gleichzeitig auf euer Frequenzfeld ausgerichtet. Was bedeutet das für euer Wohlergehen, und welchen Einfluss hat sie auf euer Sosein? Dies ist mit ein paar kurzen Sätzen leicht erklärt, und ich darf euch innig bitten, die kosmische Einladung der Ankopplung an die höchste Energiefrequenz anzunehmen und sie dankbar in eurem Energiefeld zu integrieren. Jenes Ankoppeln hat nämlich zur Folge, dass sich eure zellularen Ebenen vollkommen neu ausrichten und zeitgleich durch die Qualitäten eures reinen Seins im kristallinen Herzen wahrhaft große Energietore offenbaren, so ihr dazu bereit seid. Ihr steht jetzt direkt am Beginn der größten energetischen Sprünge der Menschheitsgeschichte, und ihr seid dazu eingeladen, jenes hochfrequente Energietor durch euch hindurch zu öffnen, die Energien in euch zu integrieren, euch somit energetisch neu auszurichten und dadurch unermessliche Möglichkeiten des Seins zu erfahren. Der Schlüssel zu jener Pforte liegt in euch, in den reinen Wogen eures liebevoll strahlenden Herzzentrums, das weit geöffnet als vereintes Kristallchakra nunmehr bereit ist, an jene hohen Sphären des Seins anzukoppeln.

Dies heißt keinesfalls, dass ihr auf der Stelle von der euch bekannten Ebene des Seins verschwindet und in eine andere Seinsebene eintaucht. Es bedeutet vielmehr, dass ihr sodann mit dieser hohen Lichtfrequenz eurer Zellen und eures gesamten Seins die neue Ära, die Geburtsstunde jener neuen Phase der Möglichkeiten innerhalb der Schwingungsfrequenz der geheilten und transformierten polaren Form, mitbegründet und befreit seid von dem steten Hin und Her dieser Ebene der Dichte und Materie. Könnt ihr euch vorstellen, wie es sich anfühlt, vollkommen befreit von Angst, Sorge, Zweifel und Nöten zu existieren? Könnt ihr euch vorstellen, wie unermesslich wohltuend es ist, in vollkommener Selbstliebe, Selbstachtung und gegenseitiger reiner ehrlicher Liebe im Miteinander zu leben? Könnt ihr euch vorstellen, wie befreiend sich das auf die Frequenzen eures begrenzenden und derzeit noch eingeengten Seelenfortschritts auswirkt? Wisset:

Jene Freiheit in den reinen und klaren Wogen der geheilten Liebesfrequenz ist in ihrer Schwingungsqualität so unermesslich, dass menschliche Worte zu begrenzt sind, um sie auch nur annähernd zu beschreiben!

Und wisset auch: Es ist ein wahrhaft lohnendes Ziel für jeden von euch, diese Freiheit eurer Seele zu erwählen und nunmehr meine Hände, die ich euch in reiner und vollkommener tiefer Liebe reiche, zu ergreifen und meinen liebevollen Weisungen offenen Herzens zu folgen! Ich werde euch zu den höchsten Zielen eurer Seele geleiten, die ihr durch jene heilende Transformation in und durch euch hindurch erfahren könnt. Ich bitte euch, geliebte Menschen, erlöst euch von allen Schatten, erwacht in vollkommener und ehrlich reiner Liebe! Einer Form der Liebe, die dem Namen, dem Inhalt des Wortes wahrhaft gerecht wird und sie in vollendeter Form präsentiert und widerspiegelt. Einer Liebesfrequenz, die so unermesslich ist, dass ihr sie auf eurer Ebene des Seins bislang noch zu keiner Zeit erfahren konntet. Jene unter euch, welche die Liebe zu ihrem Kinde in ihrem reinen Herzen ergründen können, oder auch jene, die in ihrer Vorstellungskraft jene Frequenz visualisieren können, haben die gelinde Möglichkeit, einen geringen Anteil der umfassenden Ausdruckskraft und Präsenz jener Liebesschwingung zu erahnen. Öffnet euch im Herzen und seid bereit, einzutauchen in jene neue Präsenz der Liebe und ihrer Schwingung. Seid ihr bereit, an sie anzukoppeln? Seid ihr bereit, jene Präsenz auch innerhalb eures Kristallchakras zu erfahren und somit ein ungetrennter Teil der universellen Seele zu werden? Seid ihr bereit, alle Schatten und niederen Schwingungen in euch zu heilen und aufzusteigen durch euer geheiltes Herzzentrum? So folgt meinen nächsten Weisungen mit offenem Herzen.

In tiefer und vollkommener Liebe,

Transformation des Prinzips des Rhythmus durch Frequenzatmung

Ich lade euch jetzt ein zum kosmischen Atmen der höchsten Frequenz und zum bewussten Angleichen an die höchste Energieform im gesamten Alles und dem zeitgleichen Neustrukturieren eures feinstofflichen und grobstofflichen Seins. Wisset, es transformiert nicht nur euer Energiefeld, sondern es vermag vollkommen eigenständig das nachfolgende kosmische Gesetz vom Rhythmus zu wandeln und in seine geheilte und ursprüngliche Form der Präsenz zu transformieren. Wie ihr hieraus ganz klar erkennen könnt, ist jene vollkommene Präsenz der Schwingungsfrequenz und ihrer bewusst reinen Ausrichtung der Schlüssel zu aller Weisheit und Transformation. Wisset, jene Beherrschung des Gesetzes der Schwingung ist mit den einfachen Schritten der reinen bewussten Liebesfrequenz zu steuern, der absoluten vorangegangenen Annahme und dem Erkennen, dass die Polaritäten letztlich nur zwei unterschiedliche Extreme der gleichen Dinge darstellen, sowie mit der gezielten und bewussten Atmung und zeitgleichen Wahrnehmung innerhalb eures Kristallchakras.

Ein bewusster und gezielt eingesetzter Atemzug vermag alles in und um euch zu heilen und zu transformieren! Jener Atem erinnert und verbindet euch stets und ständig, während der gesamten Dauer eures Lebens mit der Quellexistenzebene, dem mächtigen Geist und Ur-Schöpfer allen Seins. Ihr werdet geatmet, dies ist die stete Verbindung zwischen der Materie und der höchsten Quelle allen Lebens. Wisset, jener Atem ist ein »Erinnermich« für euch, und mögen die Manipulationen, Schwierigkeiten, facettenreichen Probleme und Spiegelungen noch so vielfältig und groß sein, ist euch doch eines immer und ununterbrochen gegeben: euer göttlicher belebender Atem. Aus diesem Grund möchte ich euch auch nahelegen, jeden Atemzug, den ihr bewusst vollzieht, mit der Verbindung zu jener mächtigen Quelle zu zelebrieren. Dadurch klärt sich eure Schwingung, und ihr vollzieht gleichzeitig eine bewusste Frequenzatmung. Ich möchte euch dieses Wort, diese Bezeichnung, noch einmal kurz verdeutlichen und die Wichtigkeit jener Atmung verkünden. Ihr tragt die Fähigkeit in euch, bewusst und gezielt durch einen einzigen Atemzug eure körpereigene Schwingungsfrequenz zu steuern und zu beeinflussen. Ihr tragt somit durch jene Atmung das wahrhaftige Schöpfertum in euch, denn jeder einzelne Atemzug durchströmt euer kristallines Herz und aktiviert es mit den entsprechenden Frequenzen, welche ihr hierin einspeist und erfüllt.

Dieses Zusammenspiel haltet euch wahrlich vor Augen, und verinnerlicht das daraus gewonnene Wissen. Denkt bitte auch an jenes Zusammenspiel, wenn ihr eure Lungen und damit jene göttlich kristalline Atmung durch Hinzufügen schädigender Substanzen verunreinigt. Ich weiß, dass viele Menschen der Sucht nach dem scheinbaren Genuss von Tabak verfallen sind. Ich möchte euch darauf hinweisen, dass dies die reine und uneingeschränkte Atmung stört und euch eher hindert als befreit. Erkennt darin die Sucht und Abhängigkeit, der ihr verfallen seid, und wenn es euch möglich ist, befreit euren Körper von diesen Einschränkungen. Auch wenn ihr weiter jenen Süchten folgt, wird die Atmung stattfinden. Doch wird die Klarheit durch jegliches Hinzufügen von Schadstoffen gestört und kann sich nicht in der Fülle der Präsenz jener Frequenz offenbaren. Seid also liebevoll zu eurem körperlichen Gefährt und schützt es vor allen schädigenden Einflüssen eurer gesellschaftlichen Laster und scheinbaren Freude. Meidet die Maßlosigkeit in allem, und findet stets die Balance in eurem Tun. Auch jene Art des respektvollen und achtsamen Umgangs mit eurem körperlichen Gefährt hat etwas mit der reinen und wahrhaftigen Selbstliebe zu tun. Gewährt eurem Körper und eurem Geist stets Gutes, und ihr werdet die Fülle der vollkommenen Frequenzen durch euer Strahlen nach außen tragen.

Jene bewusst gesteuerte Frequenzatmung setzt die vormals gezielt zur Meisterschaft geleitete Wahrnehmung der magnetischen und elektrischen Fluida in euch und das Fühlen der unterschiedlichen Polaritäten innerhalb eures Kristallchakras voraus. Diese ersten Schritte sollten wahrlich in euch erkannt und durch bewusste Transformation geheilt sein. Eilt hier keinesfalls voran, sondern übt dies in Freude und Leichtigkeit, und ihr werdet das Ziel in der Kürze der irdischen Zeit erreichen. Habt ihr nunmehr jenes Gesetz der Polarität in euch erkannt, so wendet ganz bewusst eure Atmung zur Steuerung eurer Schwingungsfrequenz an. Ihr werdet jene Frequenz anfangs möglicherweise noch durch das gesprochene oder gedachte Wort steuern, später hingegen wird dies durch die auf den Punkt gebrachte gewünschte Emotion augenblicklich geschehen. Dabei ist der Weg zur bewussten Steuerung der Schwingungsfrequenz im Grunde einerlei. Wer lieber kurz die Worte sprechen oder denken möchte, dem steht es durchaus frei, sich hierfür zu entscheiden. Es ist nicht Eifer oder Elitedenken in der Ausführung gewünscht, sondern einzig und allein der Wille eures Herzens ist entscheidend für die Qualität der jeweiligen Schwingungsfrequenz. Ich überbringe euch diese Worte einzig aus dem Grund, um euch die Möglichkeiten aufzuzeigen; sie sind jedoch keinesfalls an fest vorgegebene Strukturen und Wege gebunden.

Jeder von euch wird einen Augenblick finden, bezüglich jeder Spiegelung innerhalb der Realität, in dem er einen bewussten Atemzug vollziehen kann, und so bedarf es hier auch keiner gesonderten oder speziellen Rückzugsgebiete, Kraftplätze oder anderweitigen Örtlichkeiten für euren energetischen »Frequenzaufstieg« im Rahmen euer Schwingung. Ihr könnt dies wahrlich überall und zu jedem Augenblick eures Seins vollziehen. Je schwieriger sich die Begebenheiten offenbaren mögen, desto höherfrequenter ist das zu erreichende und lohnende Ziel der gelebten Erkenntnis. Darum freut euch von ganzem Herzen über jegliche noch so großen Hürden und Probleme, denn sie alle beinhalten höchstes energetisches Frequenzpotenzial und Seelenwachstum. Doch die stete, bewusste Meisterschaft und gelebte Erkenntnis wird euch mehr und mehr von jenen scheinbaren Stolpersteinen, Hürden und Schwierigkeiten entbinden, da ihr eure innere Einstellung dazu ändern werdet. Habt ihr sodann die nächste Stufe der Meisterschaft innerhalb der Materie erkannt und gemeistert, offenbart sie euch die größten Geheimnisse des Seins.

ଔ Ich möchte euch bitten, in diesem Augenblick einen beliebigen Zustand einer Schwierigkeit innerhalb eurer Spiegelungen zu suchen und diesen innerhalb der vormals geschilderten *Polaritätsröhre* zu erfassen.

ଔ Seht und fühlt ganz bewusst jenen Zustand und wendet meine im entsprechenden Kapitel geschilderten

Vorgehensweisen an. Erreicht dabei tiefe Erkenntnis. Sodann bitte ich euch, nach dem ersten Schritt erneut auf jene Polarität zu blicken.

ଔ Atmet jetzt ganz genau in euer weit geöffnetes Kristallchakra hinein und führt nun einen einzigen vollkommen bewussten Atemzug aus, um euch auf die höchste Frequenz einzustimmen. Dies solltet ihr mit den Worten tun: *»Ich bin in der vollkommenen und reinen Schwingungsfrequenz von ...«*

ଔ Während ihr dies gedanklich sagt und zeitgleich den bewussten Atemzug nehmt, fühlt euch im vollkommenen Endzustand der gewünschten Schwingungsfrequenz. Gern könnt ihr jenen Schritt zum Intensivieren wiederholen. Später braucht ihr dies nicht mehr, weil ihr darin Leichtigkeit und gelebte Meisterschaft erlangt habt.

Abermals möchte ich euch bitten, bei diesen Schritten gewissenhaft und gründlich vorzugehen, da sie euch die unabdingbaren Grundeinstellungen und das wichtigste Werkzeug eures Seins offenbaren: das Schwingungspotenzial eures Atems. Er ist das stärkste und mächtigste Siegel eurer Kraft und eures ewigen Seins, denn alles in und um euch herum offenbart und spiegelt sich nur durch ihn. Erspürt die Frequenzen der Polaritäten von Leben und Tod in euch und nehmt sie wahr, prüft sie anhand der vormals übermittelten Übungen in euch. Ruft euch hierzu meine Worte aus dem Kapitel *Die wahrhaftige Beherrschung der Polaritäten* ins Gedächnis zurück und wendet sie an. Geht dabei innerhalb eures weit geöffneten Kristallchakras ein paar Mal ganz bewusst von einem Pol zum anderen und schwingt einige Male hin und her. Bewegt euch in einem gleichmäßigen Schwung von der einen Schwingungsfrequenz der Polarität des Lebens zum entgegengesetzten Pol des Todes. Ich bitte euch darum, keinesfalls in Angst oder Sorge zu verfallen, weil ich euch dazu aufrufe, jene Polaritäten in euch zu erfühlen. Es wird euch keinesfalls etwas geschehen. Vielmehr werdet ihr erstaunt sein, was sich daraus für euch offenbart!

Ich bitte euch darum, euch an dieser Stelle einmal vorzustellen, wie ihr auf einer großen, weit schwingenden Schaukel sitzt und von einer Polarität zur entgegengesetzten getragen werdet. Fühlt euch dabei wie ein kleines freudiges Kind, das sich an jener Schaukelbewegung offenen Herzens erfreut. Immer, wenn ihr auf dem intensivsten Punkt des jeweiligen Pols angekommen seid, nehmt ganz bewusst einen Atemzug und sagt sodann im Geiste: »*Ich bin in der vollkommenen und reinen Schwingungsfrequenz des Todes*« oder »*... des Lebens*.« Ich bitte euch, dabei genau zu erfühlen, wie sich die unterschiedlichen Pole in euch ausdrücken, und dabei jedes Mal bewusst zu atmen. Stellt fest, wie sich die Frequenzen, die sich im Schwung der Schaukelbewegung offenbaren, in euch anfühlen. Führt die Übung so lange aus, bis ihr eine vollkommen gleiche Schwingungsfrequenz in euch wahrnehmen könnt.

Ihr werdet euch vielleicht fragen, warum ich euch bitte, jene Polaritäten in euch zu erfühlen, und welchem Zweck sie dienen. Ich kann euch hier und jetzt eines offenbaren und mitteilen, denn wisset, geliebte Wesenheiten: Leben und Tod sind innerhalb ihrer Schwingung vollkommen gleich, und wenn ihr diese Frequenzen durch euer reines und aktiviertes Kristallchakra auspendelt, werdet ihr jene Polaritäten, die euch oft wie ein Schatten »verfolgen«, transformieren und heilen. Denn wisset: Ihr seid ewig lebendig innerhalb eures jetzigen körperlichen Gefährts, wenn ihr diese illusorische Spiegelung in euch auflöst. Atmet und spürt ganz genau, wie jener negative Pol sich in euch anfühlt. Könnt ihr ihn spüren? Atmet und sprecht zum Intensivieren die oben genannten Mustersätze noch einmal laut aus. Ich bitte euch darum, euch jenen Satzaufbau wahrlich intensiv einzuprägen, denn er vermag euch ganz schnell und gezielt auf die jeweilige Schwingungsfrequenz zu geleiten!

Alles ist reine Schwingung im ewigen Klang der Sinfonie der Schöpfung, und aus diesem Grund weise ich euch auch unermüdlich auf jene wichtige euch innewohnende Funktion und das zeitgleiche Steuermodul in euch hin. Wendet dieses Wissen wahrlich weise und zum höchsten Wohlergehen an und wisset um jene Macht in euch. Nutzt sie als erwachter Meister und nicht als Opfer. Nutzt sie als Schöpfer in vollkommener Liebe und Reinheit, da nur durch jenen Schlüssel zeitgleich das Energietor und die Frequenzen der höchsten Sphären des Seins an die eurigen ankoppeln können. Ein Meister, der nur durch niederen Schatten getrieben wird und in jenen Strukturen sein Schöpfertum und seine Macht missbraucht und anwendet, wird jene hohen Pforten keinesfalls öffnen und durchschreiten können. Niedere Beweggründe und Herzensenergien werden euch weiterhin an die Ebene des Dichten gebunden bleiben, solange, bis die Erkenntnis erlangt ist, dass nur die Reinheit innerhalb der gelebten Liebes- und Herzensenergie zur wahrhaftigen und strebenswerten Meisterschaft geleitet.

Möge euch tiefe Erkenntnis und Weisheit durchfluten und sich euch die Leichtigkeit darin offenbaren. Möget ihr die Ziele in Freude erreichen und die Frequenz euch ein unendliches Lied der Vollendung all euer Prüfungen innerhalb der Ebene der Dichte und Materie offenbaren. Mögen meine Worte wahrlich Früchte der gelebten Erkenntnis in euch gebären und euch zu den höchsten Sphären des Seins emporheben. Möge die höchste Schwingungsfrequenz euer Kristallchakra zünden und die vollkommene Energie in euch entfachen, auf das ihr aufsteigen könnt zu den höchsten Zielen eurer Seele. So sei es!

In tiefer und vollkommener Liebe,

Die Illusion
vom unschönen Körper

Was für ein seltsamer Titel, werdet ihr euch vielleicht sagen, aber hier möchte sich Wahrheit kundtun. Wenn ein Teil eurer Seele in die Materie eintaucht und einem materiellen Gefährt durch den Schlag des irdischen Herzens Leben verleiht, so ist jener Körper stets auf die von der Seele vor der Inkarnation festgelegten und gewünschten Erfordernisse abgestimmt. Es ist, als ginget ihr in ein Autohaus und suchtet euch entsprechend euren Wünschen und Bedürfnissen euer Auto aus. Dies möge lediglich als Beispiel dienen, falls jetzt jemand sagt, er benötige innerhalb eurer Seinsebene gar kein Auto. So möchte ich den Sinn eures irdischen körperlichen Gefährts verdeutlichen! Eines ist beim materiellen Gefäß eurer Seele daher immer gleich: Es ist bei seiner Geburt vollkommen. Niemals »zu dick« und niemals »zu dünn«, selbst wenn jene Wertigkeit euren Vorstellungen entspringt. Solange der Mensch mit seinen gesellschaftlich geprägten Verhaltensstrukturen nicht eingreift, ist dieser Körper vollkommen. Das ändert sich erst durch die in jungen Menschenjahren anerzogene Fehlernährung und die späteren menschengemachten Arten der Nahrungsaufnahme. Obendrein ist euer Körper noch den Fremdeinflüssen oder dem Mangel an Selbstliebe »ausgeliefert« und wird auch dadurch seine äußere Erscheinungsform wandeln.

Ich möchte hier nicht erneut auf die Einflussnahme durch euren Mangel an Selbstliebe eingehen, denn dies sollte euch nunmehr bekannt sein. Vielmehr geht es mir darum, einen ganz anderen wichtigen Hinweis zum Verhalten bezüglich eurer Nahrungsaufnahme mitzuteilen. Es gibt wahrlich nur wenige Menschen innerhalb eurer Seinsebene, die noch ein wirklich »gesundes« Verhältnis zu dieser Art von Kommunikation mit ihrem Körper haben. Jene Verständigung findet nicht über Worte oder Wahrnehmungen statt, sondern bedient sich der Zellsprache: die stete Kommunikation mit den Zellen eures Körpers. Jeder Akt der bewussten und wahrhaftigen Nahrungsaufnahme findet über Lichtfrequenzen statt. In seiner Vollkommenheit kann der Körper die Lichtfrequenzen der Sonnenenergie, die nährend und klärend für euch sind, ebenso aufnehmen wie die lichten Informationen und Botschaften der Früchte der Materie. Beides ist für ihn gleichermaßen wichtig, auch wenn der irdische Körper unter bestimmten Voraussetzungen ausschließlich von jenen feinstofflichen Lichtfrequenzen existieren kann. Jedoch solltet ihr wahrlich lernen, mit all den euch gegebenen Sinnen von jenen Früchten der Materie zu kosten, weil sie eure Zellen mit unermesslich wundervollen Lichtfrequenzen erfüllen und gleichzeitig eurer Ebene des Seins in ihrer kostbaren Schönheit wohlschmeckende Geschenke des Lichts zur Verfügung stellen.

Auf Letzteres möchte ich jedoch nicht näher eingehen, sondern euch gezielt darauf aufmerksam machen, generell ein neues Verhältnis zur Nahrungsaufnahme zu finden. Dies kann und wird eure Körper wieder zu jener Vollkommenheit geleiten, mit der sie einst jene Ebene des Seins betraten. Es steht euch dieses frei, doch solltet ihr es einmal eine Zeit lang ausprobieren. Ihr werdet feststellen und erkennen, wie sehr jenes Verhalten wahrlich entartet ist. Ein Großteil der Menschen schlingt die Nahrung einzig in ihre Leiber, um einen Sättigungseffekt zu erzielen. Beobachtet euch einmal selbst bei jenem göttlichen Akt und seht, wie sich euer Verhalten offenbart. Euer Magen »knurrt«, und schon wird schnell und oft hastig irgendetwas zubereitet. Es mag sein, dass der eine oder andere sich hierbei mehr Zeit lässt, aber habt ihr schon einmal ganz bewusst eure Nahrung mit euren Sinnen geschmeckt – und vor allem gespürt? Habt ihr mit euren Zungen und Mündern die Botschaft jener Lichtfrüchte ertastet und gefühlt, wie sie in eure zellularen Ebenen einströmen?

Lasst jene vibrierenden wohltuenden Lichtfrequenzen durch eure Zunge ziehen und leitet sie sodann in eure Herzen. Von dort aus nährt eure Herzfrequenz euer gesamtes körperliches und feinstoffliches Gefährt. Ihr solltet lernen, bewusst mit der Zunge zu essen und mit eurem Herzen die Nahrung wahrhaft in euch aufzunehmen. Keineswegs nur in euren Magen, sondern mit dem Herzen in euren Leib! Euer feinstoffliches und auch euer körperliches Gefährt lebt nicht von den Abfallprodukten eurer Speisen, sondern bedarf für eine gesunde Nahrungsaufnahme stets des Zelebrierens im Herzen. Ihr solltet wieder lernen, mit dem reinen Herzen zu speisen und in dankbarer Verbindung zu den geistigen Quellen, welche mit dem Klang eurer Seelenfrequenz verbunden sind. Dies ist die *artgerechte* Speisung eurer menschlichen Leiber. Hier würde jeglicher, durch den Verstand gesteuerte Anfall von Heißhunger ausbleiben, und euer Körper würde nur die Nahrung in sich nehmen, die ihm wirklich gut tut und seinen individuellen Frequenzen Vollkommenheit gewährt. Durch jene Art der bewussten Nahrungsaufnahme bedürfte es auch keinerlei medizinischer oder heilerischer Unterstützung eurer Körper mehr, weil dieser bewusste Fluss jegliche möglicherweise entstehenden Disharmonien ausgleicht und transformiert.

Ein solches lichtvolles Strömen könnt ihr freilich keinesfalls mit »toten« oder künstlich aufbereiteten Speisen erreichen. Ich spreche hier von der wahrhaftigen Aufnahme von Nahrung für euren Körper, lebendiger Nahrung – ohne Tiermord –, lebendig innerhalb ihrer Lichtfrequenz. Diese Nahrung hat einen ganz bedeutenden Einfluss auf eure Zellstruktur und die Heilung disharmonischer Zellfrequenzen. Wenn ihr euer Bewusstsein wieder auf die wahrhaftige Nahrungsaufnahme lenkt, wird euer Körper immer bestens und ausreichend versorgt sein. Er wird strahlend rein und schön sein, und es wird ihm an nichts mangeln. Eine vollkommen bewusste Nahrungsaufnahme geschieht zunächst einmal über Dankbarkeit, Schönheit und Vollkommenheit. So fühlt ihr euch im Einklang mit eurem Heimatplaneten, eurem Herzzentrum – und über euren bewussten Zustand der Einheit mit allem, was ist, bildet ihr einen offenen und klaren Kanal, eine Verbindung zu eurer Heimatsonne, die gemeinsam mit eurer Göttin der Materie jene Früchte gebiert. Zusammen bilden sie eine Einheit, und ihr bildet sodann ein vollkommenes Bindeglied zwischen beiden Ebenen.

Diese reine und stets bewusste Kommunikation, die sogar durch eure Nahrungsaufnahme stattfindet, wird eure Körper wieder in ihre ursprüngliche Form zurückbringen. Es gibt keine unschönen Körper. Das alles sind Mythen und Geschichten eurer Zeit. Die Wahrheit ist: Ihr seid in einen *vollkommenen* Körper hineingeboren. Er *ist* vollkommen – und wenn ihr es euch endlich gestattet, wieder so zu sein, wie Gott euch schuf, bitte ich euch inständig, auch einfach

wieder auf vollkommenen und bewussten Pfaden eure Nahrung aufzunehmen. Alles andere wird sich auf diesen Wegen fügen. Gewährt euch die reine Selbstliebe, während ihr
euren Körper mit den liebenden Frequenzen der lichten und
bewussten Nahrung nährt, und ihr werdet ganz eigenständig
zum Ursprung eures Ausdrucks zurückkehren! Möge diese
Wahrheit eure Herzen erreichen und euren Geist mit Weisheit erfüllen. Möge all jenes Wissen euch Klarheit und Neuausrichtung im Geiste schenken und euch zu den höchsten
Sphären des Seins geleiten. Möge euch stets der Klang eures
Herzens auf euren Pfaden geleiten und vollkommene Meisterschaft gebären. So sei es!

In tiefer und vollkommener Liebe,

Das wahrhaftige Meistern
des Prinzips des Rhythmus

Sind nunmehr die vorherigen Schritte gemeistert, so erreicht
der wache Meister ein unvorstellbar erkenntnisreiches Ziel
seines Seelenwachstums. Er stellt fest, dass die kosmischen
Gesetzmäßigkeiten einen ganz wertvollen und unermesslichen Schlüssel der Erkenntnis und der Vollendung innerhalb der sieben Prinzipien beinhalten. Erinnert euch an eure
Anfänge, als ihr in jenen Prinzipien immer nur getrennt voneinander existierende Schilderungen, Begebenheiten und
Spiegelungen saht, die ihr in den unterschiedlichsten Möglichkeiten wahrnehmen, interpretieren und anwenden konntet. Jetzt könnt ihr erkennen, dass letztlich in der geheilten
und transformierten Form nur noch ein kosmisches Prinzip
seine Wirkung entfaltet, alle anderen Gesetzmäßigkeiten jedoch weiter präsent sind.

Sie existieren, obgleich sie keinerlei Wirkung mehr auf
euer Sosein ausüben, da ihr Meister über jene Mysterien ge-

worden seid. Ihr habt darin größtes und umfassendes Wissen erlangt und es zur gelebten Meisterschaft geleitet. Hier an diesem Punkt der bewusst gesteuerten Schwingungsfrequenz wird vollkommen eigenständig das Prinzip des Rhythmus zum Ruhepol gebracht. Das heißt keineswegs, dass die anderen Gesetze ihre Gültigkeit verlieren, sondern nur, dass ihr es verstanden und gemeistert habt, sie in ihrer Vollkommenheit zu erkennen und das darin enthaltene Wissen anzuwenden. Es wird sodann eine Ebene erreicht, die außerhalb und befreit von Polaritäten und Rhythmus existiert. Diese ist aber nur Schein. Sie existiert zwar, doch lässt die gemeisterte Transformation der Schwingung ein stabiles Frequenzfeld entstehen, das die daraus resultierenden Spiegelungen in eine Art Nullebene verwandelt. Sie ist das ruhende Zentrum, welches in allen anderen Formen und Zyklen erkennbar ist. Es lässt sich vergleichen mit eurer geistig konzentrierten Anwesenheit innerhalb einer liegenden Acht. Alle energetischen Zyklen folgen weiter jener Form und Ausrichtung, während ihr wie ein vollkommen in sich ruhender Pol inmitten jener Zyklen der Bewegung weilt, obgleich sie in ihrer Wirkung dennoch präsent bleiben. Die vollkommene Heilung des männlichen und weiblichen Prinzips offenbart sich innerhalb jener Energieform und festigt sich zu einer Einheit der liebenden Stärke und Kraft.

Ist jener Punkt in euch erreicht, so entbindet ihr euer Sein von den Auswirkungen des steten Hin und Her zwischen den Polaritäten. Ihr habt hier kurzweilig das Gefühl des absoluten »Es gibt nichts mehr zu tun«. Es gibt keinerlei Resonanzgebilde mehr in euch, die Disharmonien oder positive Extreme erfühlen lassen. Hier ist der Raum der vollkommenen Einheit, des Einklangs und der reinen Harmonie in euch, der sich dann auch im Außen widerspiegelt. Sobald ihr vollkommen wertfrei, allumfassend liebend innerhalb eures reinen und neu ausgerichteten Herzzentrums ruht, werden jegliche

Disharmonien vollkommen eigenständig transformiert und geheilt. Es gibt nur noch den Zustand des leichten Seins und der bewussten Erkenntnis, dass alle polaren Spiegelungen wahrhaftig nur ein Zustand der illusorischen Wahrnehmung eures Verstandes waren. Sie sind letztlich nicht wirklich existent. Ihr habt ihnen lediglich den Raum und die entsprechende Frequenz und Spiegelung verliehen, weil dies aus eurem freien Schöpfertum heraus und zur Höherentwicklung eurer Seelenqualitäten von Bedeutung war. Ist jener vollkommene und transformiert ruhende Zustand innerhalb eures Seins erreicht, werdet ihr nur noch Leichtigkeit spüren, da ihr innerhalb der reinen Frequenz eures Herzens angekommen seid. Ihr wurdet dann ein Teil aller Herzfrequenzen innerhalb des gesamten Universums, weil ihr euch der allumfassenden, wertfreien und bedingungslosen Liebe allem Lebendigen gegenüber bewusst geworden seid. Dies erschafft eine neue Verbindung, die gleichermaßen über die bewusste Einheit mit dem Erdherzen, dem Herzen eures geistigen Gestirns eurer Heimatsonne, das euch Leben schenkt, sowie über das strahlende Gestirn, das kristalline und mächtige Herz eurer Mutter-Vater-Göttin, der Quellexistenzebene besteht. Ihr seid dadurch mit den höchsten geistigen Energiezentren zu einer kosmischen Einheit verschmolzen, und darin offenbart sich sodann tiefe und vollkommene Weisheit. Ihr erkennt, dass es wahrlich keine materiellen Spiegelungen in der realen Seinsform gibt und sie in der Tat alle nur bewusste Wahrnehmungen eures Geistes sind. Dies wird augenblicklich neue Erkenntnisse in euch gebären.

Auch jene bewusste Steuerung und Beherrschung des Prinzips des Rhythmus wird euch von der Illusion des Vergehens, des Todes und des Zerfall eurer Körper befreien, da ihr erkennt, dass diese ebenfalls nur Spiegelungen eures Verstandes und eurer geistigen Prägungen waren und sind. Ihr werdet alles, was ihr in eurer wahrnehmbaren Realität seht, als Projektion ansehen. Auch wenn es einigen Schwierigkeiten bereiten sollte, kann ich euch versichern, dass euch nichts als Spiegelungen von der Wahrnehmung der Realität trennen. Löst euch davon und lasst Neues für euch zu. In der kommenden Zeit wird dies für euch unerlässlich werden, da euer Heimatplanet, jene wundervolle Göttin, die euch trägt, einen ganz entscheidenden Umbruch vollzieht. Auch sie muss sich vollkommen neu ausrichten und neu positionieren. Je eher und schneller ihr dies in euch festigt, desto leichter könnt ihr mit den energetischen Anforderungen des Wandels in Einklang kommen. Wisset: Auch die Energiezentren jener Göttin der Materie, jener euch in Liebe tragenden Mutter, sind gerade im Wandel und werden gemäß der neuen Schwingungsfrequenz transformiert und angeglichen. Sie erfahren eine neue Präsenz der Magnetstruktur und der polaren Ausrichtungspunkte auf ihrem Körper. Ununterbrochen kommuniziert jene Göttin der Materie mit ihrem kristallinen Herzzentrum, ihrer Blume des Lebens und ihrem Kristallchakra, mit dem kristallinen Zentrum eurer Heimatsonne sowie der Ur-Zentralsonne, der Quellexistenzebene.

In jeder Phase des energetischen Wandels ist es für euch während der kommenden Zeiten ausgesprochen ratsam, euch mit jenen hochenergetischen Energiezentren zu verbinden. Eine stete Verbindung, welche über euer reines kristallines Herzzentrum gesteuert wird, entfacht vollkommen eigenständig die für euren materiellen und feinstofflichen Körper erforderliche Frequenz und Ausrichtung. Somit befindet ihr euch unablässig auf der richtigen Frequenz in Bezug auf jene Phasen, die nunmehr energetisch auf eurer Ebene des Ausdrucks Bestand haben werden. Ihr erhebt euch durch euer reines liebendes Herzzentrum aus jenen polaren Spiegelungen und Wertigkeitsszenarien und befreit euch von den damit verbundenen rhythmischen Prinzipien. Möge euch der Einklang aller Herzen in vollkommener Liebe und Reinheit in Leichtigkeit erreichen und sich sodann in und durch euch hindurch in alle Sphären des Seins offenbaren. Möge meine Liebe euch ein Licht sein und euch führen und leiten. Mögen meine Weisungen euch wahrhaft hilfreich dienen, auf dass ihr euch zu eurem und dem Wohle alles Lebendigen energetisch ausrichten könnt und eure Herzen zu einer vollkommenen Einheit im Universum erstrahlen. So sei es!

In tiefer und vollkommener Liebe,

Thoth

Die Ära des Einsseins im Herzen und die Erkenntnis über den wahrhaftigen Frieden

Habt ihr nun all jene vorherigen Schritte in euch gefestigt und euer liebendes Herzzentrum den neuen Frequenzen angeglichen, so möchte ich noch einige Worte an euch richten, die für das Angleichen und Eintreten in die neue Menschheitsära von außerordentlicher Wichtigkeit sind. Jene Schritte und Erkenntnisse sollten nämlich einem jeden aufstrebenden Meister im Herzen gewahr sein, da sie die Grundvoraussetzung für den »Aufstieg« in die höheren Sphären des Seins darstellen. Sie sind für euch die Eintrittskarte, welche die reine Frequenz eures Herzens als Klangcodierung trägt. Sie bilden – ohne Wenn und Aber – den Schlüssel zu grenzenlosem Frieden und der Freiheit, die euer reines Sein sich ersehnt und die Vollkommenheit eurer Seelenfrequenz alsdann zum Strahlen geleitet.

Auch wenn meine Übermittlungen nicht bei jedem auf Gefallen stoßen, enthalten sie doch die Wahrheit, und es ist keinesfalls mein Bestreben, Worte des Schönredens zu formen. Ich habe euch schon des Öfteren auf jenes Zusammenspiel aufmerksam gemacht, doch konnte ich nicht alle Herzen erreichen. Einige sind stets versucht, wichtige Übermittlungen auszublenden oder teilweise einfach zu überlesen. Diese werden in einigen Bereichen angewandt und/oder auch wieder verdrängt. Schauen wir uns daher noch einmal die derzeitige Situation auf eurer Ebene des Ausdrucks an. Wisset, dass der Schmerz und die Unterdrückung sowie das Leid, das euren Planeten in einen dunklen Schatten hüllt, erlöst und geheilt werden sollten. All jene Schatten, die ihr in euch noch erkennen könnt, sollten jetzt geheilt werden. Verdrängen würde euch jene Phase nur erschweren, und ich bitte euch abermals darum, meine Worte mit euren weit geöffneten Herzen zu erfühlen. Jeder von euch, der sein Streben auf die neue Menschheitsära und die damit verbundene sehr hohe und friedvolle Schwingungsfrequenz ausrichtet, sollte fähig sein, jenen Frieden in seiner Vollkommenheit in seinem gespiegelten Hier und Jetzt auch zu leben. Seht die Tierseelen als wahrhaftige und gleichberechtigte Freunde in eurem Herzen an und erkennt, wie sehr sie sich danach sehnen, mit euch im Einklang zu leben. Erschafft innerhalb eures Seins die gleiche reine Form des Ausdrucks, nach der ihr im Außen strebt. Hier sollte wahre Heilung und tiefe gelebte Erkenntnis erfolgt sein, denn wisset, ohne diese Reinheit wird eine Angleichung an jene Ära nicht möglich sein. Lebt die reine Liebe gegenüber allen Geschöpfen und Ausdrucksformen. Macht keine Unterschiede und bewertet nicht in »besser« oder »schlechter«. Meidet jene Geisteshaltung und korrigiert sie, sollte jenes Muster in euch aufkeimen. Keinesfalls wird in den höheren Sphären das Fleisch des Nächsten verzehrt sowie Leiden verursacht.

Auch wenn dies nicht jedem gefällt, fragt euch selbst im Herzen, wie kann sich ein vom Tod und düsteren Verlangen nach Fleisch getriebener Geist in jenen liebenden und reinen Sphären des Seins seinen Neuanfang in Frieden wünschen? Hier kann und muss zunächst einmal jene Reinheit innerhalb der euch gespiegelten Materie geheilt und im Herzen erkannt sein. Die Wahrheit anzuerkennen ist für viele Menschen jedoch ein schmerzlicher Prozess, und oft sind sie bestrebt, wegzuschauen oder durch Schönrederei zu verdrängen. Innerhalb eurer derzeitigen Ebene des Ausdrucks lässt sich deutlich dieses große Ungleichgewicht erkennen, und in der kommenden Zeit werden jene Schatten noch mehr zum Vorschein kommen. Es ist wie eine Trennung zweier Ebenen des Ausdrucks, ein Aufbäumen vor dem letzten Schritt des Wandels im Großen. Dabei ist wahrlich belanglos, ob jemand bereits viele spirituelle Ausbildungen oder Prüfungen innerhalb der Materie vollzogen hat. Es ist vollkommen unwichtig, wer besonders belesen ist in der spirituellen Literatur und bewandert in vielfältigstem Wissen, denn es zählt einzig und allein die Frequenz im Herzen. Seine Reinheit und Klarheit ist keinesfalls nur in der Elite einiger scheinbar bevorzugter Gruppierungen zu finden. Sie wirkt und erstrahlt bereits klar in vielen Herzen, und wisset, dass diese Menschen oft noch nie ein spirituelles Buch in Händen gehalten haben. Ihr Leben war einfach erfüllt mit der Liebe und den entsprechenden Taten direkt »vor Ort«. Sie waren stets im Einsatz für das Gute in ihrem direkten Umfeld. Sie leben bereits unwissend und doch vollkommen jene Lehren der Meisterschaft, nutzen in Vollkommenheit ihre Möglichkeiten und werden – vollkommen unwissend – mit all den wundervollen Frequenzen ihres Herzens die Geburt jener neuen Menschheitsära begründen.

Dies sollen Worte der Klarheit an euch sein, denn seht, es kann auch ganz einfach sein! Ich muss feststellen, dass, je mehr ein Mensch forscht und strebt, desto leichter er sich in komplizierte Verhaltensweisen und Formengebilde verrennt. Das erschwert jenen vollkommen natürlichen und reinen Prozess nur unnötig und künstlich. Es ist auch ganz und gar einerlei, wie ein Mensch sich kleidet und welche Farben er für sich erwählt. Selbst wenn er sich in weiße Kleidung hüllt, spricht dies nicht unbedingt für eine reine Herzfrequenz, so wie auch ein vollkommen schwarz gekleideter Mensch nicht gleich »böse« und »düster« sein muss. Hütet euch hier wahrlich vor den Eingebungen eures Wertigkeitsverhaltens und den entsprechend von euch geformten Strukturen, wie ein wahrhaft »herzlicher und reiner Mensch« auszusehen hat! Es hat einen tiefen Sinn, warum ich diese Worte an euch richte, da ich dieses Verhalten sehr deutlich erkennen kann und es sich augenblicklich wie ein Schatten über euer Sosein legt. Es ist in der Tat gleichgültig, wie ein Mensch seinen Körper schmückt und welche Farben und Kleidungsstücke er für sich erwählt. Nicht im Mindesten sagt dies etwas über die Qualität seiner Herzensschwingung aus. Der in Weiß gehüllte Mensch kann die dunkelsten Bereiche des Niederen in sich tragen, also hütet euch vor schnellem Urteil, bleibt stets offen im Herzen und richtet keinesfalls über andere!

Findet wahrlich den Frieden in euch selbst und in eurem Umfeld. Nur wenn ihr innerhalb eures Seins jenen Ausdruck des Friedens und der Liebe als tatsächliche Frequenz zum Ausdruck bringt, kann jener von euch ersehnte Frieden auch in der neuen Ära der Menschheit Gestalt annehmen, da ihr ein vollkommener und reiner Teil jener Liebe seid. Liebt die Tiere, liebt die Natur, liebt das Mineralreich und schließt in eure tiefe und reine Liebe die euch Heimat gebende geliebte Göttin der Materie mit ein. Hier findet als Erstes der wichtigste Schritt für jene Ankopplung statt; dieser lässt sich keinesfalls umgehen, und je eher ihr euch innerhalb eures Herzens auf jene Einheit innerhalb der Materie ausrichtet, desto schneller könnt ihr die

Geburtsstunde eures reinen *energetischen Fingerabdrucks* begründen. Ihr tragt jene Möglichkeit in euch und könnt sodann zu jedem bewussten und in euch geheilten Augenblick eure Frequenz entsprechend ausrichten.

Fangt bei euch im Kleinen an und prüft genau, wie ihr mit den euch begegnenden Spiegelungen umgeht. Verschließt ihr eure Augen und geht vorbei am leidenden Tier oder Menschen? Geht ihr wahrlich allumfassend liebend und voller Respekt mit den Tieren um, oder erteilt ihr Auftrag zum Tiermord? Unterstützt ihr noch Leid, gleichgültig in welcher Form, oder verfahrt ihr achtsam und respektvoll mit den lebendigen Ausdrucksformen jener Seinsebene? Dies ist keinesfalls ein Urteil, das ich hier über euch spreche, vielmehr möchte ich eure Herzen in Frieden und Einklang erreichen. Ich möchte euch aufzeigen, wie wichtig jene reine und allumfassende Liebe zu allem Lebendigen der Schöpfung für die Erhöhung eurer Schwingungsfrequenz sowie die Ankopplung an die neue Ära der Menschheit ist. Es ist ganz leicht: Fühlt einfach in euer liebendes Herz, und ihr könnt die Wahrheit in euch spüren. Kein Frieden und keine wahrhaftige reine Liebe sind durch das Erschaffen und Ausüben von Leid möglich. Darin ist die Antwort auf all eure Fragen und all euer Streben zu finden. Öffnet euch meinen Worten und wisset, es sind Worte der Liebe an euch, denn ebenso wie viele meiner Freunde in den Meisterebenen verkünde ich euch einzig die Worte der Heilung und der Reinheit eurer Herzen! Ändert eure Sichtweise und öffnet euer Bewusstsein für jene vollkommene Ausrichtung. In Bezug auf eure Brüder und Schwestern im Tierreich braucht ihr lediglich die Welt mit ihren Augen im Herzen zu sehen und dann zu fühlen. Es sollte euch ein Leichtes sein, sogleich eure Verhaltensweisen abzuändern und hier wahrhaftig die Liebe und den Respekt zu spüren. Alles andere wäre niederes Streben und Suchtverhalten, welches vom Treiben eures Verstandes genährt wird. Keinesfalls sind darin die Strukturen und Frequenzen der Reinheit und Liebe zu finden.

Ich weise nochmals darauf hin, dass es keinen Sinn ergibt, das Fleisch, welches mit den Schatten des Schmerzes, des Leidens und des Blutvergießens an euren Freunden durchtränkt ist, mit euren Händen oder Gedanken zu segnen. Wie sollte jener schmerzerfüllte und mit niederen Schatten durchtränkte Bissen euren Leibern wahrhaft Gutes tun? Er kann und wird euch immer nur Gleiches gewähren und an die schmerzliche Ebene des Leidens und des Niederen binden. Es steht euch frei zu wählen, doch wenn ihr reinen Herzens wählt und dem Ruf eurer Seele folgt, gibt es nur einen Schlüssel in euch zu finden und zu nutzen, jenen einen, der euch die Pforten in die nächsthöheren Zyklen des Seins weist. Wählt frei und tut dies weise. Legt alle Süchte des Niederen in euch ab und befreit euch von den Schatten des Leidens und der Schmerzen. Prüft sehr gewissenhaft euer Verhalten in Bezug auf alle Spiegelungen, die euch im Hier und Jetzt begegnen, und heilt diese.

Ihr wollt jenen Frieden für euch erleben und Heilung erfahren? So erschafft ihn als ersten Schritt in seiner Vollkommenheit in euch selbst, und alsdann werden euch die Tore der höchsten Sphären offen stehen, und eure liebenden Brüder und Schwestern der höheren Zyklen werden euch mit offenen Armen und Herzen empfangen. In vollkommener Liebe, vollkommener Reinheit, Frieden, Freiheit und Achtung allem Lebendigen gegenüber. Findet jenen Frieden in euch als ruhenden Pol im gesamtes Alles. Findet jene Zentriertheit der allumfassenden Liebe allem Lebendigen gegenüber in euch und erweckt sodann die Vollkommenheit innerhalb eures reinen Strahlens. Jene Quelle eures geistigen und reinen Seins wird die Toröffnung der höchsten Energien in euch entfachen und die Pforten der höchsten Frequenzen für euch ebnen! Sie werden euch einladen zu neuen Pfaden der reinen Herzen, der vollkommenen Ausrichtung und des

Eintretens eures wahrhaftigen Selbst in Angleichung eures irdisch materiellen Gefährts an jene lichten Strukturen der neuen Ära des Ausdrucks. So sei es!

In tiefer und vollkommener Liebe,

Thoth

Neustrukturierung der Heimatgalaxie

Es hat sich mit der kosmischen und galaktischen Neuausrichtung eurer Heimatgalaxie sowie der Ankopplung eures Heimatplaneten an die höhere Schwingungsfrequenz der neuen Menschheitsära sehr viel verändert, und es wird sich auch in den nächsten Jahren auf Erden vieles noch in bedeutungsvollen Extremen verändern und neu ausrichten. Es kommt hinzu, dass ihr euch jetzt innerhalb einer »schwimmenden« Zeitfrequenz befindet. Am kosmischen Datum des 21.12.2012 befand sich die Sonne eures Planetensystems in direkter Ausrichtung auf die Ur-Zentralsonne sowie auf eure Heimatwelt. Es gab an jenem Ort ein kosmisches Dimensionstor, das den Zusammenschluss mit eurer Heimatgalaxie offenbarte. Hier fand eine Wiedervereinigung der Herzzentren statt, und euer körpereigenes Frequenzfeld hat nunmehr die Möglichkeit, mit den höherliegenden Sphären des Seins energetisch im Einklang zu verschmelzen. Dies ist allerdings nur durch die entsprechende Ausrichtung innerhalb eurer Herzzentren möglich. Deshalb habe ich in den vorhergehenden Kapiteln auch immer ausdrücklich betont, dass es gilt, innerhalb eurer jetzigen, noch präsenten Spiegelungen die Klarheit und Reinheit zu erreichen und diese wahrhaft zu heilen.

Hier wird nun jenes Vakuum, das euren Heimatplaneten in seiner Schwingungsfrequenz zum Schutze gehalten hat, aufgelöst. Ich habe darüber bereits im irdischen Jahr 2006 in dem Buch *Projekt Menschheit* berichtet und jene Worte durch mein geliebtes irdisches Gegenüber niederschreiben lassen. Sie sträubte sich damals sehr, diese Botschaft an die Menschheit zu übermitteln, da sie Bedenken hatte, die Wahrheit über jenes Vakuum kundzutun. Jetzt ist euer Heimatplanet in einer deutlich höheren Frequenz angekommen und wird behutsam Stück für Stück weiter ausgerichtet und angeglichen. Der Zyklus der Dunkelheit ist beendet, und die lichtvolle Strahlung wird intensiver. Ein neues Zeitalter wurde geboren und kann seinen Einzug halten in die Herzzentren, die Kristallchakras der Menschen. Mit jener Geburtsstunde wurde das Bewusstsein aller Wesenheiten, die euren Heimatplaneten bewohnen, deutlich angehoben. Ein Wandel innerhalb des Energiefeldes ist deutlich erkennbar, doch werden sich nun auch die Restenergien noch einmal aufbäumen und zeigen.

Ihr habt hier nur noch reines und bewusstes Schöpfertum zu vollziehen und braucht euch keinesfalls mehr von niederen, sich aufbäumenden Energien beeinflussen zu lassen. Wendet das euch gegebene Wissen weise an und wisset, dass ihr jetzt gleichermaßen in einer extrem hohen Schwingungsfrequenz eures Heimatplaneten weilt wie in den Strukturen des Hologramms der *alten Welt*. Innerhalb der hohen Schwingung eures Heimatplaneten könnt ihr wahrlich alles Positive ins Bewusstseinsfeld der neuen Ära einspeisen, denn hier und jetzt ist es euch möglich, den Neustart, die bewusste Geburt eurer Menschheitsära gezielt positiv zu beeinflussen und mit den höchsten Energien zu steuern. Die Erhöhung der Photonenanzahl ist für euch selbst mit dem bloßen Auge sichtbar. Ihr könnt nicht nur das Schwingungsniveau eures Körpers mühelos erhöhen und steuern, auch die Wahrnehmung eures Himmels verändert sich. Er wird zusehends strahlender und wesentlich klarer für euch wahrnehmbar sein, denn der auf eure Galaxie ausgerichtete kosmische Synchronisationsstrahl durchtränkt und versorgt euch mit den höchsten Energien und Frequenzen im gesamten Alles. Ihr habt einen Platz innerhalb der Spirale des Neubeginns eingenommen, und das Zeitalter des Lichts hält jetzt seinen Einzug auf Erden sowie auf euren Geschwisterplaneten. Die kosmische Strahlung wird sich deutlich erhöhen, doch gleichzeitig wird sich auch eure Zellstruktur an jene Neuausrichtung anpassen. Dies führt nicht nur zu einer ersichtlichen Anhebung des Massenbewusstseins, sondern wirkt sich auch auf die Magnetstruktur eures Heimatplaneten aus. Aus diesem Grund ist es unabdingbar für euch, euer körperliches Gefährt der neuen Struktur eurer Göttin der Materie deutlich anzupassen.

Seid gewissenhaft in eurem Denken, Fühlen und Tun, da ihr innerhalb jener entsprechend hohen Frequenz zeitgleich manifestiert. Euer Fokus und all euer Streben sollte daher keinesfalls mehr mit niederen Energien und Frequenzen angefüllt sein; ihr würdet sofort wieder in die Spiegelung des Hologramms verfallen! Löst euch von allen Schatten der Vergangenheit und schafft Raum für Neues, denn ihr habt jene Ära nun erreicht! Nutzt und füllt sie mit dem Licht des Positiven und haltet beständig eure höchste Schwingungsfrequenz des von euch gewünschten Ziels aufrecht. Übt darin wahrlich Beständigkeit und erlöst unmittelbar Muster des Alten und Niederen in euch. Seid achtsam bei all eurem Tun und vor allem umsichtig. Korrigiert umgehend alte Verhaltensweisen und ersetzt sie durch jene, die für euch in Vollkommenheit von Bestand sind. Setzt hierauf all eure höchsten Ziele des Herzens und wisset: *Jetzt* ist die Zeitära der reinen Herzensenergie in ihrer wundervollsten Verschmelzung zwischen Himmel und Erde – Geist und Materie – im Großen wie im Kleinen vollzogen. Nicht nur ihr verändert euch nun innerhalb der Qualität eurer Herzfrequenz, gleichzeitig geht auch eine Veränderung astronomischer Größenordung vonstatten. Euer Heimatplanet, eure Heimatsonne sowie die Ur-Quelle allen Seins, eure Mutter-Vater-Göttin, verschmelzen innerhalb ihrer energetischen Zentren zu einer vollkommenen bewussten Einheit ihrer energetischen Herzen. Durch ihre Verschmelzung bilden die Herzzentren, die Kristallchakras, nunmehr eine ungetrennte energetische Einheit.

Und genau hier, innerhalb jener Verschmelzung der höchsten Energiezentren allen Seins, sollt ihr jetzt ebenfalls ein ungetrennter Teil werden. Eben darin liegt der Sinn und Zweck meiner inständigen Bitten, euch im Herzen für meine Worte zu öffnen: damit ich euch jenen Zugang bewusst machen kann. Höchstwahrscheinlich fällt es dem einen oder anderen schwer, sich diese Größe vorzustellen und die Wahrheit hinter jener Einheit zu erkennen. Doch ist dies kein fiktives Wunschdenkens oder vergängliches Träumen, sondern in der Tat die Realität, welche jetzt ihre neue Präsenz innerhalb der kosmischen Räume aufzeigt: *die Ära der verschmolzenen Herzen, die Ära der Vollkommenheit,* welche die Einheit von allem Lebendigen der Schöpfung in reiner Liebe als zündenden Schlüssel in sich trägt. Öffnet euch im Herzen und erkennt, dass ihr wahrlich das Verbindungsmodul zwischen Himmel und Erde seid und nur durch euer aktiviertes Herzzentrum, jenes mächtige hochenergetische Tor in euch, diese Vollkommenheit und Verschmelzung erreichen könnt.

Es ist meisterhaft, welche wundervollen Strukturen und Möglichkeiten sich jetzt für euch offenbaren. Ein jeder von euch, der die kosmischen Gesetzmäßigkeiten anzuwenden versteht, wird den Wandel im Großen wie im Kleinen für sich verspüren können. Erlangt innerhalb eurer Wahrnehmungen und Sichtweisen die grenzenlose Weisheit des Universums und geleitet sie zur gelebten Meisterschaft. Wisset, ihr Menschen, dass es jetzt an der Zeit ist, eure Meisterschaft mit oberster Priorität zu behandeln, da sich die Ereignisse in der stark angehobenen Schwingungsfrequenz eures Heimatplaneten sehr schnell intensivieren. Euer Verständnis dessen wird sich verändern, abwenden vom lauten Lärmen des zweifelnden und sorgenumwobenen Verstandes – und euch unmittelbar dienlich sein.

So möchte ich euch an dieser Stelle noch einmal tiefer in die Grundlagen des Wissens der kosmischen Gesetzmäßigkeiten führen und euch die Zusammenhänge erklären. Es mag sein, dass einige sagen werden, dass sie bereits über das vollkommene Wissen verfügen und diese Stelle überspringen könnten. Ich möchte euch jedoch bitten, diese Zeilen mit eurem Herzen zu lesen und ehrlich zu euch selbst zu sein. Ihr könnt anhand jener Worte überprüfen, ob ihr wirklich bereits die meisterhafte Anwendung und jenes Wissen vervollkommnet habt, oder sich hier doch noch an der einen oder anderen Stelle ein Mangel offenbart. Überprüft es lieber ein weiteres Mal und bedenkt dabei immer, dass eine Erkenntnis jedweder Art stets innerhalb der gelebten Realität zur Anwendung gebracht werden muss, da sie euch sonst immer wieder vom Pfad der Weisheit und Wahrheit abbringen wird. Seht jenes Abkommen vom Weg, der gleichzeitig das Ziel darstellt, stets als eine Energie der Verführung und Ablenkung an. Beobachtet euch wahrhaft sorgfältig bei all eurem Denken, Fühlen und Tun und erkennt, wie oft ihr durch die gesellschaftlichen Prägungen und alten Formen und Denkmuster sowie von den Begebenheiten innerhalb eures Soseins abgelenkt werdet und immer wieder nur halbherzig oder jedenfalls nur teilweise dieses Wissen für euch anwendet.

Ihr Menschen, wisset: Ich bin bei euch, und wir alle in den feinstofflichen Sphären des Seins können euch innerhalb eures Seelenspiels und eurer Inkarnation sehen. Wir alle sehen, wie ihr euch oft plagt und immer wieder von den noch so guten Vorsätzen abbringen lasst. Ihr geht mit den besten Voraussetzungen in den Tag hinein und erliegt doch häufig den Prüfungen innerhalb jener Abläufe. Wisset, dass ihr innerhalb eures Soseins wirklich alle Werkzeuge für die wahrhaft erstrebenswerte Meisterschaft übermittelt bekommen habt. Jedoch müsst ihr diese auch für euch anwenden und nicht nur um ihre Existenz wissen. Die beliebtesten kosmischen Gesetze innerhalb der Abläufe vieler erwachter Seelen sind jene von Ursache und Wirkung und von der Polarität, aber dann hört es meist auch schon auf. Ihr wisst um jene Goldenen Regeln, aber bezüglich der Umsetzung in die gelebte Realität wird es wahrlich einem Wunder gleichgestellt, wenn sie funktionieren. Eine positive, bewusst gesteuerte und stabile Manifestation aufrechtzuerhalten oder zu erschaffen ist nach wir vor kein Leichtes für euch. Ihr zweifelt immer noch sehr an jenen Möglichkeiten, obgleich ihr im Herzen um diese Dinge wisst. Warum zweifelt ihr so oft und seid in Sorge? Warum seht ihr nicht, dass jene Energien immer wieder den entsprechenden Pol zum Realisieren für sich suchen und dieser doch meist für euch nicht wünschenswert ist? Warum habt ihr wundervollen Wesenheiten so viele und schöne Träume, obgleich viele von euch immer wieder Augenblicke im Leben haben, in denen sie nur teilweise auf die Vollkommenheit jener Werkzeuge vertrauen? Sie denken, dass dies alles nur teilweise geschieht und anwendbar ist und dass jene Gesetze bei ihnen selbst einfach nicht funktionieren.

Und wenn ich euch gelobe, dass all jene Gesetze im gesamten Alles ihre Wirkung offenbaren, werdet ihr sie dann in tiefer Weisheit für euch anwenden? Und wenn ich euch gelobe, dass jene Gesetze euch ununterbrochen durch die illusorischen Spiegelungen geleiten und alles im Außen sowie im Innen widerspiegeln, werdet ihr dann wahrhaft weise jene Energien steuern und zum Einsatz geleiten? Und wenn ich euch gelobe, dass alles, was euch umgibt, durch die Macht eures Geistes veränderbar ist, und dieses ohne Wenn und Aber, werdet ihr dann die Materie entsprechend entschlüsseln und in Gleichnis setzen mit eurem körperlichen Gefährt? Ihr geliebten Wesenheiten, die ihr zu dieser einzigartigen Epoche der Menschheitsgeschichte hier auf Erden wandelt, wie schwer scheinen jene Worte es doch bei dem Versuch zu haben, ihren Samen bis in die Tiefen eures Soseins zu legen, damit ihr endlich eure Ernte einfahren und eure Früchte der Erkenntnis genießen könnt?

Durch all meine vormals an euch gerichteten Worte bitte ich euch inständig, die Welt um euch herum mit anderen Augen wahrzunehmen, als sähet ihr in einen Spiegel, um euer Antlitz zu betrachten. Bedenkt bei all eurem Tun, dass euer Körper auf all eure Befehle reagiert und sie sodann für euch in tiefer und reiner Liebe beständig ausführt. Er ist wahrlich ein wundervolles und einzigartiges Transportmittel für eure Seele, ganz gleich, in welcher Art und Weise sich jenes Fahrzeug für euch darstellt und offenbart. Euer Körper ist genau so, wie ihr ihn euch in dem vollkommenen Zustand vor eurer Inkarnation auserwählt habt. Dies geschah in absoluter Liebe und Sicht der Vollkommenheit, denn für euch war und ist jenes Gefährt vollkommen und wundervoll. Lest meine vorangegangenen Worte erneut und öffnet weise euer Herz. Erwacht und lasst euch keinesfalls mehr von eurem Pfad abbringen, jetzt, da das Ziel der neuen Ära, jene Geburtsstunde des wahrhaft Wundervollen, auf euch wartet. Haltet euch beständig das Ziel vor Augen und festigt eure energetische Ausrichtung entsprechend. Werdet darin wahrhaftige Meister und folgt jenen Pfaden der Weisheit in steter Freude und Leichtigkeit, auf dass eure zellularen und geistigen Ebenen sich klären mögen und vollkommene Heilung und Transformation geschieht. So sei es!

In tiefer und vollkommener Liebe,

Thoth

Neustrukturierung der Energiezentren im körperlichen Sein

Es findet durch jenen Wandel und die Neuausrichtung eures feinstofflichen Gefährts auch eine Neustrukturierung innerhalb eurer zellularen Ebenen und eures grobstofflichen Gefährts statt. Eure Energiezentren versorgen nun euren Körper stetig mit den Frequenzen der neuen Menschheitsära, die deutlich hochschwingender ist und durch die sich auch die grobstoffliche Materie in ihrer Schwingungsqualität neu ausrichtet. Alles schwingt erkennbar schneller und wird in sich lichter. Euer Körper wird sich hierauf durch jene Steuerung der Energiezentren sichtlich verjüngen und klären. Euer gesamtes zellulares System wird neu strukturiert und geheilt, und ihr werdet nicht mehr erkranken, weil diese Neuausrichtung auch die vormals übermittelten Grundschritte und Prüfungen in sich trägt. Diese sind sodann vollkommen in und um euch geheilt. Wisset, Menschen: Ihr erlebt dadurch eine

Art Neustart eures grobstofflichen Seins. So etwas hat es in dieser Art und Weise noch niemals zuvor gegeben, und deshalb solltet ihr euch freuen, jener Neugeburt, jenem Beginn einer großartigen Ära der Menschheitsgeschichte beiwohnen zu dürfen! Ihr seid mittendrin in der schönsten und wundervollsten erneuten Geburtsstunde der Menschheit. Fühlt euch jetzt einfach so, als hättet ihr das schulische ABC in euch verstanden und als könntet ihr endlich eigenständig lesen. Ihr *habt* es verstanden, und die Freude ist groß und unermesslich in eurem Sein. Fühlt nur die Freude und Leichtigkeit bei der Übermittlung meiner Worte und bringt zweifelnde Worte in eurem Geist augenblicklich zum Schweigen. Schickt störende Gedanken hinfort und lasst euch keinesfalls von eurem Pfad des Neubeginns abbringen.

Bleibt offen und freudig im Herzen, denn genau hier an diesem Punkt und an dieser Schwelle drohen doch sehr viele zu scheitern. Dies soll vermieden werden, deshalb ruft euch immer gleich, sollte jenes Flüstern in euch ertönen wollen, Zuversicht, Freude und Leichtigkeit in euer Schwingungsfeld. Vollzieht dies innerhalb eines Atemzugs und geht weiter als weiser, geduldiger und im Fleiße wohlwollend vorwärtsstrebender Meister! Lasst keinesfalls ab von eurem Ziel und seid beständig in eurem Herzzentrum, eurem Kristallchakra, dem Strahlen eurer Blume des Lebens in euch. Bleibt hier stets in der Vollkommenheit eures Schwingungsfeldes! Es wird eine Zeit und Phase des Reifens von euch erfordern, bis sich dieses konstante Schwingungsfeld vollkommen festigt. Allerdings wird jene Technik, welche ihr in eurem Streben erreicht, für die kommende Zeit ausgesprochen wichtig sein und euch helfen, den Erfordernissen der Neuausrichtung und Umpolung eurer Seinsebene standhalten zu können. Genaueres werde ich hierzu später noch in dem Kapitel *Die Phase des Umbruchs und des Neubeginns* schildern.

Für die besagte Stufe eurer energetischen Schwingungspräsenz ist eine bewusste und regelmäßige Aktivierung der Verbindung mit den geistigen Zentren ausreichend. Ihr werdet jenen Wandel innerhalb einer schützenden kosmischen Herzfrequenz vollbringen. Stellt euch zum besseren Verständnis einfach vor, dass eure Mutter-Vater-Göttin den Ruf eurer Seelen- und Herzfrequenz erhört hat und euch sogleich in ihren Schutz hüllt. Ihr seid ein bewusst und allumfassend liebender Teil jener Quellexistenzebene, und eure Frequenz ist eingebettet in ihr mächtiges geistiges Zentrum. Weilt bewusst in der Energie eures reinen Herzens und der steten Verbindung mit den Herzzentren, die euch umgeben und tragen. Die Ausübung der steten Verbindung ist ganz leicht und einfach, erfordert allerdings eine bewusste Präsenz der Erkenntnis der allumfassenden Liebe zu allem Lebendigen der Schöpfung! Eure Ebene des Seins ist hier für euch die beste Schule, um all jene möglichen Verhaltensmuster innerhalb der euch gespiegelten Begebenheiten zu erkennen und sogleich zu heilen.

Es ist an euch, wie beständig ihr die Frequenz der *neuen Welt* in und um euch haltet und jene neuen Energiefelder in euch stärkt. Bedenkt, es beginnt wahrlich wie bei einer jungen Knospe, die sich in ihrem Streben und Sehnen allmählich den Frühlingsstrahlen der Sonne öffnet. Zart und empfindlich ist sie am Anfang, empfänglich für Schaden durch Kälte und Frost, doch bleibt sie aufrecht stehen, um letztlich mit den Strahlen der wärmenden Sonne in volle Blüte überzugehen, in vollem Glanz. Achtet hier auf den geschilderten Werdegang! Jeder Reifeprozess folgt den Frequenzen der Sonne; jene Kraftquelle leitet alle Zyklen des Werdens innerhalb eurer Ebene des Seins, auch die eurigen. Selbst wenn ihr vorübergehend zu scheitern droht und dadurch euer Gleichgewicht kippt, bedarf es doch nur eines einzigen wachsamen Augenblicks und eines bewussten energetischen

Atemzugs, und ihr könnt diese Schwingungsfrequenz in und um euch sofort wieder umkehren und zu eurem und dem Wohle aller Beteiligten wandeln! Wisset: Ihr seid wachsame Meister, die Stolpersteinen jedweder Art stets in Freude begegnen, da sie wissen, dass sie an ihnen wachsen und zu noch größerer Meisterschaft und der entsprechenden Schwingungsfrequenz erwachen können. Sie erkennen sie in Freude und begegnen ihnen mit der gleichen Energie! Dies ist die Kunst innerhalb aller Prüfungen, denn dadurch offenbart sich Leichtigkeit im Sein und Ausdruck. Ohne jenen Widerstand und den Wandel der Energie gäbe es weder Wachstum im Geiste noch innerhalb irgendwelcher Sphären des Seins. Nur das Erkennen, dass es das Niedere, wie es sich euch auch gerade darstellen mag, im Grunde gar nicht gibt und es nur eine illusorische Spiegelung im Rahmen eurer energetischen Skala des geistigen Wachstums und der Schulung der Qualitäten eures Herzens darstellt, wandelt euch zu wahrhaftigen Meistern. Ich bitte euch inständig, meine Worte an euer Herz zu lassen, euch für sie zu öffnen und dadurch großartigen Wandel zu ermöglichen. Dieser stellt auch Heilung dar für die Ebenen der Tierseelen, der Naturpräsenzen und jener wundervollen Göttin, die euch trägt und Heimat gewährt. Seid euch dessen bewusst: Ihr seid der Schlüssel dazu, und ihr tragt dieses unendlich kostbare Geschenk innerhalb der Reinheit eurer Herzen und eures Seins.

Sodann sind die Polaritäten geheilt und transformiert, und jener Gleichklang und die entsprechende Schwingung innerhalb eurer Energiezentren sind klar zu erkennen. Ich möchte hier noch einmal bemerken, dass die Gesetzmäßigkeiten der Polaritäten auch weiterhin existent sind, nur habt ihr ihnen den daraus resultierenden Schatten und die damit verbundene niedere Frequenz innerhalb der euch gespiegelten Materie genommen. Ihr habt sie im wahrsten Sinne des Wortes transformiert und wieder in Vollkommenheit gebracht. Ihr fühlt mit all euren Sinnen jene Leichtigkeit und Klarheit in euch, und diese gebärt nunmehr gleichzeitig neue Sinne und neue Wahrnehmungen. Ihr werdet wieder ganz leicht und deutlich über euren strahlenden Stern in eurer Stirnmitte kommunizieren. Ihr werdet die Fähigkeit zurückerlangen, mit anderen Welten zu sprechen und sie vollkommen klar wahrzunehmen. Ihr werdet mit der Reinheit eures *Herzens* erkennen, gleichzeitig mit der Klarheit eures *Stirnchakras* sehen und über euer weit geöffnetes *Kronenchakra* im Glanze der Einheit und steten, bewussten Verbindung mit allen geistigen Zentren erstrahlen und wirken. Diese drei Energiezentren werden in der neuen Menschheitsära die Hauptzentren sein, mit denen ihr innerhalb der Ebene des Seins wandelt. Euer *Kristallchakra*, euer *Stirnchakra* und euer *Kronenchakra* sind jene Energiezentren, welche euch auf die nächsten Stufen des Seins heben und neues Wissen und neue Weisheit in euch gebären und festigen.

Erinnert euch an meine Worte, die ich einst in dem Buch *Projekt Menschheit* an euch richtete. Ich entsinne mich noch sehr gut, wie sich auch hier mein geliebtes Gegenüber doch sehr sträubte, sie für mich niederzuschreiben. Zu groß war ihre Sorge, dass das alles so vielleicht nicht stimmt. Es war in den Anfängen unserer gemeinsamen Arbeit im irdischen Jahr 2004, und ich möchte mich hier aus den Tiefen meines Seins für ihren Mut und ihre Ausdauer bedanken. Dass sie selbst angesichts der schwierigsten Hürden, trotz vieler Widerstände, Missgunst und schweren Verlusten, weiterhin den Weg mit mir gegangen ist. Dass sie nach wie vor an unserer Verbindung festhält, die eine innige Verabredung beiderseits darstellt, hier und jetzt für die Menschheit zu wirken. Schon oft bildeten wir eine Einheit von männlicher und weiblicher Präsenz. Dies wurde auch diesmal weit vor ihrer Inkarnation entschieden, und ich verneige mich vor ihr in tiefer Liebe und Bewunderung, weil sie jenen schweren Pfad für sich erwählt hat. Sei versichert, es dauert nur noch ein Erdenleben, und wir werden einander wieder ganz nahe sein, geliebtes Wesen meines Herzens! Schenke mir auch künftig dein Vertrauen, so wie ich hiermit alle Menschen dieses Planeten bitte, sich im Herzen jener neuen Ära zu öffnen, damit sie zu noch größeren Abenteuern »auftauchen« können, die ich ihnen in unendlicher Liebe so gern offenbaren möchte.

Diese größeren Abenteuer zu erfahren setzt die ersten Schritte bei eurer Schulung im *irdischen energetischen ABC* voraus – und deshalb: Folgt mir im Herzen, denn es erwartet euch noch so viel Schönes, und mein reines Sein und strahlendes Herz hüpft vor Freude, weil es jetzt nicht mehr lange dauert, bis ich euch jenes Wunder des ankoppelnden weiteren »Aufstiegs« und der damit verbundenen Stufen und Prüfungen offenbaren darf. Bitte verzeiht meine forsche Art, doch ist dies mit einer großen Freude meinerseits verbunden, und ich warte schon so lange darauf, euch jenes Wissen übermitteln zu dürfen. So sei es!

In tiefer und vollkommener Liebe,

Thoth

Das Setzen des energetischen Fingerabdrucks

Jetzt ist euer Heimatplanet an die Frequenz seiner Geschwisterplaneten in der fünften Dimensionsdichte angekoppelt. Einst wurde jene Göttin der Materie zum Schutz der auf ihr lebenden Wesenheiten in einem Vakuum gehalten, doch dieses ist nun aufgelöst und euer Heimatplanet befindet sich in der Frequenz der *neuen Welt*. Ihr erfahrt derzeit noch ein stetes energetisches Auf und Ab inmitten zweier Zeitfrequenzen, der »schwimmenden« Zeitfrequenz jener zeitgleich in einem Hologramm existierenden *alten Welt* und der Schwingungsfrequenz der *neuen Welt*. Jene wundervolle Göttin ist allerdings in die Frequenz der neuen Ära aufgestiegen, und so heißt es für die Menschheit jetzt, durch die Qualitäten der Spiegelungen innerhalb der *alten Welt* und die daraus resultierenden Prüfungen schnellstmöglich zu wachsen und durch das Energietor oder Kristallchakra, das innerhalb eines jeden Menschen ruht, anzukoppeln an die *neue Welt*. Ich beschreibe hier bewusst den Zustand der gleichzeitigen Anwesenheit in zwei verschiedenen Welten, denn wenn ihr erfüllt seid von den Dramen und Szenarien der alten Zeiten, des Niederen und all der Spiegelungen, die euch an die alte Ebene der Dichte und Materie binden, so befindet ihr euch stets im Hologramm und keinesfalls auf der wahrhaftigen Erde!

Dies kann bei vielen feinfühligen und bewussten Menschen unangenehme Disharmonien in ihren Emotionen und körperlichen Wahrnehmungen bewirken. Wann immer diejenigen, die bereits offen und liebevoll durchs Leben gehen, in die Muster und Dramen der alten Ära hineingezogen werden, fühlen sie sich in extremem Maß abgekoppelt, schwer, traurig und hilflos. Ihr Bewusstsein weiß bereits, dass es in der höheren Frequenz sein Zuhause hat, aber der irdische Körper nebst *Scheinbewusstsein* versucht immer noch die Kontrolle über jene Schatten und Dramen zu gewinnen! Sie sind sich energetisch nicht der damit verbundenen Prüfung und Schwingung bewusst, und dies erfordert in der jetzt präsenten hochschwingenden Frequenz eine noch größere Anstrengung. Daher fühlen sich viele derzeit so hilflos, ruhelos, mitunter sehr traurig und abgetrennt. Auch körperliche Disharmonien können eine starke Präsenz zeigen, da ihr zwischen den Welten hin und her taumelt und schwingt. Schlafstörungen, Mattigkeit, Gemütsschwankungen, vermehrte Müdigkeit, Kopfschmerzen und andere Disharmonien können zum Ausdruck kommen.

Es gibt jene unter euch, die einfach keine Hoffnung mehr spüren, die nach wie vor auf die Schatten der *alten Welt* blicken und sich mit ihrem ganzen Sein darin verlieren, obgleich sie innerhalb eines bewussten Atemzugs und Augenblicks alles wahrhaft zum Positiven verändern können! Ich bitte sie inniglich, auf meine Worte zu hören, sich nicht mehr ablenken zu lassen und mit größter Obacht und Gewissenhaftigkeit die Schwingungsfrequenzen stets auf das höchste erreichbare Wohl und Ziel ausgerichtet zu halten. Bitte vergesst niemals, dass es *JETZT* von oberster Priorität ist, euren *energetischen Fingerabdruck* innerhalb der neuen Menschheitsära, der Frequenz der *neuen Welt*, zu setzen und diesen beständig zu halten und zu festigen! Geht beim Aufbau der Energie stets wie nachfolgend übermittelt vor, auch wenn es euch freisteht, dies nach eigenem Ermessen und Gefühl anzupassen und abzuändern. Ihr solltet vor allem erkennen, wie wichtig im Hier und Jetzt eure stete und bewusst liebende Wahrnehmung der Verbindung mit jenen energetischen Zentren für euch ist. Sie wird euch leiten und schützen und immer an die Frequenzen eures wahrhaftigen Heimatplaneten angleichen und euch auf diese Weise liebevoll ins Einssein »tragen«.

∝ Öffnet eure Chakras an den Fußsohlen und verbindet euch bewusst mit dem Erdherzen, der kristallinen Blume des Lebens eurer liebenden Göttin der Materie. Fühlt ganz bewusst, wie die Energie in euch einströmt, und sendet ihr Dankbarkeit aus eurem weit geöffneten Herzzentrum. Zieht sodann bewusst die Frequenz/ Energie in eure Blume des Lebens, euer Kristallchakra, euer neu ausgerichtetes Herzzentrum und öffnet dieses mit einem bewussten Atemzug ganz weit.

∝ Leitet bewusst die Energie zu eurem Stirnchakra hinauf und lasst jenes geistige Zentrum in euch erstrahlen. Fühlt so lange, bis ihr jene Frequenz in euch wahrnehmen könnt. Dann öffnet ihr euer Kronenchakra ganz weit. Wenn ihr euch auf eure Wahrnehmung konzentriert, könnt ihr hier auch zur Verstärkung das Öffnen einer wunderschönen Blüte vernehmen. Lasst dies zu und öffnet euch hier wahrlich weit und fühlt, wie eure Energiefrequenz sich sodann nach oben hin ausdehnt.

ဆ Jetzt verbindet euch mit der kristallinen und mächtigen Blume des Lebens in eurer Heimatsonne. Zur bewussten Verstärkung könnt ihr noch zusätzlich im Geist folgende Worte sprechen: *»Ich bin in der vollkommenen und reinen Schwingungsfrequenz mit meiner Heimatsonne.«* Atmen! Eventuell werdet ihr spüren, wie eure Zirbeldrüse sowie euer Stirnchakra intensiv auf die Resonanz mit der Frequenz eurer Heimatsonne reagiert. Lasst diesen Energiefluss zu und sich ausdehnen und macht anschließend weiter.

ဆ Verbindet euch sodann bewusst mit der Frequenz der Ur-Zentralsonne. Zur Verstärkung könnt ihr zusätzlich ebenfalls im Geist folgende Worte sprechen: *»Ich bin in der vollkommenen und reinen Schwingungsfrequenz mit der Ur-Zentralsonne.«* Atmen! Hier kann es sein, dass ihr ganz deutlich spürt, wie euer Kronenchakra in Resonanz geht mit jenem mächtigen Zentrum eurer Ur-Zentralsonne. Lasst dies zu und fühlt jene Frequenz in euch einströmen und wie sich ihr hochenergetisches Wirken innerhalb eures Kronenchakras offenbart und intensiviert.

ဆ Wenn ihr diese Energiefelder bewusst aufgebaut habt, richtet ihr euer Herzzentrum, euer Kristallchakra, auf die neue Ära, die neue Frequenz eures Heimatplaneten aus und füllt hier und jetzt eure schönsten Visionen und Gefühle in diesen Raum. Betrachtet mit eurer ganzen Vorstellungskraft jene neue Ära der Menschheit und ihre reine und konzentrierte Frequenz und festigt sodann euren *energetischen Fingerabdruck*. Ich bitte euch, jene Wahrnehmung über eure Präsenz in der neuen Ära in euch wahrlich bewusst zu festigen. Haltet unbedingt jene Frequenz in euch lebendig!

ဆ Wenn ihr diese Schritte vollzogen habt, lasst die Energie einfach fließen und genießt die energetische und wundervolle kosmische Ausrichtung und die Präsenz jener Schwingungsfrequenzen der verbundenen geistigen Zentren und Blumen des Lebens. Empfangt die Frequenzen aus jenem Energietor und durchtränkt eure zellularen Ebenen mit ihnen. Bedenkt, dass ihr jetzt in die Phase der »schwimmenden« Zeitfrequenz eintretet. Dies dient dazu, jene liebende Göttin der Materie wieder harmonisch in die Frequenz der Heimatgalaxie einzugliedern. Hier in diesem Raum der neuen Möglichkeiten werden sich vollkommen neue Frequenzen offenbaren. Haltet euer Herz und eure Augen offen und seid bereit, mit der Reinheit eures Seins in jene Menschheitsära einzutauchen.

Dies ist nur ein Vorschlag, jedoch wählt weise euren Pfad zum Aufbau jener Verbindung. Genießt die daraus resultierende Frequenz und öffnet euer Herz, denn so seid ihr wahrlich für die kommenden Phasen des Umbruchs bestens vorbereitet! Auch wenn sich um euch herum weiterhin die Dramen der *alten Welt* zeigen mögen, wisset, dass dies eine ganz wichtige Prüfung eures Seins ist, die ihr zu meistern habt. Wenn ihr spürt, dass ihr aus dem Gleichgewicht geraten seid und eure Energien auf die alten Frequenzen ausgerichtet sind, so bitte ich euch, einen bewussten Atemzug zu nehmen, im Geiste innezuhalten und euch mit einem bewussten und hochkonzentrierten Wandeln eures Schwingungszustandes auf das Niveau eures *energetischen Fingerabdrucks* emporzuheben! Haltet die Frequenz beständig, und wenn es euch nicht gleich möglich sein sollte, versucht es immer und immer wieder, bis ihr darin zur Meisterschaft gelangt seid. Es ist so leicht wie das Lachen eines kleinen Kindes, so leicht wie der Flügelschlag eines wundervollen Schmetterlings im Licht und Glanz der Sonne, so leicht wie das Strahlen eures reinen Herzens. Es bedarf *NUR* eines einzigen bewussten Atemzugs in jenem Energiefeld des reinen leichten Seins, und ihr befindet euch augenblicklich wieder auf dem Schwingungsniveau der neuen Menschheitsära.

Wann immer ihr euch in der illusorischen Schwere befindet, bitte ich euch zu atmen und euch für einen kurzen Moment vor eurem geistigen Auge auf den Tanz eines Schmetterlings zu konzentrieren. Seht, wie viel Freude in ihm steckt und wie er als Bote der Leichtigkeit euren Herzen das Strahlen der Sonne bringt. Wann immer euch die Schwere erreicht, bitte ich euch innig, euch an den Boten der Leichtigkeit zu erinnern und sodann wieder neu auszurichten. Wisset, geliebte Menschen, es ist wahrlich alles ganz leicht, nur die illusorischen Spiegelungen und Scheinrealitäten sind jene Fesseln, welche euch von der Wahrheit entfernen. Gerade wenn ihr euch mit dem Glanz eures wahren Selbst auf die *neue Welt* einstimmen wollt, kommen die Prüfungen des Niederen, die euch von eurem Vorhaben abbringen und ablenken wollen. Wenn ihr stets wachsam seid und euch auch bei Fehlschlägen und Misslingen immer wieder ausrichtet, wird euch dieses Streben reich belohnen. Haltet durch und seid fleißig und achtsam in eurem Fühlen und Tun und erfüllt jene neue Ära mit dem Glanz eures reinen Herzens. Hierauf war einst vor eurer Inkarnation all euer Sehnen und Streben gerichtet, und dies ist das Ziel, das nunmehr ganz nah vor euch thront. Ihr müsst es nur noch ergreifen und zum Leben erwecken! Merkt euch meine Worte gut, prägt sie euch ein, damit ihr keinesfalls immer wieder in die Mühlen des Scheiterns hineingezogen werdet. Auch wenn die Welt sich in Leid und Qualen wiegt, auch wenn sie um euch herum aus den Fugen gerät, bleibt stets in eurer Mitte und in der von euch gewünschten Frequenz eures *energetischen Fingerabdrucks!* Lebt den »Himmel auf Erden«, den ihr euch bereits seit so langen Erdenjahren ersehnt. Jetzt ist er da, ihr müsst ihn nur noch ergreifen und in ihm leben und ihm mit dem Strahlen eures reinen Seins das Leben einhauchen.

All diejenigen, für die sich in diesem Augenblick Fragen und Wirrungen um die zwei zeitgleich existierenden Welten ergeben, möchte ich inständig bitten, die oben erfolgten Erläuterungen immer und immer wieder durchzulesen, und dies vor allem offenen Herzens. Bringt auch hier den zweifelnden oder tönenden Verstand zum Schweigen. Selbst wenn es euch an Vorstellungskraft mangeln mag, könnt ihr diese vorübergehende scheinbare Schwäche in euch doch zu meisterlicher Stärke wandeln. Sodann betrachtet jene Worte bitte mit den offenen Augen eines Kindes, das keine zweifelnden Gedanken und Möglichkeiten kennt. Es ist nun einmal Tatsache, dass jene zwei Welten existieren, und die Qualität eurer Schwingungsfrequenz ist dafür verantwortlich, dass ihr euren *energetischen Fingerabdruck* innerhalb der *neuen Welt* setzen könnt, um dort jene neue Menschheitsära zu begründen. Ich bitte euch daher innig darum, euch dieser offenbarenden Wahrheit zu öffnen und sie in der Tat zuzulassen. Ihr würdet euch ansonsten an das Hologramm binden, und hiervon möchte ich euch aus den Tiefen meines liebenden Herzens lösen!

Das, was es zu erreichen gilt, dient dem höchsten Wohle eurer Seele! Mögen meine Worte euer Herz erreichen und euch den Pfad in die neue Menschheitsära weisen. Möge der Klang der neuen Energiefrequenz euer gesamtes Sein mit tiefer Weisheit, Zuversicht, Vertrauen, Leichtigkeit und Freude erfüllen, auf dass meine Worte euch die Pforten der höchsten Energiefrequenz in euch offenbaren können. Möge meine Liebe eurer Sein durchtränken und eure zellularen Ebenen mit dem Glanz der höchsten Frequenzen im gesamten Alles erklingen lassen. Nehmt meine Hand, die ich euch reiche, und lasst euch keinesfalls von eurem Ziel abbringen, ablenken oder umstimmen. So sei es!

In tiefer und vollkommener Liebe,

Die Phase des Umbruchs und des Neubeginns

Es werden sich in den kommenden Zeiten recht bald sehr viele globale Veränderungen ereignen, die von der Menschheit eine entsprechende energetische Ausrichtung fordern, wenn sie diese Phasen des Umbruchs meistern will. Aus diesem Grunde bitte ich euch aus den Tiefen meines Seins darum, meinen Worten zu lauschen und die übermittelten Übungen sowie das damit verbundene Wissen zu festigen und innerhalb der gelebten Realität umzusetzen. Es sollten hiermit keinesfalls mehr kostbare irdische Zeitphasen verschwendet werden; richtet jetzt vielmehr all euer Streben auf das Erreichen jener energetischen Bewusstheit aus. Es werden große Veränderungen auf eurem Heimatplaneten vonstatten gehen, und sie werden die Menschheit vor mehrere große Herausforderungen stellen.

Meine Worte sind mit äußerster Dringlichkeit an euch gerichtet, auf dass ihr wahrlich all euer bewusstes und liebendes Streben auf das Erreichen jenes Einklangs in euch ausrichten möget. Bitte öffnet euer Herz und werdet wieder zu allumfassend liebenden Wesenheiten. Beruhigt das Lärmen eures Verstandes und befriedet das Ego in seinem Tun. Findet Ruhe innerhalb eures Herzens und wandelt mit offenen Augen der reinen Liebe innerhalb eurer Seinsebene. Liebt und ehrt jene Ebene mit all eurer Dankbarkeit und öffnet euch für den größten Respekt gegenüber euch selbst und eurer Göttin der Materie sowie wahrlich allem Lebendigen eurer Seinsebene. Verneigt euch in tiefer Demut vor jener Präsenz des Vollkommenen und seht: Es entfacht die Frequenzen des liebend reinen Einheitsbewusstseins in euch. Dieses ist gleichsam Voraussetzung für das Eintreten in die neue Ära der Menschheit, denn es handelt sich um die Frequenz des friedvollen Gebärens der *neuen Welt*.

Ich gebe euch in diesem Buch wahrlich alle Schlüssel der Kostbarkeit für den Eintritt in die Ära des Neubeginns. Jener Zyklus der reinen und allumfassenden Herzensenergien hält nunmehr seinen Einzug für euer Sein, und ich überreiche euch jenes Wissen, um jene Ankunft für euch sodann im Hier und Jetzt zu sichern. Lauschet weise meinen Worten und öffnet euer Herz! Wendet das übermittelte Wissen für euch an und wisset: Jener Pfad ist wahrlich einfach und leicht. Ihr braucht nur die reine Liebesfrequenz zu allem Lebendigen der Schöpfung – euch eingeschlossen – zu leben, und vor allem durch euch *hindurch* zu leben, auf dem Wege eurer aktivierten Energiezentren, in gleichzeitiger Verbindung mit dem Herzen eures Heimatplaneten, eurem neu ausgerichteten Herzzentrum, dem kristallinen Herzzentrum eurer Heimatsonnen sowie eurer Ur-Zentralsonne. Habt ihr jenen Fluss in euch energetisch stabilisiert und gesichert, so werdet ihr stets auf der vollkommen ausgerichteten Frequenz der *neuen Welt* sein, und euch wird keinesfalls Schaden erreichen können. Ihr betretet dann den bewussten Einheitsfluss der neuen Ära und der reinen Herzensenergien.

Tretet ein mit eurer Schwingungsfrequenz in jenes kosmisch allumfassend und hochenergetisch ausgerichtete Feld der neuen Zeit. Lasst ab von allen Sorgen und Nöten, die begründet wurden in der Phase des Schattens und des Niederen! Jene Ära der Dunkelheit wird nun vergehen und der Zyklus des Lichts im Einheitsbewusstsein der liebend reinen kristallinen Herzen seine Geburtsstunde offenbaren. Es ist Zeit, ein bewusster Teil davon zu werden und sich jetzt mit all eurer Frequenz auf jenes Schwingungsfeld zu heben. Es ist Zeit loszulassen und neue Pfade der Weisheit zu betreten. Ihr wolltet dabei sein? Nun ist es so weit! Dies ist nur möglich, wenn ihr wahrlich alles Alte loslasst und bereit seid, Neues für euch zuzulassen. Alle alten Fragen, Muster, Sorgen oder Verhaltensstrukturen, die in euch aufkeimen mögen ... Erlöst sie jetzt! Fühlt euch jetzt, an diesem Punkt in eurem Leben, wie ein ungeborenes Kind, das bereit ist, in all seiner Reinheit voller Freude die neue Ära zu betreten. Gestattet euch, geboren zu werden, eine Wiedergeburt in eure wahre Ausdrucksform des reinen Seins. Jetzt ist die Zeit gekommen, all jenes Wissen, das euch auf diese Geburtsstunde vorbereitete, anzuwenden und innerhalb eurer gelebten Realität umzusetzen. Geliebte Wesenheiten, öffnet euer Herz und gestattet euch jene Heimkehr in die Zyklen der verbundenen Herzen. Ihr seid ein Teil davon, und so nehmt meine Hand, die ich euch in Herzensverbundenheit reiche, und tretet ein in jene Ära des Lichts. So sei es!

In tiefer und vollkommener Liebe,

Die Geburt der neuen Menschheitsära

Habt ihr sodann die neue Ära mit eurer reinen Schwingungsfrequenz betreten, so werdet ihr neue Wahrnehmungen und Spiegelungen innerhalb der durchlichteten Materie erfahren. Wisset, dass ihr nun mit der Schwingungsdichte eurer Geschwisterplaneten angekoppelt habt und so wahrlich neue Bekanntschaften machen werdet, die als freudvoll anzuerkennen sind. Ihr braucht hier vorab keinesfalls Bedenken oder Furcht zu haben, sie sind bereits in jener vollkommenen Liebesfrequenz, und jenes Energietor haben sie, aus eurer irdischen Sicht der Zeit, bereits vor Langem durchschritten. All jene negativen Einflüsse von außerhalb eurer Ebene des Seins durch Fremdwesen haben hier keinen Zugriff mehr. Sollten in euch jetzt solche Sorgen auftauchen, vertraut mir und wisset: Dies sind allenfalls Schatten, die innerhalb eurer jetzigen Phase präsent sind. Doch in jener Schwingungspräsenz sind sie Geschichten des Vergangenen, denen ihr nicht einmal mehr eure Kenntnis schenkt. Jene hier anwesenden Brüder und Schwestern sind in ihrer Schwingungsfrequenz durch euren energetischen »Aufstieg« ebenfalls noch weiter gewachsen und endlich auch in kommenden Zeiten bereit, mit der nächsten Stufe der Schwingungserhöhung anzukoppeln.

Wie ihr sehen könnt, steht der Menschheit – wenn sie dann in jene *neue Welt* übergewechselt ist – eine sehr spannende und positiv aufregende Zeit bevor. Diese neue Ära ist erfüllt von wohltuenden und freudvollen Spiegelungen. Hier sind alle für euch noch bekannten niederen Resonanzräume geheilt und haben keinerlei Einfluss mehr. Dies sind die Schatten innerhalb eurer Vergangenheit, welche es wahrlich gilt, für euch jetzt aufzulösen und loszulassen. Das bevorstehende Ziel, die Zukunft eurer Ära, ist wundervoll und einzigartig, denn so etwas hat es noch nie zuvor gegeben! Werdet euch dessen bewusst; jene Ebene ist mit einer Energie des vollkommenen Gewahrseins erfüllt, fernab von jeglichen polaren und energetischen Dramen, die euch jetzt noch bekannt sind.

Wie ich einst im irdischen Jahr 2006 bereits in dem ersten Buch *Projekt Menschheit* berichtete, sind nunmehr auch die Geschwisterplaneten eures wundervollen Heimatplaneten, nebst allen Bewohnern, dazu bereit, sich auf ihren »Aufstieg« in die nächsthöhere Dimension vorzubereiten. Sie haben bereits die Schwingungsqualitäten der sechsten/siebten Dimension erreicht, und jenes Energiefeld schafft derzeit den entsprechenden Resonanzraum der Möglichkeiten. Das heißt keineswegs, dass sie bereits vollkommen dort angekommen sind, sondern, dass sie hierin jetzt ebenfalls eine Verschmelzung anstreben, so wie euer derzeitiges Sehnen auf das Erreichen der fünften Dimension ausgerichtet ist – obgleich es auch hier Wesenheiten gibt, die sich bereits in der siebten Dimension befinden. Sie sind die Begründer und Schöpfer neuer Möglichkeiten und stehen in steter Kommunikation mit jenen höheren Welten. Auch ihr habt die Möglichkeit, mit ihnen in deutlichen Kontakt zu kommen und sie als Freunde innerhalb eures Resonanzfeldes zu begrüßen.

Hier in diesem Zeit- und Schwingungsgefüge offenbart sich nun für den aufstrebenden Meister im Menschen ein großes Feld an Möglichkeiten und Wahrnehmungen. Merket: Ihr koppelt an eine neue Frequenz eures irdisch-materiellen Gefährts sowie eures feinstofflichen Körpers an. Ihr seid zwar noch materiell, doch ist euer Körper strahlender und lichter. Dies ist keinesfalls als durchsichtig oder dergleichen zu deuten. Ich betone das hier ganz bewusst, damit nicht wieder Irrlichter der Spekulationen und Mutmaßungen in eurem Geist und Kopf Einzug halten. Es bedeutet lediglich, dass euer Körper in seiner Schwingungsfrequenz feiner und höher schwingt und euer gesamtes zellulares System durch jene Höherfrequentierung eher als lichte materielle Gestalt dargestellt werden kann. Hier und jetzt ist der Raum innerhalb eures Bewusstseins bereit, neue Möglichkeiten der visuellen und fühlbaren Wahrnehmungen einzuspeichern. Neue Begegnungen sind jetzt in der Tat von jenen Bewohnern erwünscht, doch offenbart sich derzeit eine Disharmonie innerhalb eurer Wahrnehmungsfelder. Da euer Bewusstseinsfeld noch nicht auf Begegnungen mit anderen Lebensformen ausgerichtet ist und diese oft eher an Spekulationen und Mutmaßungen sowie fantastische Erscheinungsbilder geknüpft sind, ist der Großteil der Menschen auf dieser Stufe des Seins in ihrer Wahrnehmung blockiert. Auch wenn jene Wesen direkt vor euch stehen, könnt ihr sie derzeit nicht oder doch kaum wahrnehmen. Die entsprechenden »Schalter« innerhalb eures geistigen Zentrums sind noch nicht auf diese Begegnungen ausgerichtet, da sich erst das entsprechende neue Bewusstseinsfeld ausrichten muss.

Gewährt euch an dieser Stelle Raum und Zeit für die Anpassung und füllt diesen mit liebevoller Geduld, Ruhe und

Zuversicht. Hastiges und übereiltes Handeln würde euch nur ausbremsen, und ich bitte euch sehr, meinen Worten wahrhaft sorgsam zu lauschen, da ihr durch jenes Verhalten gleich wieder in die »schwimmende« Zeitfrequenz der *alten Welt* rutschen würde und euch durch jenes Hin und Her einen alles andere als wohltuenden Frequenzmuskelkater holen könnt. Durch achtsames und geduldiges Streben bleibt euch dies erspart. Gewährt euch eine Zeit der Neubesinnung, Neuausrichtung und Neustrukturierung eures geistigen und körperlichen Gefährts. Wenn ihr in jener vertrauensvollen Ruhe in euch weilt, werden großartige Resultate keinesfalls ausbleiben!

»Ein wahrhaft aufstrebender Meister eilt zu keiner Stunde durch die Pfade seiner Prüfungen und Aufgaben. Die Ruhe ist ein steter Begleiter seiner Meisterschaft, und in trautes Schweigen und die Stille seines Geistes gehüllt wird er nur durch seine gelebte Erkenntnis im Außen strahlend in Erscheinung treten.«

Werdet ein gelebtes Beispiel und hütet euch vor vielen Worten und Darstellungen im Außen über euer Können und eure Wahrnehmungen. Seid ein gelebtes Beispiel für all jene, die euch sodann folgen mögen. Einzig dann erfüllt es ihren Geist und ihr Sein mit Klarheit und öffnet ihre Herzen. Jetzt ist es an der Zeit, tatsächliche Resultate innerhalb der Realität in Erscheinung treten zu lassen, obgleich doch auch hier in meinen Worten keineswegs ein Leistungsdruck für euch aufkeimen sollte und darf. Denkt an den Boten der steten Leichtigkeit und erinnert euch an meinen geliebten Schmetterling! Wann immer euer Herz und euer Bewusstsein auf jenen Druck sowie auf die Schwere ausgerichtet sein sollten, lasst sogleich das Bild eines Schmetterlings in euch lebendig werden. Atmet unter dem Eindruck jener visuellen Wahrnehmung jenen leichten Flügelschlag innerhalb eures Bewusstseins und wisset: Jener Bote sollte zu jedem Augenblick eurer Meisterschaft ein wundervoller Lehrer für euch sein. Er verkündet Freude und Leichtigkeit, und dies lässt euch wahrhaft mit der gleichen Resonanz die größten Ziele erreichen!

Lasst alle Verhaltensmuster der *alten Welt* zurück. Streift sie ab wie ein Schmetterling, der sich aus seinem Verpuppungsstadium löst und bereit ist, mit den Strahlen der vollkommenen Erkenntnis zu tanzen. Darin offenbart sich wahre Meisterschaft. Befreit euch also von jeglichem Leistungsdruck und konzentriert euch nur noch auf die Weite und das reine Strahlen innerhalb eures Kristallchakras, eures neu ausgerichteten Herzzentrums. Bleibt hierin stark und strebsam, stets auf das höchste Wohl und Ziel eures *energetischen Fingerabdrucks* ausgerichtet; alles andere wird und muss sich sodann von selbst fügen. Dies sollte als Allererstes euer Bestreben sein: das alleinige Ausrichten auf die Erschaffung eurer wundervollen Realität innerhalb der *neuen Welt* und das zeitgleiche Anpassen eures Schwingungsniveaus an die fünfte Dimensionsdichte.

Für den einen oder anderen von euch wird dieser Schritt von unbeschreiblichen Eindrücken und Möglichkeiten begleitet werden. Es wird jene unter euch geben, die sich sogleich und in Leichtigkeit an die nächsthöhere Ebene des Seins angleichen und ihr gesamtes Resonanzfeld daran ausrichten. Sie werden sodann mit den Frequenzen der sechsten/siebten Dimensionen verbunden sein, und wenn sie von Offenheit im Bewusstsein begleitet werden, können sie auch in kürzester Zeit anderen Wesenheiten begegnen und werden alsbald neue Pfade der Freundschaft begehen. Wisset, dass jene anderen Wesenheiten durch einen Zugriff von den niederen Sphären des Seins geschützt sind, und es wird nur der Zugang möglich sein und eine direkte Wahrnehmung, wenn euer Frequenzfeld entsprechend angepasst ist. Dies dient zum Schutz jener wundervollen Wesen, die zart und liebend seit langer Zeit in jenem Bewusstseinsfeld der allumfassenden und bedingungslosen Liebe leben. Hier hat alles Lebendige der Schöpfung seinen Frieden und seine Freiheit. Hier existieren keine niederen Verhaltensweisen und Muster, und hier ist Blutvergießen unbekannt. Hier leben sie in höchsten Frequenzen, zu denen es innerhalb eurer *alten Welt* keinen Zugang gibt.

Jene geliebten Wesen haben sich parallel zu eurer Entwicklungsphase ebenfalls vorbereitet. Sie befinden sich zum Großteil noch innerhalb des Schwingungsniveaus der fünften Dimension, werden aber ebenfalls in eine höhere Bewusstseinsstufe überwechseln. So offenbart sich hier innerhalb jener *neuen Welt* für euch eine abenteuerliche Fülle an Möglichkeiten, die eine große Freude für euch bedeuten. Ihr könnt einerseits innerhalb der *alten Welt* all eure Phasen des Alten erleben, verstehen lernen sowie heilen und gleichzeitig innerhalb der *neuen Welt* die Wurzeln eures *energetischen Fingerabdrucks* setzen. Auf diese Weise ist es euch sogar möglich, mit jenen anderen geliebten Wesenheiten die sechste und siebte Dimension zu *begründen*. Eure *neue Welt*, die neue Ära der Menschheitsgeschichte, kann dadurch zur schönsten und unermesslichsten Feier der Schöpfung werden! Euer stetes Streben und die bewusste Ausrichtung innerhalb eures Energiefeldes sind die Schlüssel dazu. Daher bitte ich euch inständig, voller Freude in eure Meisterschaft zu gehen.

Diese Möglichkeit hat es noch niemals zuvor im gesamten Universum gegeben, und ihr seid es nun, die gemeinsam mit eurem Heimatplaneten, euren irdisch-materiellen Körpern und den Wesenheiten sowie Geschwisterplaneten innerhalb mehrerer Dimensionen aufsteigen und euch auf diese Weise wandeln könnt. Dazu bedarf es nicht mehr mehrerer Inkarnationen, ihr könnt es in der Kürze der irdischen Zeit für euch realisieren. Es sollte für euch wahrlich ein lohnendes

Ziel sein im Hier und Jetzt, echte und bleibende Heilung für euch zu bewirken. Seid bereit, jene Pforte der Heilung und der Neuausrichtung in euch zu durchqueren, und öffnet eure Herzen. Durchschreitet sie in vollkommener und reiner Liebe und wisset: Wenn ihr einmal ganz ruhig und still werdet und all eure lärmenden Gedanken und alten Muster für einen Augenblick loslasst, so könnt ihr jene Ära bereits ganz deutlich in euch wahrnehmen. Ihr könnt jene hohe Schwingungsfrequenz in euch vernehmen, sie fühlen, sogar hören! Dadurch könnten euer Geist und euer irdisch-materielles Gehirn sich neu ausrichten, auf dass ihr die neuen Gegebenheiten auch wahrlich mit euren Augen sehen könnt. Es ist bereits geschehen, es ist jetzt nur an der Zeit, jene *alte Welt* zu heilen und loszulassen. Es ist an der Zeit, euer Schwingungsfeld entsprechend auszurichten und anzupassen und sodann beständig zu halten. Merkt euch meine Worte gut und prägt sie euch wahrlich ein! *Auch wenn die Welt um euch herum aus den Fugen gerät, ihr Qual und Leid vernehmen könnt, bleibt dennoch innerhalb eures gewünschten Schwingungsniveaus beständig!* Fallt keinesfalls immer und immer wieder zurück in die alte Frequenz der Menschheitsära, sie ist wahrlich nur noch eine illusorische Spiegelung und offenbart allenfalls die Prüfungen für die Toröffnung der höchsten Schwingungsfrequenz in und um euch herum.

Ihr müsst sie nur wahrnehmen und euch durch die tatsächliche innere Einstellung eurer körpereigenen Frequenz und die stete bewusste Verbindung mit eurem geliebten Heimatplaneten auf jene neue Ära einstimmen. Euer Streben und euer beständiger Fleiß werden schon sehr bald reichhaltige Früchte für euch offenbaren. Ihr seid bereits dort angekommen, worauf all euer Sehnen ausgerichtet ist. Die Kunst jener Ankopplung besteht nunmehr darin, das übermittelte Wissen in die Tat umzusetzen, es vollkommen anzuwenden – und letztlich vor allem darin, alte Energie in vollkommenem Vertrauen loszulassen. Wenn ihr um euch herum die Spiegelungen der alten Ära vernehmen könnt und sie euch energetisch »runterziehen«, so besteht genau in diesem Augenblick der Präsenz ein Zeitfenster der größten Prüfung für euch selbst. Dies in jenen scheinbar schattenreichen Spiegelungen sodann auch für euch selbst wahrzunehmen und hierin dennoch die Schwingungsfrequenz auf das höchste zu erreichende Ziel ausgerichtet zu lassen, beinhaltet die Meisterung der höchsten Stufe innerhalb eurer jetzigen Ebene des Seins.

Seid darin wahrlich achtsam und verwechselt jene sich ähnelnden Begebenheiten keinesfalls, da sie in ihrer Grundschwingung vollkommen unterschiedliche Wirkungen in sich tragen und sodann offenbaren! Wie ich euch schon sehr oft gesagt habe, ist jene Prüfung nur an euch selbst gebunden und nur ihr könnt darin und dadurch zur Meisterschaft gelangen. Die Ehrlichkeit zu euch selbst und nicht die Darstellung eures Könnens im Außen setzt jene Energien in Bewegung. Die Kunst, eure Schwingungsfrequenz auf das höchste Ziel ausgerichtet zu lassen und hierin seinen *energetischen Fingerabdruck* zu setzen, damit jene *neue Welt* in der Qualität der allumfassenden Liebe, des reinen Friedens aller geheilten Herzen und der Vollkommenheit sich festigen kann, bedarf der wahrhaftigen Reinheit innerhalb eures geheilten Wesens. Die Verhaltensmuster des Verdrängens, Schönredens und Wegschauens sowie der vorgetäuschten Frömmigkeit und Scheinheiligkeit sind Energieträger der entsprechenden negativen Schwingungsfrequenz, die keinesfalls die Öffnung jenes Energiezentrums in euch aktivieren können. Darum seid in eurem jetzigen Streben wahrlich gewissenhaft, rein, liebevoll, ehrlich und vor allem von Freude und Leichtigkeit geleitet. Diese Energien werden euch alsbald die gewünschten Resultate spiegeln, und ihr könnt innerhalb eures Energiefeldes die wärmenden Wogen der neuen Menschheitsära vernehmen.

Wisset, je mehr ihr durch jenen energetischen Geburtska-
nal der neuen Ära wandelt und euch in eurer Frequenz von
der *alten Welt* lösen wollt, desto stärker werden vorübergehend die Schatten der Vergangenheit auf euch treffen, und
sie werden versuchen, euer Gleichgewicht zu stören. Dies ist
keinesfalls eine Boshaftigkeit der geistigen Welt oder der
Quellexistenzebene, sondern vielmehr ein besonderes »I-
Tüpfelchen«, das sich jeder Meister zum Abschluss einer jeden Prüfung genauso erwünscht hat. Ihr selbst habt euch jene
Prüfungsqualitäten auferlegt, damit sie auch mit größtem
Bravour abgeschlossen werden können. Betrachtet jene in Erscheinung tretenden Hürden immer mit Leichtigkeit und
Freude und erkennt darin, wie weit ihr tatsächlich schon gekommen seid! Erkennt an der scheinbaren Schwere der Prüfung, dass das angestrebte Resultat nun schon zum Greifen
nahe ist. Bleibt beständig in eurem Streben und wisset:
Großartiges ist nun bereit, in jene hochschwingende Ära der
Menschheitsgeschichte einzutreten. Empfangt es mit Freude
und seid wie kleine Kinder, die sich auf ein großartiges und
unermessliches Geschenk freuen. Diese Qualitäten eures
Herzens werden die Pforten jener Energiefrequenz auf die
neue Welt ausrichten, und ihr könnt sodann in Freude eintreten und euch hier festigen. Bitte überlest meine Worte keinesfalls, denn sie beinhalten wichtige Schlüssel der Erkenntnis für euch, die ihr jetzt anwenden solltet. Richtet all eure
Energie und Frequenz in euch auf die Freude und Leichtigkeit eines kleinen Kindes aus! Ein kleines Kind ist frei von
stetem Blockieren innerhalb jener Frequenzen, da es noch
über die Fähigkeit der positiven Neugier und Offenheit im
reinen Herzen verfügt.

Ihr werdet dennoch auch innerhalb der energetischen
Ausrichtung der *neuen Welt*, so dies euer Wunsch sein sollte,
weiterhin mit den Menschen der *alten Welt* in stetem Kontakt stehen. Dies hat den Sinn und Zweck, dass ihr durch

euer gelebtes Beispiel ihnen allen ein klares Zeichen setzt und sie euch folgen können. Jedoch weise ich hier vorsorglich darauf hin, dass es auch viele Seelen gibt, die diesen Zyklus nicht bis zu Ende gehen werden. Sie haben durch ihre freie Wahl die Beständigkeit der *alten Welt* gewählt und werden sie auch mit all den Schatten ihrer Wahrnehmung ausleben. Dies ist ihr Wunsch, obgleich sie zu jedem bewussten Augenblick innerhalb ihres Herzens in die *neue Welt* wechseln können. Daher bitte ich euch, all jenen Menschen ein wahrhaftiges Beispiel zu sein und mit den besten Qualitäten eines wachen Meisters ein Zeichen zu setzen. Dies sollte keinesfalls abgehoben und befremdlich auf sie wirken; bleibt stets natürlich in eurem Wesen und bleibt ganz ihr selbst. Wisset, dass diese Verhaltensweisen euch in einen trügerischen Schein hüllen würden, und dann wärt auch ihr wieder in die Qualitäten der *alten Welt* zurückgekehrt.

Bleibt daher stets ein strahlendes und liebendes Wesen, das als Meister innerhalb der Materie wandelt. Alles andere wird und muss sich von selbst ergeben und offenbaren. Tragt keinen Schein von Heiligkeit, sondern bewegt euch mit der Natürlichkeit eines freudigen Kindes durch euer Sein. Als Qualitäten eures Wesens gilt nur, was andere, noch schlafende und unbewusste Menschen erreichen kann. Durch abgehobene Frömmigkeit würden sie nur abgeschreckt werden, also bleibt stets in eurem Wesen und Herzen natürlich und klar, dann könnt ihr auch die steinernsten Herzen zum Strahlen erwecken! Berührt sie mit der Zartheit eines unschuldigen Kindes, und ihr werdet sie aus der Dunkelheit und dem Vergessen befreien! Jedoch sollte jetzt die höchste Priorität eures Strebens auf das Halten und Erreichen der hohen Frequenz eures gewünschten höchsten Ziels gerichtet sein. Ihr könnt nicht anderen Menschen ein gelebtes Beispiel von bleibendem Glanze sein, wenn ihr selbst noch innerhalb jener Prüfungsszenarien gefangen seid. Offenbart euer meisterliches Tun in jenen Bereichen, in denen ihr eure eigene Meisterschaft zum höchsten Wohl geleitet habt, denn die Energiefrequenz, die sich sodann in euch festigt, wird auch andere Menschen im Herzen erreichen. Ihr seid der Spiegel jener Vollkommenheit, und sie wird nach außen reflektieren müssen. Deshalb richtet als Erstes eure gebündelte Kraft auf euch selbst aus und auf das zu erreichende Ziel – denn wisset: Jenes konstante Halten der Energiefrequenz und der daran gebundenen Prüfungen, die sich für euch offenbaren werden, bedürfen einer gründlichen und gezielten Konzentration und Ausrichtung. Stellt euch jenen Prozess einfach so vor, als wäre jetzt der erste Schultag eures Lebens. Ihr sitzt in der ersten Klasse und der Zustand sowie die Qualität eures beständigen Strebens entscheiden darüber, ob ihr bereits in der ersten Klasse die Fähigkeit besitzt, mehrere Klassen zu überspringen. Doch ihr befindet euch am Beginn eurer Schule des Wissens. Jetzt, auf jener Stufe der Schwingungsfrequenz und der sich parallel zueinander bewegenden Welten, betretet ihr in der Tat die erste Klasse und fangt damit an, das ABC *des Wissens* zu ergründen. Hier und jetzt heißt es für euch alle, wieder frei und rein zu werden wie jene Kinder, die zum ersten Mal in ihrem Leben zur Schule gehen. Entleert euren Kopf von allen alten Strukturen und Möglichkeiten der *alten Welt* und öffnet euch für die unendlichen Weiten und Varianten der *neuen Welt* und die damit verbundenen Frequenzen. Sie sind von unermesslichem Wert für den Forschritt eurer Seele, und so bitte ich euch inständig, meinen Worten Gehör zu schenken und diese sodann in die Tat umzusetzen.

Es ist wahrlich ein Leichtes, wenn ihr nur mit eurem Herzen fühlt, denkt und handelt. Ihr verfügt derzeit über die großartigsten Frequenzen des Fortschritts, und es ist Tatsache, dass euer Heimatplanet seinen Ausdruck innerhalb der neuen Schwingungsfrequenz festigt. Wenn ihr euch durch die von mir übermittelten Übungen stets auf das Potenzial des Erdherzens, der Blume des Lebens eures Heimatplaneten ausrichtet, so seid ihr vollkommen eigenständig mit jenen Frequenzen der *neuen Welt* verbunden. Diese, zeitgleich verbunden mit der Ausrichtung eures *energetischen Fingerabdrucks* auf das höchste gewünschte Ziel, wird und muss für euch die Spiegelung innerhalb jenes Resonanzraumes erschaffen. Dies kann sehr wohl in der Kürze der irdischen Zeit geschehen. Ihr braucht dazu einzig und allein eure hochkonzentrierte Ausrichtung innerhalb eurer Schwingungsfrequenz zu halten und sodann zu festigen. Hört sich leicht an und ist auch so! Es ist in der Tat leicht, doch euer kompliziertes Denken, Fühlen und Tun zu entwirren, ist ein Unterfangen, das wahrlich nur dem Menschen gelingt, der sich durch dieses Bemühen seinen eigenen Fortschritt erschwert.

So bitte ich euch inständig, meine Worte an euer Herz zu lassen. Es ist in der Tat ein Leichtes, jene Frequenz, jenen *Fingerabdruck* zu festigen und beständig zu halten. Ihr allein werdet in eurem Geist davon abgelenkt, und daher solltet ihr immer achtsam sein. Wollen störende Gedanken und Energien euch von eurer festen Ausrichtung abbringen, so erinnert euch augenblicklich an meine Worte, atmet bewusst und hochkonzentriert und richtet euch sogleich wieder auf die höchste Schwingungsfrequenz eures *energetischen Fingerabdrucks* aus. Dieses stete und bewusste Zusammenspiel von Prüfung und Meisterung jener Hürden wird ein konstantes Schwingungspotenzial in und um euch gebären, und ihr werdet sodann jene Ära der Menschheit mit eurer Energie begründen, und die Prüfungen der *alten Welt* und der damit verbundenen Spiegelungen können sich transformieren.

Sollten sich euch hierbei Fragen ergeben, so bitte ich abermals um ein erneutes Studieren meiner Worte mit offenem Herzen. Auch die Übungen auf den CDs *Urton-Frequenz der Seele* sowie *Sinfonie der Schöpfung* können ausgesprochen hilfreiche energetische Wegweiser für euch sein, wenn ihr bereit seid, sie mit eurem offenen Sein zu ergründen und auszuführen. Die darin enthaltenen Schritte wurden damals unter anderen energetischen Voraussetzungen ausgeführt, und so sind jene Frequenzübungen ein wahrer Segen für euer Energiefeld, wenn ihr sie innerhalb der jetzigen Schwingungsfrequenz ausübt. Doch steht es euch frei, meine Hilfe anzunehmen, obgleich ich euch diese in tiefer und reiner Liebe übermittle, damit ihr endlich jenen zündenden Funken der höchsten Toröffnung in und durch euch hindurch befreien könnt. Mögen meine Worte euer Herz von den Fesseln der lärmenden *alten Welt* befreien und euch in die Sphären der neuen Menschheitsära erheben. Möge euch all meine Liebe durchströmen und euer Sein mit tiefer und vollkommener Erkenntnis und Leichtigkeit erfüllen, auf dass ihr euer Frequenzfeld entsprechend auf das höchste zu erreichende Wohlergehen eurer Seele ausrichten könnt. Mögen euch stets Zuversicht, Vertrauen und Leichtigkeit begleiten, da sie die Pforte der Weisheit in euch offenbaren. So sei es!

In tiefer und vollkommener Liebe,

Frequenzweihung in die Macht der Sonnentore

»Aktivierung der höchsten geistigen Energie in dir« (Meditation)

Setzt euch aufrecht und mit geradem Rücken hin und folgt der Ruhe und Leichtigkeit eures Atems. Atmet bewusst vertikal ein und aus, wobei ihr euer Augenmerk auf eure Fußchakras, euer Kristallchakra und euer Kronenchakra ausrichtet. Öffnet mit einem gezielten Atemzug jene Energiezentren und verbindet euch nun durch eure Absicht mit euren außerhalb eurer Körperlichkeit liegenden Chakras. Lasst jene Energie bewusst in euer Herzzentrum einströmen und sich hier vollkommen ausdehnen. Atmet und fühlt, wie sich euer Herzzentrum zu einem riesigen hochenergetischen Kristallchakra innerhalb eures Soseins formt. Seht jene wundervolle kristalline Blume des Lebens in euch strahlen.

Seht jetzt ganz bewusst, wie euer Wurzelchakra, euer Nabelchakra, euer Solarchakra, euer Herzchakra und euer Kehlkopfchakra sich zu einem vollkommenen Kristallchakra formen und sie durch jene energetischen Frequenzmembranen eine strahlende Einheit bilden. Sie sind dennoch in sich als einzelnes Energiefeld präsent, jedoch wird jetzt durch jene bewusste Aktivierung eine hochenergetische Einheit geformt, welche sodann die höchste Frequenz in euch bildet. Atmet jetzt bewusst ein und aus und spürt jene mächtige Rotation in euch ... Lasst los und fühlt sie in euch wirken! Richtet euch nunmehr auf euer Herzzentrum aus. Atmet und fühlt, wie sich mit jedem Atemzug euer Herzzentrum zu einem riesigen hochenergetischen Kristallchakra innerhalb eures Soseins formt. Seht jene wundervolle kristalline Blume des Lebens in euch strahlen.

ი Eure Konzentration liegt nun vollkommen bei der Atmung durch die Nase ....

ი ... bei der bewussten Wahrnehmung, wie die Atmung euer Herzzentrum, euer Kristallchakra ausfüllt und weitet ....

ი ... und wie der Atem durch euer weit geöffnetes Kronenchakra, durch euren Kopf bewusst in euch einströmt.

Bleibt mit eurem Bewusstsein vollkommen bei diesen drei Regionen – eurer Nasenatmung, dem Weiten eures Kristallchakras und der feinstoffliche Atmung durch euer Kronenchakra. Atmet und spürt, wie ihr in vollkommenem Frieden und in Ruhe in diesen Regionen weilt. Fühlt die Frequenz in euch und lasst sie sich nun noch weiter ausdehnen. Ganz sanft und leicht spürt ihr die Weite eures Herzzentrums, eures Kristallchakras in euch. Schaut euch jenes Strahlen in euch an und fühlt es, ohne jegliche Sinneswahrnehmungen der materiellen Welt. Fühlt die Leichtigkeit innerhalb jenes Kraftzentrums in euch. Verbindet nun ganz bewusst das Strahlen eures Kristallchakras mit dem Zentrum eurer Kopfmitte, eurer Zirbeldrüse, und verbindet visuell die beiden strahlenden Kraftzentren bewusst miteinander. Ihr zieht die Energie aus dem Kristallchakra in eure Stirnmitte beziehungsweise Kopfmitte hoch und lasst sie hier bewusst zentriert in euch erstrahlen. Jetzt bleibt ihr mit eurer Aufmerksamkeit inmitten eures Kopfes. Spürt das Strahlen jenes Zentrums in euch. Richtet euren Fokus vollkommen auf die Mitte eures Kopfes aus. Dort verweilt für einen Augenblick und fühlt tief in jenes Kraftzentrum hinein. Findet den Zugang zu jenem Kraftpunkt in euch, indem ihr all euer Sein JETZT vollkommen darauf konzentriert.

Bildet jetzt mit der Kraft eurer Vorstellung innerhalb eures Kraftzentrums eine liegende Acht. Seht sie als gleißendes, strahlend weißes Licht. Zentriert euch innerhalb dieses Zentrums, wobei die Mitte innerhalb jener Acht in eurer Zirbeldrüse liegt. Lasst weiterhin vollkommen leicht und gleichmäßig euren Atem kommen und gehen. Bleibt sanft und tief entspannt in euch und fern von jeglichem Gefühl zu eurem irdisch-materiellen Körper. Zeichnet nun mit der Kraft eures Geistes jene liegende Acht nach, jedoch passt dies eurem Wohlbefinden an. Es reicht hierzu auch aus, euch nur inmitten eures Zentrums, eures strahlenden Sterns, zu zentrieren und all eure Kraft darauf zu konzentrieren. Eure Absicht zur Aktivierung reicht vollkommen aus, um diesen Prozess in Bewegung zu setzen. Folgt der Rotation solange, bis ihr mit vollkommener Leichtigkeit jene gleichmäßige Schwingung halten könnt. Fühlt nur noch euren Atem und blickt nun auf eure wahrhaftige Essenz. Ihr seid jetzt nur noch reiner Geist und vollkommener, reiner göttlicher Atem. Vollzieht euer Atmen im vollkommenen Bewusstsein, dass ihr in jenem Augenblick ein bewusster Teil aller hochenergetischen strahlenden Sonnenzentren im gesamten Alles seid. Konzentriert euch jetzt abermals auf eure Kopfmitte und spürt nur noch das Strahlen jenes Energiezentrums in euch. Jetzt aktiviert ihr noch einmal bewusst die Verbindung mit dem Herzzentrum, der Blume des Lebens eures Heimatplaneten. Öffnet hierzu eure Fußchakras weit, stellt die Verbindung zum Erdherzen her und fühlt die Energie in euch aufsteigen. In tiefer Dankbarkeit stellt ihr sodann den energetischen Fluss in euer Sosein her und zieht es hoch in euer weit geöffnetes Kristallchakra. Dann leitet ihr die Frequenz bewusst und hochkonzentriert weiter in eure Stirnmitte, eure Zirbeldrüse hinauf – und lasst sie sich hier abermals ausdehnen. Atmet und fühlt nun ganz bewusst, wie sich die Energie inmitten eures Kopfes ausdehnt. Auch wenn ihr hier jetzt einen Druck verspürt, lasst zu, dass jene Frequenz euch durchtränkt. Dies ist ein klares Zeichen, dass der Fluss hergestellt ist.

Öffnet nun euer Energiezentrum in der Region eures Scheitels, euer Kronenchakra, bewusst ganz weit. Stellt euch dabei einen Wirbel vor, welcher sich mehr und mehr nach oben ausdehnt und größer wird. Lasst ihn sich ausdehnen und fühlt, wie euer Atem durch jenen Wirbel nach oben strömt und wieder zurück in eure Kopfmitte und sodann bis in euer Kristallchakra hinein, bis die vollkommenen Verbundenheit mit dem Erdherzen hergestellt ist, der kristallinen Blume des Lebens, jener Göttin der Materie. Fühlt die Verbindung zwischen eurer Zirbeldrüse, eurem Stirnchakra, eurem Kristallchakra und dem Erdherzen bis in die Tiefen eures Seins. Fühlt, wie der Wirbel sich ausdehnt, und lasst ihn jetzt bewusst noch größer werden. Verspürt jenen vibrierenden und leicht kribbelnden Energiefluss, welcher sodann durch eure Energiezentren strömt. Fühlt die Frequenz jetzt durch euer Kronenchakra fließen. Zieht sie tief in euer Kristallchakra hinein und spürt die Frequenz und wahrhaftige Essenz von allem Lebendigen. Sie ist reiner Geist, reine vollkommene Lebenskraft und vollkommenes Wissen. Atmet bewusst jene Energie tief in euch hinein und lasst jenen Atem tief durch euer gesamtes Sein fließen. Spürt die starken energetischen Frequenzen und wie sie euch erfüllen.

Jetzt öffnet ihr euer Kronenchakra in Verbindung mit eurem Stirnchakra, eurem Kristallchakra sowie dem Kristallchakra eures Heimatplaneten abermals ganz weit und leitet nun eure Frequenz weiter zum geistigen Zentrum eurer Heimatsonne. Verbindet jetzt ganz bewusst eure Zirbeldrüse, euer Stirnchakra, über euren weit geöffneten Scheitel mit der Frequenz eurer Sonne. Ihr verbindet euch jetzt mit der kristallinen und mächtigen Blume des Lebens inmitten eurer Heimatsonne. Zur bewussten Verstärkung sprecht ihr Nachfolgendes im Geiste nach: »*Ich bin in der vollkommenen und reinen Schwingungsfrequenz mit meiner Heimatsonne.*«

Atmen! Verbindet jetzt ganz bewusst jene Frequenz mit eurem Stirnchakra, eurer Zirbeldrüse, und lasst sie durch euer Kronenchakra in eure Stirnmitte hineinfließen. Spürt, wie eure Zirbeldrüse jetzt intensiv auf die Resonanz mit der Frequenz eurer Heimatsonne reagiert. Lasst ganz bewusst jene Frequenz das hochenergetische Energiezentrum in euch aktivieren. Atmet und fühlt ganz bewusst jenes stete Wirken und haltet die Frequenz. Zum Intensivieren könnt ihr abermals jenen Satz sprechen: »*Ich bin in der vollkommenen und reinen Schwingungsfrequenz mit meiner Heimatsonne.*« Jetzt haltet ihr die bewusste Verbindung mit allen bisherigen Energiezentren und stellt nunmehr über euer Stirnchakra und das Zentrum eurer Heimatsonne den Frequenzaufbau mit der Ur-Zentralsonne her. Zur bewussten Verstärkung könnt ihr zusätzlich ebenfalls im Geiste folgende Worte sprechen: »*Ich bin in der vollkommenen und reinen Schwingungsfrequenz mit der Ur-Zentralsonne.*«

Atmen! Hier könnt ihr sodann spüren, wie euer Kronenchakra, die Region eures Scheitels, in deutlicher Resonanz mit jenem mächtigen Zentrum eurer Ur-Zentralsonne geht. Fühlt bewusst jene Frequenz in euch einströmen und lasst sie sich hier weiter ausdehnen und mehr und mehr festigen. Ihr könnt zum Intensivieren abermals die Schwingungsworte aussprechen: »*Ich bin in der vollkommenen und reinen Schwingungsfrequenz mit der Ur-Zentralsonne.*« Jetzt leitet ihr die beiden miteinander verbundenen Frequenzen erneut von eurem Kronenchakra in euer Stirnchakra, bündelt diese ganz bewusst und zieht sie sodann mit einem hochkonzentrierten Atemzug in euer weit geöffnetes Kristallchakra hinein und zentriert hier vollkommen die einströmende Energiefrequenz. Lasst sie sich nun mit jedem Atemzug noch intensiver ausdehnen. Vollzieht die Ausdehnung jedoch nur solange, wie es sich für euch gut anfühlt. Ihr könnt zu einem späteren Zeitpunkt hierin das Feld noch beliebig oft aktivieren und angleichen.

Wenn ihr die Energiefelder bewusst aufgebaut habt, richtet ihr euer Herzzentrum, euer Kristallchakra, auf das Herzzentrum, die Blume des Lebens, eures Heimatplaneten aus und verbindet die von oben einströmenden Frequenzen bewusst mit den Energien jener liebenden Göttin der Materie. Atmet ganz bewusst und verbindet euch mit all eurer liebenden Kraft. Werdet jetzt in jenem Augenblick ein bewusster Teil jenes Aktes der Verschmelzung der höchsten Frequenzfelder, der reinen geistigen Sonnenzentren, und seht nun: Ihr seid das Verbindungsmodul zwischen dem feinstofflichen Sein und dem grobstofflichen Sein. Gleichzeitig transformiert sich euer Körper zu einem bewussten Teil jener neuen Ära des Seins. Ihr seid wahrlich ein liebender Teil der Mutter der Materie und des Vaters des Feinstofflichen. Hierin begründet sich der Neubeginn eurer Menschheitsära. Ihr habt das Tor der höchsten Energiefrequenz sodann in euch aktiviert, und die höchsten Sphären des Seins heißen euch willkommen!

Spürt hier und jetzt euer wahrhaftiges hochenergetisches Strahlen. Ihr seid reine und geistige Kraft und ihr seid gleichsam die Träger der Sonnenenergie, welche sich in euch in der gleichen Frequenz widerspiegelt. Fühlt tief in euch jene mächtige Kraft pulsieren. Folgt weiterhin ruhig eurem Atem und fühlt die Energie durch euch fließen. Fühlt die wahrhaftige Essenz eures reinen Seins. Seht euer Strahlen und fühlt abermals, wie sich jene Frequenz innerhalb eures Kristallchakras ausdehnt. Fühlt die Kraft, die jenes Feuer mit eurem Geist verbindet. Atmet abermals durch euer weit geöffnetes Kronenchakra tief ein und leitet jenen Atem bewusst durch euer gesamtes Kristallchakra und sodann hinunter zum strahlenden Erdherzen jener Göttin der Materie und lasst die Energie sich hier abermals weit ausdehnen.

Zieht jene hochenergetischen Frequenzen vollkommen bewusst bis in die Tiefen eurer zellularen Ebenen in euren Körper hinein. Fühlt, wie jene Energie durch euer gesamtes Sein fließt. Verbindet euch jetzt noch einmal mit der Frequenz der Ur-Zentralsonne (*»Ich bin in der vollkommenen und reinen Schwingungsfrequenz mit der Ur-Zentralsonne.«*) und dehnt dabei euer Kristallchakra noch weiter aus. Spürt die Energie jener riesigen Quelle, welche erfüllt ist von einer unermesslichen Frequenz, die sich jetzt abermals auch auf *eure* körpereigene Schwingungsfrequenz überträgt. Fühlt, wie sich jene Frequenzen in euch ausdehnen und euch durchtränken. Spürt die Frequenzen jener wärmenden Quelle und dehnt euer Herzzentrum noch weiter aus und öffnet es jetzt ganz weit. Gleichzeitig bitte ich euch jetzt darum, euer gesamtes euch umgebendes Energiefeld zu öffnen und parallel gleichsam eure Poren weit zu öffnen, um jene hochfrequenten Energien in euch vollkommen aufzunehmen. Spürt, wie sie durch eure Poren in eure zellularen Ebenen dringen und sich hier ausdehnen. Atmet bewusst die Energie zeitgleich bis in die Tiefen eures grobstofflichen und feinstofflichen Gefährts. Erfüllt euer gesamtes Sein mit jenen Frequenzen und nährt euch mit ihrer liebenden Wärme. Stellt gleichzeitig die Verbindung mit der Frequenz eurer Heimatsonne her. Leitet jetzt

die Energien wieder durch euer Kronenchakra in eure Stirnmitte und sodann durch euer Kristallchakra zum Herzzentrum eures Heimatplaneten hinunter. Jetzt!

Nehmt alle Frequenzen, welche euch hier begegnen, in
euch auf. Sprecht nun die folgenden Worte laut oder im
Geiste nach: »*Ich bilde jetzt eine vollkommene Einheit mit jenen
hochenergetischen geistigen Zentren und Sonnen, welche mich
leiten, tragen und nähren. Ich bin nun bereit, mich anzugleichen
an die Frequenzen der neuen Ära der Menschheit, und meine
göttlich-kristalline DNS-Struktur wird hier und jetzt an jene
Schwingungsfrequenz angeglichen. Ich bin jetzt in meinem Herzen ein vollkommener Teil jener geistigen und wahrhaftigen
Energiezentren allen Seins, und jene stabilisieren mein Energiefeld und richten es stets auf die Frequenzen der neuen Welt aus.
Mein kristallines, neu ausgerichtetes Herzzentrum bildet nun
eine vollkommene Einheit mit den Herzen aller Geschöpfe des
Universums. Ich danke meiner geistigen Quelle sowie meiner
grobstofflichen Quelle meines Seins für ihr Geleit und ihren
Schutz sowie ihre niemals endende Liebe, durch die sie jetzt mein
Sein neu ausrichtet. So sei es!*«

Fühlt nun, wie ihr in eurem Kristallchakra mit hochenergetischen Frequenzen eine Einheit bildet und mit ihnen verbunden seid. Ihr seid eins mit jener Frequenz und durchtränkt
von ihrem Klang und ihrem vollkommenen Strahlen. Erkennt dabei vollkommen die Erscheinung eures wahrhaftigen
Selbst und wie jene feinstofflichen Körper eures reinen Seins
sich ausdehnen und als vollkommene Einheit erstrahlen.
Seht, wie eure strahlende Herzfrequenz eins ist mit den Frequenzen der strahlenden Energietore und geistigen Sonnenzentren, und fühlt wahrlich die ungetrennte Einheit in euch.
Dies wird sodann stets eure Frequenzen sicher in die neue
Ära geleiten und euch schützend und wohltuend nähren.
Kommt nun langsam wieder in euer Tagesbewusstsein eurer
materiellen Ebene zurück und öffnet dann langsam wieder

eure Augen. Bewegt euren Körper und ruft ihn wieder zu seinen Funktionen zurück. Atmet noch einmal bewusst sanft
ein und aus und seid wieder im Hier und Jetzt.

In tiefer und vollkommener Liebe,

Thoth

Die voranstehende Meditation liegt auch auf CD vor,
empfangen von Thoth und gesprochen von
Kerstin Simoné:

AKTIVIERUNG
DER HÖCHSTEN
GEISTIGEN ENERGIE IN DIR

Frequenzweihung in die Macht der Sonnentore

AMRA Records, ISBN 978-3-954470-27-3, € 19,99
www.AmraVerlag.de, Info@AmraVerlag.de
Hotline +49 (0) 61 81 – 18 93 92
In Deutschland & Österreich versandkostenfrei!

Hörproben auf www.AmraVerlag.de

Das Angleichen der zellularen Ebenen an jene Urfrequenz

Wenn ihr die vorherige Frequenzübung vollbracht habt, so erstrahlt euer gesamtes Sein in den solaren Energien der höchsten geistigen Energietore, welche gleichsam auch jene Pforte in euch nunmehr reaktiviert haben. Je mehr ihr mit jenen Frequenzen euer körperliches und feinstoffliches Gefährt durchtränkt, desto lichter und klarer wird die Zellfrequenz sich in euch ausrichten. Dabei sollte euch eines noch vollkommen bewusst werden. Jene Frequenzen befreien euren Körper von jeglichen disharmonischen Spiegelungen und können Heilung vollbringen. Solltet ihr also Disharmonien bei euch feststellen, so könnt ihr auf diesem Wege vollkommen eigenständig von den solaren geistigen Ebenen jene Heilenergien in euer Gefährt rufen und euch mit ihnen klären und neu ausrichten. Dies ist keine außerordentliche Fähigkeit, über die nur besonders ausgebildete oder zertifizierte

Menschen verfügen, sondern es ist eine ganz natürliche Funktion eures eigenen Seins. Ihr selbst verfügt über jene heilende Macht in euch. Zu jedem bewussten Augenblick könnt ihr eure Zellen und somit gleichsam euer körperliches Gefährt bei jeglichen disharmonischen Störfrequenzen und den daraus resultierenden Krankheitsbildern zu heilen beginnen. Allerdings erfordert dies wahrlich eine konzentrierte Ausrichtung innerhalb eures Geistes.

Ich möchte euch darum bitten, in der kommenden Zeit bewusst euer körperliches Gefährt in jene hochfrequente Energiedusche mit einzubeziehen. Wenn ihr euch mit den kristallinen solaren Herzzentren eurer Heimatsonne sowie der Ur-Zentralsonne verbindet und die Energie in euer Sosein zieht und innerhalb eures Kristallchakras bündelt, so lasst jene Frequenz auch ganz bewusst durch eure zellularen Ebenen fließen. Stellt euch dabei vor, wie ihr ein strahlendes Sternenmeer, ein ganzes Universum, in euch tragt. Seht ganz genau, wie jede Zelle in euch wie eine helle Sonne strahlt. Wenn ihr jene Energie mit eurem Atemzug noch verstärkt, so übertragt sie mit dem Fluss eures Atems ganz bewusst auf die strahlenden Sonnenzentren in euch. Ihr tragt ein ganzes Universum in euch und seid erfüllt von strahlenden Sternen. Ihr seid der Atem eures Universums. Ihr seid das Universum!

Erkennt hier das Prinzip der Entsprechung. Je intensiver ihr in jene Ebenen der Bewusstwerdung eintaucht, desto klarer wird euch werden, dass ihr die Antwort auf alle Fragen in Bezug auf die Ur-Quelle allen Seins, die Quellexistenzebene, eure Mutter-Vater-Göttin, bereits in euch tragt – geborgen und geschützt in eurem Herzen, aktiviert durch die Erkenntnis der Verbindung der mächtigen geistigen solaren Zentren im Einklang mit den eurigen, im Einklang mit dem Atem der Schöpfung und in Harmonie und allumfassender Liebe mit eurer Göttin, welche euch jene Spiegelung der Schönheit der Materie mit all ihren Facetten der Möglichkeiten erst gewährt. Sie ist der Träger eurer Möglichkeiten – und habt ihr jene dankbare Liebe in euch zur tiefen Erkenntnis geleitet, wird euer Herzschlag sich vollkommen eigenständig mit dem Herzschlag eures Heimatplaneten verbinden. Ihr seid sodann ein vollkommenes Ganzes.

Hierin, geliebte Menschen, liegt die Antwort! Ihr seid dann ein Ganzes, vereint und geborgen, und werdet in der Tat ein geliebter Teil der neuen Ära der Menschheit, der Epoche der vereinten Herzen und des Lichts sein. Solltet ihr eventuell Schwierigkeiten mit der Vorstellung in Bezug auf das Prinzip der Entsprechung haben und euch die zellularen Ebenen keinesfalls wahrlich vorstellen können, so sei euch geraten, die bereits übermittelten Worte in der *Sinfonie der Schöpfung* für euch zur Anwendung zu geleiten. Sie werden in euch jenes Prinzip in seiner Vollkommenheit offenbaren, so ihr dazu bereit seid, meinen Worten Gehör zu schenken. Nach wie vor steht es euch frei, meine Hilfe anzunehmen. Dies müsst ihr wahrlich für euch selbst entscheiden. Jedoch liegt hierin alle Weisheit verborgen, und jenes Wissen wird euch zu noch größeren Wahrheiten führen. Wisset, der Geist ist unermesslich und grenzenlos. Die Möglichkeiten sind wahrlich unermesslich in ihrem Ausdruck, und das ist wundervoll.

Schließt jetzt bitte kurz eure Augen und nehmt abermals bewusst einen tiefen Atemzug, welchen ihr über euer Kristallchakra steuert. Fühlt euch dabei als jene Wesenheit, welche den Atemzug nunmehr in sich spürt. Atmet! Habt ihr jetzt jene Wahrnehmung in euch verspüren können, so seht euch als eine wundervolle und strahlende Zelle in euch, welche zu dem sie umgebenden Sternenmeer an Zellen aufblickt. Könnt ihr jenes Strahlen in euch sehen und euch als eine Zelle fühlen? Dann atmet abermals bewusst in euch ein, nur dass ihr jetzt jenen Atemzug bewusst als Zelle in euch vollzieht. Öffnet euer Kristallchakra, euer Herzzentrum, ganz weit und wisset, geliebte Wesenheiten: Nun seid ihr angekommen in der Frequenz des Einatmens und der gleichermaßen bewussten und ungetrennten Verbindung aller geistigen solaren Zentren. Nun ist die Zeit der Heilung eingetreten, jetzt ist die Phase der Heimkehr einberufen, und ihr atmet jene Frequenz bewusst in eure zellularen Ebenen mit ein.

Jeder bewusst gesteuerte Atemzug wird eure Zellen verjüngen und mit den höchsten Frequenzen durchlichten. Lasst los alles Vergangene und tretet ein in jene Ära des Lichts. Es ist Zeit zu vertrauen, euch auf den Klang und den Ruf eurer Seele zu besinnen und jenen Pfad des Meisters strebsam nach vorn zu gehen. Schaut nicht länger zurück, sondern blickt nach vorn. Öffnet euer Herz für meine Worte und wisset, dies ist der Pfad des kürzesten Wegs nach Hause! Atmet – und vor allem, atmet bewusst! Öffnet euch jener Reinheit eurer Herzen und gestattet euch selbst, dass die Schatten des Niederen und längst Vergangenen keinen Zutritt mehr in euer hochsensibles Energiefeld haben. Ihr befindet euch sodann in direkter Ausrichtung mit den höchsten Frequenztoren des gesamten Alles. Hierin liegt der Schlüssel verborgen, denn eure innewohnende strahlende Sonne wird sich direkt dem in euch offenbarenden Energietor angleichen. Ich lade euch wahrlich ein, bewusst jene Frequenzen zu empfangen – die energetische Geburt einer neuen Ära, einer neuen Frequenz und Energie, welche sodann vollkommen präsent sein wird. Wisset, dass jenes Ereignis zeitgleich von der Intensität des galaktischen Synchronisationsstrahls gesteuert wird. Ich habe euch über jenes kosmische Zusammenspiel bereits im irdischen Jahr 2008 im ersten Band der *Offenbarungen* berichtet, und dies zeigt hier nun seine Vollendung der übertragenen Frequenz.

Durch jene Frequenz wird das Bewusstsein der Menschheit deutlich angehoben, und an diesem Punkt im galaktischen Zyklus wird das Zeitalter der Dunkelheit jetzt wahrlich beendet. Öffnet euch innerhalb eures Herzzentrums immer wieder weit und wirkt nunmehr gezielt durch die bewusste Steuerung und Ausrichtung all eurer positiven Frequenzen an der Geburt jener neuen Ära mit. Sie wird das neue Energiefeld einspeisen.

Alles, was ihr hier mit der vollkommenen Ausrichtung über eure gezielt gesteuerte Herzfrequenz und somit gleichsam euren bewussten *energetischen Fingerabdruck* festigt, wird ein fester und positiver Akt für die Schöpfung jener vollkommen neuen Ära der Menschheit. Es ist an der Zeit, loszulassen und zu heilen. Alles ist bereits für euch vorhanden, ihr braucht es jetzt nur noch in euer Frequenzfeld einfließen lassen, und ihr werdet durch jene Pforte eintreten. So sei es!

In tiefer und vollkommener Liebe,

Liebevolle Worte zum Schluss

Ihr wundervollen Freunde meines Herzens, ich danke euch für euer Gehör und eure Geduld, welche ihr mir während der Dauer des Lesens meiner Worte entgegengebracht habt. Ich danke für eure Offenheit im Herzen und für die Liebe meinem Sein gegenüber. Bitte betretet jene neue Ära der Menschheit mit Leichtigkeit und folgt stets der Reinheit eures Herzens. Verbindet euch wahrlich stets mit dem Herzzentrum eures Heimatplaneten und in Folge mit dem Band eures Herzzentrums, stellt sodann die Verbindung her zu eurer Heimatsonne sowie zu eurer Ur-Zentralsonne, der Quellexistenzebene, eurer Mutter-Vater-Göttin. Haltet jenen Fluss der Frequenzen innerhalb der steten Herzverbindung aufrecht, und ihr werdet in Leichtigkeit und Sicherheit getragen zu den höchsten Sphären des Seins. Ihr werdet immer mit den für euch wichtigsten und vollkommensten Frequenzen durchtränkt werden. Eure Absicht allein reicht dazu wahrlich aus. Öffnet eure Herzen jenem Frequenzatem der Quelle und strahlt im Einklang mit allen Herzzentren von allem Lebendigen der Schöpfung.

Dies sollte wahrlich euer oberstes Ziel in der kommenden Zeit sein. Bleibt also strebsam im Herzen und dennoch gleichsam erfüllt von der Leichtigkeit und Freude eines tanzenden Schmetterlings im Glanze der wärmenden Sonnenstrahlen und wisset: Ihr werdet getragen von der Liebe der Quellexistenzebene, und euer liebendes Herz wird von ihren schützenden Wogen erhört und beschützt. Alles, was euch jetzt noch zu tun bleibt, ist lediglich die Reaktivierung der reinen Herzensliebe, welche wahrhaft kostbar und achtsam mit allem Lebendigen der Schöpfung umgeht, allem voran euch selbst. Nutzt jeden irdischen Tag weise und seht, wie wundervoll jene Ebene des Ausdrucks ist. Merkt euch meine Worte gut und prägt sie euch gewissenhaft ein, denn wenn die Welt um euch herum Leid erfährt, ist es die Erfahrung einer Prüfung an euch selbst, eure Frequenz beständig genau im JETZT zu halten. Seid liebevoll zu euch selbst, falls ihr vorübergehend scheitern solltet, denn auch jene scheinbaren Stolperfallen sind dazu da, Wachstum zu vollbringen. Nehmt sie in Dankbarkeit für euch wahr und schenkt ihnen ein Lächeln. Geht sodann weiter auf den Pfaden eurer Meisterschaft, und ihr werdet großartig sein!

Spürt stets die tiefe Verbundenheit und die daraus resultierende Weisheit und wendet jenes Wissen auf all euren Pfaden des Lebens für euch an. Fühlt stets in euer weit geöffnetes Kristallchakra hinein, euer neu ausgerichtetes Herzzentrum, und wisset, dass alle Weisheit bereits in euch verborgen wohnt. Lauschet wahrlich auf die Frequenz eures Herzens und folgt eurer inneren Führung, und ihr werdet immer auf der gleichen Frequenz mit jenen Übermittlungen der höchsten Quelle allen Seins sein sowie mit den Frequenzen der Sonnenzentren, welche euch führen und geleiten. Spürt die Verbundenheit in euch und festigt jenes Wissen und wandelt es zu wahrhaft allumfassend liebender Stärke in euch.

In tiefer Verbundenheit im energetischen Herzen bin ich bei euch, geliebte Menschenkinder, und ich werde euch geleiten in die höchsten Sphären des Seins, so ihr dies für euch erwünscht. Mögen meine Worte eure Herzen erreichen und mit vollkommener Liebe erfüllen. Möge euch stets Wachsamkeit begleiten, und mögt ihr die bevorstehenden Prüfungen in Leichtigkeit meistern. Möge der Klang eurer Seelenfrequenz euch jene höchsten Energiepforten öffnen. Möge meine unendliche Liebe zu allen Geschöpfen jenes wundervollen Planeten die Früchte der Freiheit für alle Wesenheiten offenbaren. Mögen euch stets Mut, Stärke, Zuversicht und unendlich reine Liebe zuteil werden und euch in schützender Geborgenheit auf allen Pfaden der Erkenntnis und der vollkommenen Weisheit geleiten, auf dass ihr zu den höchsten Ebenen emporsteigen könnt. So sei es!

In tiefer und vollkommener Liebe,

Kerstin Simoné

lebt mit ihrer Familie in der Nähe von Berlin. Sie ist Veganerin und setzt sich für den Tierschutz ein, nicht zuletzt für den Schutz der Wale und Delfine. Durch ein tragisches Ereignis im Jahr 2003 kam sie mit Thoth in Kontakt. Seitdem steht sie in enger und vertrauter Verbindung mit dieser Wesenheit, dem Schriftgelehrten der Götter, der im alten Ägypten zu Zeiten lebte, als das heutige Menschengeschlecht noch in seinen Anfängen stand. Thoth steht ihr als Lehrer und Freund zur Seite und übermittelt durch sie immer neue Botschaften an die Menschheit, die sie in Büchern, geführten Meditationen auf CD sowie Seminaren der Öffentlichkeit zur Verfügung stellt. Seit einiger Zeit empfängt sie auch die Worte des Sonnengottes Ra, der durch seine Übermittlungen zusätzlich wichtige Frequenzen zur Transformation für die Menschen weitergibt. Auf Seminaren offenbart er sein Wirken bis tief hinein in die Zellebene der Teilnehmer, so dass sich Wege der vollständigen Transformation von Blockaden aufzeigen. Dadurch entsteht ein Fluss der vollendeten Verbindung mit den höchsten Energien, die für die Menschheit jetzt unabdingbar sind.

Schon als kleines Mädchen war Kerstin Simoné hellsichtig und hellfühlig. Seit mehr als dreißig Jahren beschäftigt sie sich nun mit spirituellen Themen sowie der Welt der Mystik und des Übersinnlichen. Über viele Jahre hinweg hat sie intensive Channelausbildungen erhalten, die sie auf ihre Arbeit vorbereiteten. Doch hat sie im Laufe der Zeit eine ganz eigene Technik entwickelt, durch die sie mit Thoth, Ra und der geistigen Welt in Kontakt tritt.

Kerstin Simoné ist auf folgenden Wegen erreichbar:
www.facebook.com/thoth.official
www.projekt-menschheit.com
info@projekt-menschheit.com

Werkverzeichnis

Bücher

1. Projekt Menschheit. *Wegweiser für den Aufstieg der Menschheit und Schlüssel zur tiefen inneren Weisheit*; gebundene Ausgabe, Smaragd Verlag 2006 [vergriffen; unveränderter Taschenbuch-Nachdruck: Projekt Menschheit. *Wegweiser für den Aufstieg*, Heyne Verlag 2011 ff.]
2. Die Pforten von Atlantis. *Schlüssel für die Menschheit zum bevorstehenden Wechsel des Planeten Terra in die fünfte Dimension*; gebundene Ausgabe, Smaragd Verlag 2007 [vergriffen; unveränderter Taschenbuch-Nachdruck: Die Pforten von Atlantis, Selbstverlag 2018]
3. Die Offenbarungen – Band 1. *Über die Mysterien des Menschseins, Gentechnologien und Hochfrequenzen sowie die kosmischen Veränderungen des Universums*; gebundene Ausgabe, Smaragd Verlag 2008

4. DIE OFFENBARUNGEN – BAND 2. *Das Erwachen aus der Illusion*; gebundene Ausgabe, Smaragd Verlag 2009
5. THOTH IM ALL-TAG. *Arbeitsbuch für die Jetztzeit*; gebundene Ausgabe, Smaragd Verlag 2011 [vergriffen; überarbeitete und erweiterte Neuausgabe: PROJEKT MENSCHHEIT: IM ALL-TAG. ARBEITSBUCH FÜR DIE JETZT-ZEIT, AMRA Verlag 2019]
6. DAS KRISTALL-CHAKRA. *Die kosmische Toröffnung der höchsten Energie in dir*; gebundene Ausgabe, AMRA Verlag 2013
7. PROJEKT MENSCHHEIT: DER TRANSFORMATIONSSCHLÜSSEL; gebundene Ausgabe, AMRA Verlag 2019

❋ CDs

a. Geführte Meditationen

1. DIE THOTH-MEDITATIONEN, Smaragd Verlag 2008 [vergriffen; Neuausgabe im ausZeit Verlag 2018]
2. DIE THOTH-FREQUENZ-WEIHUNGEN, Smaragd Verlag 2009 [vergriffen; Neuausgabe im ausZeit Verlag 2018]
3. URTON-FREQUENZ DER SEELE, Smaragd Verlag 2010 [vergriffen; Neuausgabe im ausZeit Verlag 2018]
4. SINFONIE DER SCHÖPFUNG, Smaragd Verlag 2011 [vergriffen; Neuausgabe im ausZeit Verlag 2018]
5. AKTIVIERUNG DER HÖCHSTEN GEISTIGEN ENERGIE IN DIR, *Frequenzweihung in die Macht der Sonnentore*; AMRA Records 2013 ff.

b. Reiner Klang

1. BLUME DES LEBENS, *Entfaltung der reinen Herzensräume*. Musik von Michael Reimann zu »Aktivierung der höchsten geistigen Energie in dir«; AMRA Records 2013 ff.

2. THOTH: KLÄNGE DER KRAFT, *die originalen Soundtracks.* Musik von Jürgen Heuchemer zu »Die Thoth-Meditationen«, »Die Thoth-Frequenz-Weihungen« und »Sinfonie der Schöpfung«; ausZeit Verlag 2013

Diverses

a. eBooks

PROJEKT MENSCHHEIT. *Wegweiser für den Aufstieg;* ePub und Kindle, Heyne 2011

DAS KRISTALL-CHAKRA. *Die kosmische Toröffnung der höchsten Energie in dir;* ePub und Kindle, AMRA Verlag 2013

DIE PFORTEN VON ATLANTIS. Kindle, Selbstverlag 2016

PROJEKT MENSCHHEIT: DER TRANSFORMATIONSSCHLÜSSEL; ePub und Kindle, AMRA Verlag 2019

PROJEKT MENSCHHEIT: IM ALL-TAG. ARBEITSBUCH FÜR DIE JETZT-ZEIT; ePub und Kindle, AMRA Verlag 2019

b. Kartendeck

TEMPEL DER WEISHEIT. *Set mit 49 Karten und Begleitbuch;* Smaragd Verlag 2009 [vergriffen]

c. Mousepad

OFFIZIELLES THOTH-MOUSEPAD. *Aktivierung der höchsten geistigen Energie in dir;* visuelle Affirmation, AMRA Verlag 2013 ff.

AMRA
www.AmraVerlag.de

gebundene Bücher mit Leseband

Gregg Braden	*Mensch : Gemacht*	352 S., 24,99 €
Patricia Cori	*Lichtbotschaften vom Sirius*	224 S., 19,99 €
Henry Ford	*Mein Leben und Werk*	256 S., 19,95 €
Steven M. Greer	*Unacknowledged: Offiziell geleugnet!*	400 S., 26,99 €
Griffith & Lisa K.	*Spirit Business – ehrliche Unternehmen*	320 S., 22,95 €
Susanne Hirsch	*Die Kraft deiner lebendigen Emotionen*	240 S., 19,99 €
Ren Hurst	*Die heilende Kraft der Pferde*	224 S., 19,99 €
Jaffe & Davidson	*Wegbereiter Indigo-Erwachsene*	208 S., 19,90 €
Frank Joseph	*Lemurien – Aufstieg und Fall*	488 S., 24,99 €
Len Kasten	*Geheime Weltherrschaft der Reptiloiden*	400 S., 24,95 €
Kenyon & Sion	*Lichtboten vom Arcturus*	224 S., 19,95 €
Pavlina Klemm	*Lichtbotschaften von den Plejaden*	224 S., 19,99 €
Dean Koontz	*Trixie – mein Golden Retriever*	272 S., 24,99 €
Horst Krohne	*Die 12 Programme des Bewusstseins*	208 S., 19,99 €
Cindy Lora-Renard	*Ein Kurs in Gesundheit & Wohlbefinden*	176 S., 19,99 €
Eva Marquez	*Heilungscode der Plejader*	256 S., 22,99 €
Tanja Matthöfer	*Maria Magdalena: Leben mit Jeshua*	256 S., 22,99 €
Melchizedek & Mitel	*Lebe im Licht deines Herzens*	224 S., 19,99 €
Hunbatz Men	*Die heilige Kultur der Maya*	192 S., 19,95 €
Ernst Muldashev	*Drittes Auge & Ursprung der Menschheit*	432 S., 24,95 €
Sam Osmanagich	*Licht auf die Vergangenheit*	240 S., 22,99 €
Marcel Polte	*Greys und ihr weltweites Wirken*	256 S., 22,99 €
Quitt & Mitchell	*Verbotenes Wissen*	320 S., 22,99 €
Gary R. Renard	*Als Jesus und Buddha sich kannten*	320 S., 24,99 €
Michael E. Salla	*Antarktis – die verbotene Wahrheit*	432 S., 26,99 €
Jan Erik Sigdell	*Die Herrschaft der Anunnaki*	192 S., 19,95 €
Kerstin Simoné	*Thoth: Der Transformationsschlüssel*	240 S., 22,99 €
Zecharia Sitchin	*Die Anunnaki-Chroniken*	392 S., 24,99 €
William Stillman	*Die Seele des Autismus*	240 S., 19,95 €
Christine Woydt	*Saint Germain: Aufstieg in Meisterschaft*	416 S., 24,99 €
Maka'ala Yates	*Hawaiianischer Weg der Gesundheit*	336 S., 22,95 €

Leseproben auf www.AmraVerlag.de • Gratis-CD abholen • auch als eBooks versandkostenfrei in Deutschland & Österreich • solange der Vorrat reicht!